浙江省社会科学界联合会研究课题成果 (2010N42)

城镇化视域下 公民住宅权研究

Studies on the Civic Right of Housing below the Field of Urbanized Vision

杨英文 著

知识产权出版社
Intellectual Property Publishing House

图书在版编目(CIP)数据

城镇化视域下公民住宅权研究/杨英文著.—北京:知识产权出版社,2014.9
(博雅法学文库)
ISBN 978 - 7 - 5130 - 2892 - 9

Ⅰ.①城… Ⅱ.①杨… Ⅲ.①公民—住宅—所有权—研究—中国
Ⅳ.①D922.344

中国版本图书馆 CIP 数据核字(2014)第 183977 号

责任编辑:李燕芬
装帧设计:薛磊　　　　责任出版:刘译文

城镇化视域下公民住宅权研究

杨英文　著

出版发行:知识产权出版社有限责任公司　　网　址:http://www.ipph.cn
社　址:北京市海淀区马甸南村 1 号　　邮　编:100088
责编电话:010 - 82000860 转 8173　　责编邮箱:nancylee688@163.com
发行电话:010 - 82000860 转 8101/8102　　发行传真:010 - 82000893/82005070/82000270
印　刷:保定市中画美凯印刷有限公司　　经　销:各大网上书店、新华书店及相关专业书店
开　本:965mm×1300mm　1/16　　印　张:17.75
版　次:2014 年 9 月第 1 版　　印　次:2014 年 9 月第 1 次印刷
字　数:222 千字　　定　价:58.00 元
ISBN 978 - 7 - 5130 - 2892 - 9

目　录

绪　论

安得广厦千万间，大庇天下寒士俱欢颜。

——杜甫

风能进，雨能进，国王不能进。

——威廉·皮特

第一节　问题的提出

住宅是人的基本生活资料，是人生存不可缺少的物质条件。住宅问题一直是一个世界性的问题，19 世纪恩格斯所描述的由城市化带来的“房荒”问题至今还在不同的国家延续着。新中国成立初期，城镇人均居住面积不足4.5 平方米，此后，国家实行完全的住宅福利制度，但是并没有从根本上改善城镇居民的居住状况。1998 年国家停止了福利分房，从此，中国城镇住宅开始了市场化的改革之路。近几年，随着中国城镇化进程的加快和房地产市场的繁荣，居民的居住问题成为社会的热点。正是在此背景下,党的十七大报告提出了“学有所教、劳有所得、病有所医、老有所养、住有所居”的民生目标。按照孙中山先生的概括,民生就是“人民的生活”,专指人民的基本生存层面。[1] 这是对民生的狭义理解,包括衣食住行四要素,“住”虽然位居其三,但它作为人的生活必需品并不存在任何争议,只是愈是落后,住宅问题就愈是被忽略。当国家经济持续高速增长、国民无衣食之忧时,住宅作为生活必需品便很自然地成为最重要的民生问题,这也是民生问题发展的客观规律。我国现在所处的时代就是发展到了关注国民的“住”的民生阶段。

十多年的住房制度改革,改善了城镇居民的居住条件,生活的改善也带来了更多的期望。不仅要住得下,而且要住得好,安全、健康、自由地居住成为现代人的居住理念,这不是奢求,而是人之为人的基本权利。每个人及其家庭有权利获得用于基本居住的住宅,有权在自家住宅内从事不违反国家法律的行为。“风能进,雨能进,国王不能进”,这原本表示个人财产神圣不可侵犯的法谚,在今天被赋予了新的含义——他人不得侵犯住宅内的一切权利。然而在现实中,这些有关住宅权的理想多次被打破,非法侵入住宅、窥视住宅内的隐私、无视居民的住宅文化等现象时有发生,这实际上是公民和政府缺乏对住宅权的认知和尊重。我国现在正处于社会的转型时期,城镇化的步伐不断加快,与住宅有关的问题不断呈现,因此,住宅权的研究具有极为重要的现实意义。同时,住宅权研究也是理论上的尝试,是对当下中国新兴权利理论的有益探索和补充。

第二节　住宅权的研究现状

截止到2013年上半年,从“中国知网”(http://www.cnki.net/in-

[1] 参见《孙中山全集》(第9卷),中华书局出版社1986年版,第355页。

dex. htm)检索到的学术期刊和学位论文中题目包含“住宅权”一词的共计60余条，且这些文献都是在2001年后才出现的。目前还未见有关住宅权的理论著作，著作内容中较详细地阐述“住宅权”的，有学者金俭于2004年出版的《中国住宅法研究》、王宏哲于2008年出版的《住房权研究》。这意味着在我国专门使用“住宅权”一词是21世纪以来的事情。在国际上，住宅权作为一项人权已经得到《世界人权宣言》、《经济、社会和文化权利国际公约》的认可，有关区域人权公约和一些国家的国内法中也明确规定了住宅权的内容，其研究远远领先于中国。

我国对住宅问题的研究几乎都是从建筑学、经济学、政治学的角度展开，倾向于更细致的实证考察；法学领域的住宅问题多是从房地产法和住房保障方面研究，很少在法理学的层面上进行深入探讨。“住宅权”这一概念是谁最先提出的已经无从考证，但是可以确信这是一项新兴的权利：在法律层面上还没有被确认，在人们的权利观念层面才刚刚兴起，已有的研究文献对住宅权有完全不同的理解。山东大学法律硕士孙晓臣在其硕士论文《论公民住宅权》中，引用了外文资料里的住宅权概念，“公民住宅权，又称适足住房权，是指公民有权获得可负担得起的适宜于人类居住的，有良好的物质设备和基础服务设施的，具有安全、健康、尊严，并不受歧视的住房权利。为实现住宅权，政府、个人和国际社会组织承担着重要的责任和义务”[1]。有的学者认为住宅权是宪法权利，即我国宪法规定的“公民的住宅不受侵犯”，属于广义人身权的范畴，指的是公民住宅内的私生活空间不受政府非法侵犯的自由。住宅权作为一种基本权利，在宪法上加以规定的目的在于免除政府的无理搜查和侵占，与人格尊严不受侵犯、通信自由与通

---

〔1〕 Stearns J E, Voluntary Bonds, The impact of habitat ll on U. S housing policy, Saint Louis University Public Law Review, 1997, p. 419.

信秘密不受侵犯一起,统称为“人身权”。[1] 有的学者认为:住宅与食物、衣着一样,是人类生存和发展不可缺少的物质条件,因此住宅权也是一项基本人权。《世界人权宣言》第 25 条第 1 项明确规定,人人有权享有为维持他本人以及家属的健康和福利所必需的住宅,这就是住宅权的核心内容和基本依据。[2] 国外对住宅权的研究比较广泛和深入,涉及住宅权作为一项人权的理论研究[3]、儿童住宅权的研究[4]、灾民住宅权的研究[5]、城乡住房歧视问题[6]、住宅权与人的健康关系[7]等领域。住宅问题是中国亟待解决的问题,所以在实践领域探讨住宅保障(或称住房保障)的文献非常多。为住宅问题设立法律制度的代表性专著有苏景文先生主编的《住宅法概论》,该书对住宅法做了系统的阐述,认为住宅法不单纯属于某一个法律部门,它以宪法为依据兼具民法、经济法、行政法等法律部门的综合性特征。

在中国研究住宅权的文献不是很多,且已有文献大多是对住宅权的可行性进行探讨,住宅权的可欲性问题还基本属于学术上的“盲区”。同时,对住宅权的研究也不是很深入,存在的问题主要表现在:其一,对住宅权含义的理解模糊,没有清晰地指出“住宅”与“权利”的具体含义,以及究竟是在哪个层次上使用这一术语。笔者认为有必要

---

〔1〕 参见肖泽晟:《论我国住宅权国家赔偿制度的构建》,载《国家行政学院学报》2007 年第 2 期,第 52 页。

〔2〕 参见孙宪忠、常鹏翱:《论住宅权的制度保障》,http://www.civillaw.com.cn/Article/default.asp? id =21818,访问时间:2013 年 8 月 10 日。

〔3〕 See Leckie S. Housing as a human right, Environment and urbanization, 1989, 1(2): pp. 90—108.

〔4〕 See Verhetsel A, Witlox F. Children and housing: 'Only the Best is Good Enough', Childhood, 2006, 13(2): pp. 205—224.

〔5〕 See Barber R J. Protecting the right to housing in the aftermath of natural disaster: standards in international human rights law, International Journal of Refugee Law, 2008, 20(3): pp. 432—468.

〔6〕 See Medford R. Housing discrimination in U. S. suburbs: a bibliography, Journal of Planning Literature, 2004, 18(4): pp. 399—457.

〔7〕 Thiele B. The human right to adequate housing: a tool for promoting and protecting individual and community health, American Journal of Public Health, 2002, 92(5): pp. 712—715.

对重要概念进行界定，避免语意混乱。其二，有些理论强调保障弱势群体的住宅权是出于避免社会混乱，防止弱势群体因住房条件差而影响社会安定的目的，而不是从人固有的权利角度出发。这一思路没有把弱势群体看成平等的人，没有真正从每个人都同样拥有权利的角度去考虑问题。其三，只在财产权的意义上理解住宅权，把住宅权等同于财产权。

第三节　本书的研究思路

本书拟进行的是有关住宅权利问题的基础性研究。人有对住宅的需要，而且是人之为人的基本生存需要，这是住宅得以成为权利的道德基础。在国内，有关住宅权的法理学研究才刚刚开始，所以住宅权的本体论追问是本书的切入点和立足点，即“住宅权是什么”。如果把“住宅权”定位为“与住宅有关的一切权利”，这应该是从权利的视角对住宅问题的最全面的阐释，实际上这也是最不可行的研究思路。权利理论博大精深，正如《权利的召唤》一书所言：“关于权利的话题，岂是一人之力可以尽谈的！如果以点、线、面来形容的话，一个人抓住点点滴滴谈谈，是可以尝试的；试图面面俱到，反而费力不讨好了。”[1]所以，本书不是面面俱到的研究住宅权利，而是有所取舍的尝试。在《国际人权公约》中，住宅权是适当生活水准权的下位概念，囊括了为了达到适当的生活水平而居住的各项权利，包括：免受强制驱逐、骚扰或其他威胁，住房费用水平的力所能及性，住房机会均等等。特别报告员的报告和“人居会议”的各种宣言，对作为人权的住宅权作了具体而翔实的规定。应该说，人权中的住宅权是美好的，是每个人的基本居住理想。但是，把人权中的住宅权完全照搬到中国确实是行

〔1〕 任剑涛：《权利的召唤》，中央编译出版社2005年版，第4页。

不通的。所以，本书立足于中国的社会现实，结合人权理论和制度，提出最低限度的住宅权概念。笔者理解的住宅权是一项人权，指社会全体成员获得住宅并安全、健康、尊严地居住的权利。住宅权是一项综合性权利，而其中的核心是获得住宅的权利。笔者对住宅权的理解是基于对中国现实的考虑，获得住宅是中国人，尤其是城镇低收入居民最迫切的权利需求。

住宅权在中国是一项新兴权利，它是伴随着社会的发展而出现的，对新兴权利的研究，单纯地运用思辨式的逻辑推理的方式已经很不适宜。所以笔者在进行理论论证的同时，拟结合社会中的典型案例予以分析。如在宪法消极自由权层面分析了延安“黄碟案”和美国“垃圾箱案”；在行政法的住宅问题上分析了“重庆最牛钉子户案”，试图通过案例分析加深对住宅权的理解。

基于以上考虑，本书首先考察了住宅的一般理论，从住宅与人的关系和住宅的属性上引出住宅权的一般理论。第一章尝试构建住宅权的权利体系，明确什么是住宅权。第二章则集中论述住宅权生成的历史，也就是住宅成为权利的历史。第三章探讨人权领域的住宅权，包括住宅权成为人权的理论证成和人权的制度表达。作为人权的住宅权还主要属于应然层面的探讨，而只有体现为法律层面的住宅权才具有权威性，所以，第四章从实证法层面上审视住宅权，重点考察了我国确立法律权利住宅权的必要性和可行性及已有的公法对住宅权保障的缺失与不足。本书的最后回到当代中国的住宅问题，住宅权研究的最终目的是实现人的安居愿望，满足居住的物质与精神需求。所以，了解中国居民的住宅现状，包括政府为城镇弱势群体提供的住房保障制度，这些是住宅权研究的现实问题。尽管国家和地方各级政府正在为解决人们的居住需要而努力，但还是存在不尽如人意的地方，笔者从法理学的角度提出了些许建议，以期住宅权能够成为公民的现实权利。

第一章 住宅与住宅权概述

住宅权在中国虽然是一项新兴权利，但与住宅利益相关的观念却有着悠久的历史。在住宅权被确立为一项人权之前，伴随着道德观念的出现，初级形态的住宅权就已经形成。中国古代“安得广厦千万间，大庇天下寒士俱欢颜”的豪情是人们对住宅的渴望。在近代西方国家，人们逐渐从权利的角度诠释住宅问题。并在法律上承认了每个人都有获得住宅的权利，这是历史的一大进步。之所以说它是新兴的权利，是因为住宅权是现代法治发展的产物，是伴随着公民权利和人权观念的产生而被国际社会广泛认同的。我国各个朝代不乏对百姓住宅的关注，但是没有上升到权利的高度。党的十七大报告突出关注民生问题，提出“学有所教、劳有所得、病有所医、老有所养、住有所居”的目标，尤其是“住有所居”，是我国当下亟须解决的问题。于是，与社会现实相伴随的住宅问题也随即成了理论研究的热点，住宅权成了一项具有现实意义的新兴权利。

“权利问题历来是政治、经济、社会和法律领域在学术理论和具体实践两个层面都有尖锐争论的重大主题，在任何一个层面、任何一个领域对这个主题的真正有重大理论与现实意义的探究也都相当困难。”[1]新兴权利的研究更富挑战性，住宅本身又涉及诸多权利问题，所以两个复杂的因素决定了在阐述“住宅权是什么”之前，有必要对相关因素进行厘清。本章的思路是从考察“住宅”开始，在此基础上阐述“住宅权是什么”这个本体论的问题。

第一节 住宅与住宅权

“宅者，人之本。人因宅而立，宅因人得存”[2]，住宅是人的安身立命之所，人的一生至少有三分之二的时间是在住宅中度过的。有学者认为，传统民宅是家庭的具体化，民宅的物质实体是家庭文化思想的具体表现，涵盖了家和家庭的各种意义，盖一个传统民宅，其实是在世界上建造一个家的缩影，是塑造一个个人和社区有归属感的世界。[3] 住宅是个人和家庭的城堡，是个人获得自然安全感和社会安全感的基本场所，是个人展示自我的心理空间，人要有尊严的生活，必须在自然界和人类社会拥有独立的个人空间，而且是不得任意被他人打扰的私人领域。[4] 无论在东西方，还是在近现代，住宅都是家的代名词，所以对住宅权的理解要囊括家的价值。住宅是承载住宅权的物质载体，清楚住宅的含义和属性，对于理解住宅权是不无裨益的。

---

〔1〕 姚建宗：《权利思维的另一面》，载《法制与社会发展》2005年第6期，第51页。

〔2〕 〔旧题〕黄帝撰：《宅经》，收录于《四库术数类丛书（六）》，上海古籍出版社1991年版，第2页。

〔3〕 参见庞凌、缪岚：《安全·自由·民主——住宅不受侵犯的价值蕴含》，载《法律科学》（西北政法学院学报）2005年第6期，第3页。

〔4〕 参见刘军宁：《风能进、雨能进、国王不能进！——政治理论视野的财产权与人类文明》，载刘军宁主编：《自由与社群》，生活·读书·新知三联书店1998年版，第138—162页。

一、住宅的含义与性质

"住宅"一词按照《现代汉语词典》的理解，指的是住房，且多指规模较大的住房。本书的"住宅"泛指供人居住的场所。"民以食为天，以住为地"，住宅是人们的栖身之所，是人类生存和生活不可缺少的物质生活条件之一。在现代社会，居住状况已经成为衡量居民生活质量的重要标准之一。住宅与个人生活及社会和谐息息相关。在个人方面，住宅情况体现着一个人及其家庭的经济条件、社会地位及以此为基础的幸福感。在社会方面，随着人类社会经济和文化的发展，人们对住宅的需求不断变化，住宅及其住宅的功能也不断地适应人类的需求。纵观住宅发展的历史，每一次住宅的革命都体现了人们生活方式的变革，同时推动着社会的发展。住宅的变迁反映了人类社会经济文化的发展变化。

在"衣食住行"四大民生问题上，住宅的发展通常总是落后于其他三个方面，因此在同一时空条件下，住宅具有比其他方面更加显著的差异性。今天在人类的居住地上，原始的土坯屋、人工洞穴、草棚、船屋、帐篷，古典住宅和雄伟的摩天大厦同时存在，把史前时代到中世纪再到现代的历史画卷奇妙地加以浓缩。其中，城市住宅是一个独特的领域，原因在于：从纵向来看，城市住宅的历史差异相对较小，住宅的建筑体系、技术手段和艺术风格总是反映时代的先进性；从横向来看，住宅与衣食行等其他生活资料在满足社会需要程度方面存在着较大的差异。居住的需要主要包括低层次地满足人们最基本的生存的需要和更高层次地满足人们过上好的生活的需要。随着社会经济文化的发展和收入的增加，住宅的更高层次的需求会逐渐上升到主要的地位。

住宅的性质决定了本书住宅权的研究方向，所以在这里着重探讨住宅的性质。依据不同的标准可对住宅的性质进行如下分类：

第一,住宅的消费性与投资性。“住宅的消费性是住宅成为商品的第一条件……住宅的投资性是住宅商品与其他商品相区别的重要特征。”[1] 住宅是一种消费资料,而且是一种永久性消费品。消费资料分为生存资料、享受资料和发展资料。一种消费资料属于哪一类,要根据具体情况而定。住宅首先属于生存资料,没有住宅就没有遮风避雨的生活之所,人就不能像人一样地生活。住宅满足了最低限度的人的居住需要之后,要求美观、舒适,体现住宅主人的修养,这是住宅更高一级的消费需求。再高级的住宅是具有书房、健身房、会议室等设施,这样的住宅不仅是为了生活和享受,而且还承担了为发展提供条件的职能。人需要的层次性决定了对作为消费品的住宅的需求层次性。

第二,住宅的地域性与文化性。住宅作为不动产,固定在土地之上,具有极强的地域性。不同的国家甚至在同一城市的不同位置也体现出住宅的差异。不同地域对住宅的不同投资决定了当地居民对住宅权利实现程度的差异。“对地域性的深刻理解,必然引向文化内涵,关注文化环境和遗存的保护,谓之文化性。”[2] 不同的地域体现了不同的住宅文化:老北京的住宅与江南小镇的住宅迥然不同;中式建筑与西式建筑也别有洞天。其实,住宅是伴随着人类社会生活的提高而发展的。作为一个历史过程,它不仅与社会生产条件有关,而且与社会文化传统有关,承载着民族文化的意蕴,不同信仰的民族居住着不同样式的住宅。住宅的文化性对于人们的住宅满足状况、居住方式、居住质量以及个人对住宅的享有程度等方面,都产生不同程度的影响。住宅本身体现了居住者的文化品位及内心诉求。

---

〔1〕 黄声雄:《试论住宅市场价格均衡机制》,载《福建论坛》(社会科学版)2003年第8期,第16页。

〔2〕 邹德依、刘丛红、赵建波:《中国地域性建筑的成就、局限和前瞻》,载《建筑学报》2002年第5期,第5页。

第三,住宅的商品性与福利性。住宅作为商品,是房地产业的主要支柱。住宅具有一般商品所具有的使用价值和价值属性。作为使用价值,住宅以其自然属性满足人们的居住需要。在住宅的建造中,建材和劳动又使住宅具有价值属性。住宅消费者需要的是住宅的使用价值,而住宅生产者更关注的是实现住宅的价值。在商品交换过程中住宅的使用价值和价值才能得到更充分的实现。所以,住宅的商品性是住宅的重要特征,无视住宅的商品性必然会对住宅本身缺乏足够的认识。但是,住宅不是一般的商品,它具有准公共产品的属性。综观世界各国的住房,没有一个国家的住房是纯商品性的,政府必然对一部分低收入者提供福利性质的住房,所不同的只是所占比例的高低而已。同样,也没有一个国家的住房是纯福利性质的,都或多或少地向居民收取一部分住房费用。全民住宅福利化只是人类的美好愿望,各国成熟的住宅政策表明,住宅的福利性只是住宅的商品性的有益补充,但是住宅的福利性又是不可或缺的。

二、住宅权的概念解析

住宅与人的生活息息相关,住宅问题几乎凝结了人的一切权利。由于权利理论的复杂性,而且住宅权本身又是新兴的综合性权利,所以对其界定和分析是异常艰难的。笔者立足于中国的社会现实,在权利理论的基础上尝试对住宅权的概念进行初步解析。

1. 基本的权利理论

用权利去诠释住宅,是因为“权利”一词的特殊功用。“权利”一词在古代汉语里很早就出现了,如《荀子·劝学》中“是故权利不能倾也,群众不能移也,天下不能荡也”。但是,这种语境下权利的含义不同于现代法学,不是可以用来构建法律关系的法学概念。中国古代法律语言里也没有与英文“right”(权利)对应的词汇。尽管在中国古代也曾有丰富的权利观念和理论,但权利的兴盛始于西方。在17世纪,

“天赋人权”的观念开始深入人心，权利从此得到广泛的认同和传播。一批哲学家从哲学的角度把权利界定为“自由”。德国伟大的哲学家康德认为给权利下个明确的定义非常困难，“问一位法学家‘权利是什么？’就像问一位逻辑学家一个众所周知的问题‘什么是真理？’同样让人为难。”[1] 德国古典哲学的集大成者黑格尔著有《法哲学原理》一书，在论述抽象法部分通过对财产权的分析阐释了权利理论。黑格尔的法哲学思想同样具有消极的一面，马克思为此著有《黑格尔法哲学批判》一书，系统地分析了黑格尔的“头足倒置”[2] 的理论，最后终结了黑格尔的“形而上学”[3]，把“法”拉回到形而下的现实世界，法反映国家统治阶级意志，是一定的物质生活条件的反映。权利是现实的人的权利，而不是抽象的思辨的逻辑的权利。耶林著的《为权利而斗争》，使权利理论研究前进了一大步。然而怎样界定“权利”一词，仍然是十分困难的事情。在现代的政治和法律科学中，“权利”一词被广泛使用，但“权利”一词一直是受人尊重但又模糊不清的概念，“权利”一词难以界定在某种程度上与权利一词的过度使用有关。“权利语言虽然源于西方，但权利文化现象已经成为一种全球现象。作为用来诉求和表达正义的方便而精巧的工具，权利语言提供了一种表述实践理性要求的途径。”[4] 权利一词的工具性随处可见，“为权利而斗争”、“权利的时代”是现代人权利彰显的表现形式。“权利是法理学的基石范畴，所以是法理学不断探讨的问题。在思想史上对权利的界定大

---

〔1〕〔德〕康德：《法的形而上学原理——权利的科学》，沈叔平译，商务印书馆1991年版，第39页。

〔2〕郭强：《论马克思市民社会理论及其现代意义》，载《燕山大学学报》（哲学社会科学版）2008年第4期，第53页。

〔3〕作为哲学的形而上学，它的根本特征是以思维（概念）规定感性（事物），在概念中确认哲学所追求的“最高原因的基本原理”，这种“基本原理”可以使人类经验中的各种各样的事物得到统一性的解释，或者可以被解释为某种普遍本质的各种具体表现，从而使思维实现其把握和解释世界的“全体的自由性”。黑格尔完全赞同这种哲学目标。参见孙正聿：《辩证法：黑格尔、马克思与后形而上学》，载《中国社会科学》2008年第3期，第29页。

〔4〕夏勇：《中国民权哲学》，生活·读书·新知三联书店2004年版，第309页。

致有八种学说，分别为：资格说、主张说、自由说、利益说、法力说、可能说、规范说、选择说。每种学说都大致从一个角度揭示了权利的某个要素，而使权利的其他要素成为盲区。”[1]

权利的产生与实现，经历了若干阶段的发展过程：首先是应有权利，即人们基于一定的物质生活条件而产生的权利要求，或公民作为社会主体在现实条件下可以预见的范围内应当具有的一切权利，它是人们的利益和需要的自发反映，是“自在”的权利；其次是法定权利，是通过立法对应有权利的规定和确认，是对应有权利的选择、整理和认定，是对应有权利的分配，是集中和系统化了的应有权利，是对人们利益和需要的自觉认识和概括，是“自为”的权利；最后是现实权利，是通过法律的实施、法律效果的实现、特定的权利义务关系的建立、人们对法定权利的真正享有、对相应义务的确实承担而实现。

权利的三种存在形态只是权利的一种分类，根据主体、内容、对象以及权利与义务的关系等不同标准，可以对权利有不同的分类。比如，根据权利的依据分为道德权利、法定权利和习俗权利；根据主体分为个人权利与群体权利、私人权利与公共权利或社会权利；根据内容分为公法权利与私法权利、人身权利与财产权利、公民权利和政治权利与经济、社会和文化权利。权利的分类及权利本身的界定都不是绝对的，在某种意义上只具有语词上的意义。

我们所处的时代是权利的时代，是权利话语风靡全球的时代，人们越来越习惯从权利的角度分析和解决问题。“经典的权利在新的时代背景下，衍生出许多新的具体的权利问题，而新的社会关系要求在权利大家族中添加新的成员，新兴权利与日俱增。”[2]“新兴权利”这

---

〔1〕 张文显主编：《马克思主义法理学——理论、方法和前沿》，高等教育出版社2003年版，第282—289页。

〔2〕 张文显、姚建宗：《权利时代的理论景象》，载《法制与社会发展》2005年第5期，第3页。

一提法的理论前提是承认权利本身是一个历史范畴，权利的内涵与外延随着社会经济文化的发展而不断变化。它是对权利的一种向前性的开放式的表述方式。它是一个集合式的和描述性的概念，包含了许多具体的权利类型。这些具体的新兴权利在理论和实践上都需要进一步的研究，在权利形态上新兴权利多数停留在应然层面，转化为法律权利和现实权利还需要权利的进一步发展。对于新兴权利来说，最紧迫的任务是确立其中的具体权利。本书的目的就是建构新兴权利之一的住宅权。

2. 住宅权的概念

根据权利类别的不同，对住宅权概念有不同的阐释。第一种，从公法和私法两方面理解住宅权：公法上的住宅权主要指住宅人权，即作为人就应该享有的维持其生存所不可缺少的权利，住宅权是随着公民权和人权观念的产生而出现的；私法上的住宅权指与住宅相关的财产权，它主要由民事法律制度调整。[1] 第二种，从消极权利与积极权利两方面理解住宅权：作为消极权利的住宅权，从自由权意义上讲，住宅权是一种放任的不受制约的权利，目的是免除政府不合理地限制和侵入，包括住宅不受政府的非法侵入、不受他人的非法进入、住宅的使用不受非法妨害等；作为积极权利的住宅权，包含“对住宅”的权利，即作为生存权内容之一的居住权。[2] 第三种，从人身权利与财产权利两方面理解住宅权：人身权利包括生命权和生存权，为了防范来自自然与社会的威胁，住宅成了人类必不可少的物质要求，住宅也是人维持生存必不可少的物质条件，生存权包含了不能限制和剥夺他人生存空间的内容；财产权是把住宅本身视为一般财产，住宅权就相应地包

〔1〕 参见金俭：《中国住宅法研究》，法律出版社2004年版，第55页。

〔2〕 参见邓海娟：《住宅权之行政法保护》，载《特区经济》2007年第7期，第220—221页。

含了作为财产应该具有的权利内容。[1] 这些阐释都是在论述“住宅权”，但又都是不全面的，需要结合起来综合考虑。可以说，住宅权不是单一的权利，而是综合性权利，具有复合权利的性质。

本书要讨论的不是关于住宅的买卖、租赁、金融等私权方面的住宅权，结合国际和国内关于住宅问题的研究现状，本书把住宅权限定在法理学层面。1948 年 12 月 10 日通过的《世界人权宣言》第 25 条第 1 款规定：“人人有权享受为维持他本人和家属的健康和福利所需的生活水准，包括食物、衣着、住房、医疗和必要的社会服务；在遭到失业、疾病、残废、守寡、衰老或在其他不能控制的情况下丧失谋生能力时，有权享受保障。”1966 年 12 月 16 日通过的《经济、社会和文化权利国际公约》第 11 条第 1 款进一步规定：“本公约缔约各国承认人人有权为他自己和家庭获得相当的生活水准，包括足够的食物、衣着和住房，并能不断改进生活条件。各缔约国将采取适当的步骤保证实现这一权利，并承认为此而实行基于自愿同意的国际合作的重要性。”1981 年通过的《住宅人权宣言》宣称：“享有良好环境，适宜于人类居所是所有居民的基本人权。”住宅权，又称适足住房权（The Right to Adequate Housing）[2]，“是指公民有权获得可负担得起的适宜于人类居住的、有良好物质设备和基础服务设施的、具有安全、健康和尊严，并不受歧视的住房权利”[3]。为实现住宅权，政府、个人和国际组织承担着重要的责任与义务。作为人权的住宅权已经得到国际人权文件的确认。住宅权不仅仅存在于人权领域中，习惯权利、法律权利等不同的权利形态中都含有住宅权的内容。理解作为新兴权利的住宅权要

---

〔1〕 参见黄音：《论公民住宅权的刑法特别保护》，华东政法学院 2007 年学位论文，第 6—7 页。

〔2〕 “The right to adequate housing”和“Housing Right”两个词在英语里适用的场合不同，人们通常使用后者，只是在较为正式的场合，比如联合国人权文件中才经常使用前者。具体说明参见王宏哲：《适足住房权的国家义务》，载郑永流主编：《法哲学与法社会学论丛》，北京大学出版社 2008 年版，第 251 页。

〔3〕 金俭：《中国住宅法研究》，法律出版社 2004 年版，第 3 页。

求具有“非本质主义的思维方式”，住宅权是涵盖多项权利的综合体。本书是在最低限度上探讨住宅权。

结合中国的住宅现实情况，笔者认为，住宅权是在满足人必需的生活水准的前提下提出来的。住宅权是一项人权，指社会全体成员获得住宅并安全、健康、尊严地居住的权利。理解住宅权概念有不同的层次，首先是获得物质结构“住宅”本身的权利，没有住宅的住宅权缺少根基；其次是在获得住宅的基础上所享有的与居住行为有关的多项权利。

三、住宅权的权利性质

住宅权的性质界定是对本书的论证范围加以限定，即本书的住宅权主要是在哪个领域内论述的。明晰住宅权的性质，有利于更深刻地理解住宅权的概念。笔者理解的住宅权带有明显的社会权性质。

“社会权”的涵义在不同的学科中有不同的理解。法学界普遍的观点认为，社会权是指公民依法享有的、主要要求国家对其物质和文化生活积极促成以及提供相应服务的权利。它的内涵至少包括相互联系的两个方面[1]：

第一，社会权主要是促成和提供的权利。任何权利都需要尊重和保护，尤其是自由权更能体现这样的特点。但是对社会权来说，除了尊重和保护之外，社会权特有的性质是促成和提供。社会权的核心指向国家行为的促成和提供，社会权是更高层次的要求权，作为权利类本质的尊重和保护是不证自明的，促成和提供是社会权的独有本质。

第二，社会权主要是由国家积极义务保障实现的权利。国家通过履行义务，促成和提供新的利益，实现社会权。社会权强调实现权利是国家的义务，并且不像自由权那样只有尊重和保护的义务，而是要

〔1〕 参见龚向和：《社会权的概念》，载《河北法学》2007年第9期，第51—52页。

在现存利益基础上增加利益。社会权的核心内涵是要求借助国家的力量,通过国家公权力的积极作为,使个人有尊严的生活得到保障,使个人在物质文化方面的基本需求得到保障,使个人身心得到良好的发展,进而保障和促进社会的和谐发展。社会权试图让人人能够有尊严地生活,实质关乎公民的生存保障权。

在制度层面,以社会权为核心的社会法,逐渐成为区别于公法和私法的第三法域,尽管对社会法的概念目前在国内外还存在争议,但是对其核心内容基本达成共识,即加强国家和社会的责任,保障公民个人的基本权益,最终实现社会可持续、和谐发展的目的。社会法是随着市场经济的发展,应社会权的发展需要而产生的。社会法要求政府转变职能,由守夜人式的政府,转变为积极行政,采取有效措施,为公民生存提供基本保障,最大限度地实现公民利益的政府。公民有权利依据法律的规定请求国家政府、职能部门和相关单位满足其对社会权的获得与实现,而国家政府、职能部门和相关单位有义务依据法律的规定积极作为,采取措施,保障公民的社会权。所以,国家和政府等行政主体与公民之间的为实现社会权而产生的有关医疗、教育、劳动、环境等的权利义务关系,是社会法调整的范畴。[1]

我国目前的社会法包括《中华人民共和国残疾人保障法》、《中华人民共和国环境保护法》、《城市居民最低生活保障条例》等有关社会保障、社会福利、社会保险方面的法律法规。社会权被具体的社会法以成文法的形式规定下来,这样的社会权保护就有了法律依据。社会权是一个动态的权利体系,随着社会的发展变化会演变出新的社会权。社会权的内容不断丰富和发展,法律总是具有滞后性,所以新兴的社会权亟待上升为法律权利,以便有法可依。

---

〔1〕 参见李蕊、丛晓峰:《历史视角下的社会法范畴》,载《北京科技大学学报》(社会科学版)2007年6期,第75—79页。

住宅权是新兴的社会权，具有社会权的性质，强调国家的义务性，不仅有尊重和保护的义务，对住宅弱势群体来说，更重要的是促成和提供住宅的义务，这是住宅权的核心内容。我国社会权在实证法上以社会保障法的形式出现，但我国目前还没有颁布有关住宅的社会法，只是以政策和规章的形式规定住宅问题。法律的制定不能离开具体的国情，随着城市化的加快和房价的不断飙升，大部分中低收入者居住条件恶劣。法学的基础是社会现实，它必须始终关注现实，回答现实生活中普通人关心的问题，所以，住宅权问题成了法学界不容回避的问题。

第二节　住宅权的权利构成

探讨住宅权的权利构成，首先要充分地了解权利的一般构成要素。只有在辨析传统权利构成与新兴权利构成异同的基础上，才能更清晰地把握住宅权的权利构成。

国内的学者们对权利的构成有不同的观点，大致分为要素说和结构说两种进路，每种进路又有着不同的观点。要素说中主要有三要素说、四要素说、五要素说等观点。有的学者认为“权利实质上就是意志、利益和行为的有机组合体”[1]。有的学者把权利的构成要素归结为四个，即主体的实体要素（主体对利益的追求与维护）、主体的形式要素（主体可以做出的行为选择自由）、社会的实体要素（社会评价为正当）以及社会的形式要素（国家和法律的保护与帮助）。[2] 有的学者认为法律权利的构成要素包括主体的实质要素（利益）、主体的形式要素（行为）、社会的实质要素（正当性）和社会的形式要素（国家保

〔1〕 程燎原、王人博：《赢得神圣——权利及其救济通论》，山东人民出版社 1998 年版，第 22 页。

〔2〕 参见北岳：《法律权利的定义》，载《法学研究》1995 年第 3 期，第 43—49 页。

护)等要素。[1] 主张五要素说的学者认为,权利由利益、主张、资格、权能和自由构成。结构说包括“显见、隐在结构说”和“内层、中层、外层结构说”等。在显见的结构里,权利包括四个方面,即权利的主体、权利的内容(权利人的权利所涉及的作为或不作为)、权利的客体(权利所指向的对象,包括物质的和非物质的东西)和相对义务人。在隐在的结构里,包括权利的“核心”和“保护界”。“核心”决定一个权利的性质。“保护界”,包括权利人自身的保护和相对义务人的保护。[2]“内层、中层、外层结构说”认为权利的法律结构是由内层结构(利益)、中层结构(权能)、和外层结构(义务)而构成。其中,“利益是权利的内核,是权利内容和权利资源;权利是利益的外衣,权能是权利的意思支配力和法律强制力;权利界定形成了权利制度;而义务则是对权利范围即权能范围的限定,是权利界限。”[3]

住宅权的权利构成中的正当性要素在不同的住宅权存在形态中有不同的内容,本书将在后面加以论述,在此只对住宅权的权利要件从权利主体、权利内容、义务主体三个方面加以阐释。

一、住宅权的权利主体

权利主体是指权利的拥有者,从一般意义上说,即作为权利所有者的人。没有主体,权利便无从谈起。住宅权是人基于基本的居住需要而享有的权利,所以探讨住宅权的权利主体必须再次回到国际人权文件中。《世界人权宣言》第25条规定:“人人有权享受为维持他本人和家属的健康和福利所需的生活水准,包括食物、衣着、住房、医疗和必要的社会服务。”《经济、社会和文化权利国际公约》再次重申了人

---

〔1〕 参见张恒山:《义务先定论》,山东人民出版社1999年版,第91—96页。

〔2〕 参见杨春福:《权利法哲学研究导论》,南京大学出版社2000年版,第96—104页。

〔3〕 王启富、马志刚:《权利的法律结构分析》,载《中央政法管理干部学院学报》1999年第5期,第2—7页。

人有权为他和他的家庭获得住宅的观点。住宅权是一项人权,人权是人人应该享有的权利,所以,住宅权的主体是一切人。

住宅和家庭有着密切的联系,在《说文解字》中解释为"家,居也"[1],从字面意义上就能找到住宅与家庭的关联。社会学家定义"家庭是由婚姻、血缘或收养关系所组成的社会生活的基本单位"[2],法学家认为"家庭是共同生活的、其成员互享法定权利、互负法定义务的亲属团体"[3]。家庭具有文化传统的根源,"一国现实的社会生活习惯、社会生活方式、社会结构方式乃至各种正式的和非正式的制度安排,无不受到传统文化的影响"[4]。我国自古以来就有以家为单位生活的文化传统,不管是从前的几世同堂,还是现在的三口之家,都是以家为独立整体,以家为单位是各个住宅空间的存在形式,沿袭了同财共居的中国居住传统。将家庭作为住宅权的主体还有利于节约资源,土地是一种稀缺资源,尊重国家传统,同时节约成本是确立住宅权的家庭主体地位的现实因素。

住宅权的权利性质决定了住宅权的权利主体的特殊性。在现实生活中,尤其需要关注那些应该享有住宅权,而实际上缺失这项权利的特殊主体,在应有权利或道德权利层面,每个人都是住宅权的当然主体,而在现实权利层面,弱势群体却没有真正享有住宅权。所以,更应该关注那些不能通过自己的能力获得住宅的群体。《第 4 号一般性意见:适足住房权》(《经济、社会和文化权利国际公约》第 11 条第 1 款)第 6 条明确规定,"他和他的家庭"是住宅权的主体。今天对"家庭"这一概念必须从广义上去理解,单亲家庭、户主为女性的家庭等特殊家庭都有权享有住宅权。此外,个人同家庭一样,不论其年龄、经济

---

〔1〕 许慎:《说文解字校订本》,凤凰出版社 2004 年版,第 204 页。

〔2〕 郑杭生:《中国大百科全书》(社会学卷),中国大百科全书出版社 1991 年版,第 102 页。

〔3〕 杨大文:《婚姻法学》,中国人民大学出版社 1989 年版,第 8 页。

〔4〕 陆介雄等:《住宅合作社立法研究》,法律出版社 2006 年版,第 130 页。

地位、群体或其他属性或地位和其他此类因素如何，都有权享受适足的住房。尤其是按照《经济、社会和文化权利国际公约》第2条第2款的规定，这一权利的享有不应受到任何歧视。

总之，住宅权的权利主体是每个人及其家庭，特别要强调的是那些不能通过自己的努力实现住宅权的个人和家庭。要深刻地理解住宅权的主体范围，必须关注那些弱势群体。

二、住宅权的权利内容

住宅权是一项人权，即“那些源于人的自然本性和社会本性，与人的生存、发展和主体地位直接相关的，人生而应该享有的、不可剥夺或转让，且为国际社会公认的普遍权利”[1]。当然，对住宅权的理解也不能狭隘地理解为仅仅是住宅的物理结构，更应该重视住宅所承载的人的精神价值。有的学者认为住宅权的内容包括八个方面，具体包括居住权、安全与健康权（或称舒适权）、公平权、住宅选择的偏好权、住宅的私密权、住宅不受任何组织和个人非法侵犯的权利、对住宅有自由处置并获取收益的权利和当国家为了公共利益需要对公民居住使用的住宅征用时，住宅所有权人或使用权人有获得事先公平合理补偿的权利、住宅救济权。[2] 显然，这是依托于国际人权关于住宅权的标准所做的界定，同时也是把与住宅有关的诸多项权利囊括于住宅权的内容之中。如此界定住宅权的内容考虑到了“全”的一面，但忽略了住宅权作为一项权利所应该具有的独立性，进而造成了住宅权的各项子权利缺乏逻辑性。实际上，住宅权是一项综合性的权利，同时也是一项与其他权利交叉的权利类型。

住宅权归属于适当生活水准权，而适当生活水准权又是一个非常

〔1〕 张文显：《论人权的主体和主体的人权》，载《中国法学》1991年第5期，第33页。
〔2〕 参见金俭：《中国住宅法研究》，法律出版社2004年版，第59—62页。

模糊的概念，它挑战了所有对其进行定义的企图，它甚至被认为包含了写在《经济、社会和文化权利国际公约》当中的所有权利。从普遍意义上来说，适当生活水准权隐含了对权利理解的一种普遍意义。所以，对“适当生活水准权”概念的讨论是冗长的，却是没有结果的。[1]上位概念的不确定性决定了住宅权的复杂性，住宅权的权利内容，即住宅权的权利主体享有的相关利益，概括起来包括两个方面：获得保障权利主体基本居住需要的住宅和在住宅内安全、健康与尊严地居住的权利。

第一，公民享有为了实现基本的居住需要而获得住宅的权利。[2]“住有所居”是住宅权内容的核心，没有可供居住的住宅，那么与住宅有关的良好的居住状态就无从谈起。住宅权，曾经一度被认为是工业化国家需要解决的问题，因为相对于食物和穿衣来说，居住问题似乎不是那么迫在眉睫。但是，随着社会的发展和人民生活水平的提高，住宅问题成为当代中国重要的民生问题之一。住宅权的内容包含了生存、发展和享受的需要，同时，住宅权的权利内容又是开放的，住宅权的权利内容会随着人们生活水平和居住需求的提高而不断增加。住宅权本身是社会权利，具有社会保障的性质，住宅权提出的背景是社会低收入者住宅严重短缺。有一个能遮蔽风雨、防御外界入侵的生活场所，是人的最基本的生存需要。只有“安居”，才能“乐业”，没有住房，一切住宅权都无从谈起。住有所居，不是让人人都买得起房，而是让人人都住得上房，这样的住所可以是自己购买的、自己租赁的，或者是社会福利的保障性住宅，总之强调的不是居住者与住宅本身的关系，而是强调人的居住状态，满足最基本的居住需求。

---

〔1〕 参见徐显明：《人权研究》（第7卷），山东人民出版社2008年版，第127页。

〔2〕 本书用“获得”一词不同于“取得”一词，“取得”一词多与所有权和适用权连用，是民法上的规范概念。而本书的住宅权不是一个被法律认可的权利，住宅权的实现需要个人和家庭的努力，在个人不能实现时有从国家获得住宅的权利。

实际上，没有哪个国家敢承认自己完全解决了本国公民的居住问题。早在1872年，恩格斯就在德国莱比锡《人民国家报》上连续发表三篇“论住宅问题”的文章，生动而深入地描绘了住宅短缺现象。随着工业化、城市化和人口迅速增长等因素的影响，住宅短缺成为世界各个城市发展过程中的顽疾，尽管有的国家解决住宅问题好一些，但城市中居无定所的流浪者仍然可见。新中国成立初期，我国城镇人均居住面积不足4.5平方米，住房制度改革后，人均居住面积有了大幅提升，同时住房制度改革带来了房价的持续攀升，使得城镇中低收入者与商品房无缘；城市化进程的加快，使进城务工的农民成了城市住宅短缺的新群体。世界上处境最不利者的权利越来越被忽视甚至受到有系统的剥夺，我们应该把原本属于他们的权利归还给他们，政府和国家有义务保障人人住有所居。

住宅问题具有地域性，即使在一个国家内部不同经济发展水平的地区对住宅权的实际享有也不同，所以，很难给出住宅权一个明确的标准。但是，住宅权作为一项必需人权，任何国家都没有理由剥夺人的这项权利，满足最低限度的居住需要是良好政府义不容辞的责任和义务。住宅权包含的最基础的内容就是获得住宅。在中国语境下，与“获得住宅”问题直接相关的主要是房价和房源两个方面。随着住宅市场化的飞速发展，房价也不断飙升，一些发达城市的房价是普通家庭两代人的收入总和，高房价只适合高收入人群。房价的攀升带动了房屋租赁价格的上涨，获得负担得起的适宜居住的住宅不是件易事。国家只有运用行政手段适当干预房价的畸形发展和调整房屋的租赁市场，才能使更多的人获得住宅。广大的中低收入者，尤其是低收入人群，在高昂的房价面前依据个人的力量永远也改变不了自己的居住状况，需要国家及社会各界的特殊关注。国家一般通过财政政策（财政直接投资、利息补贴、房租补贴、减免税收、现金补贴、发放住房债券和住房证券等）、金融政策等减免中低收入者的住宅支出，使得这部分人群在获得住宅的情况下,不至于生活水准明显下降。贫困、战争及国家的政策倾向导致住宅短缺,而在国家的住房保障制度不十分健全的情况下,最直接有效的办法是提供房源,切实解决住宅弱势群体的居住问题。房源问题也困扰着我国,经济适用房和廉租房制度还在不断创新,与中低收入者的住宅需求相比,住宅的提供数量少之又少。解决好房价和房源问题是当下中国解决不同阶层住宅问题的关键。

第二,公民享有安全、健康及尊严地居住的权利。"安居"的真谛除了拥有可以遮风避雨的住宅建筑,还在于具有适合人身心需要的居住条件。国际人权文件中也把"安全、健康及尊严"视为住宅权的应有之义,这也是住宅权是一项综合性权利的主要体现。

住宅的安全性保护的法益是住宅本身的安全性,它与住宅隐私权的不同是表现在更多的暴力性和直接性,与我国《刑法》第 245 条规定的非法侵入住宅罪有非常多的交叉部分。在现实中未经主人同意私自闯入他人住宅内,造成财产等的损失,属于严重侵犯居住者的住宅安全权。城市房屋强制拆迁中此权利被侵犯的现象尤其严重,究其原因最主要的是法制观念淡薄,没有树立起住宅安全的权利意识。

健康的居住环境是住宅建设以人为本的核心。1981 年 4 月通过的《住宅人权宣言》中曾指出,"我们确认居住在良好环境中是适宜于人类的住处,是所有居民的基本权利"。健康的居住环境在物理结构和主观心理因素中时刻围绕着"健康"二字。城市人居环境的创造和改善,既是一个古老的城市人居环境问题,也是一个与人类共存的永恒主题。随着工业化、城市化的发展,社会生产力水平的不断提高,工业和人口的大规模聚集,城市人居环境下降,已经成为人类社会发展进程中的突出问题。我国在健康的居住环境方面还处于起步阶段,目前只是高档的商品房在逐渐从绿色住宅、生态住宅、景观住宅、环保住宅过渡到健康住宅。广大的普通居民还没能享受到真正的健康住宅。世界卫生组织曾经规定了"健康住宅"的十五条标准,这是满足人类健康居住的最低住宅标准，是现代人适当生活水准的指标之一，健康的居住环境是人的一项基本权利。我国现在逐渐认识到了健康的居住环境是人最基本的生存权利，提倡经济发展与环境保护同等重要，可持续发展才是经济发展的必由之路。健康的居住环境不仅包括人与自然的亲和性，还包括人与人之间和谐的人际关系。现代社会人的生活节奏加快，随之邻里乡亲之间的人情淡漠，缺乏情感归属，所以健康的居住环境应该为居民创造良好的交往条件，特别是老年人和儿童的活动场所，形成尊老爱幼的社区气氛。同时，减少人车的相互干扰，保证居住者的和谐与安宁，是健康的居住环境应有之意。随着国民收入的增加和居民生活水平的提高，人们对居住环境的要求也不断提高，这是人类的进步，当然，任何要求都是与经济发展水平相适应的，否则就是“空想”。

尊严性地居住权利主要体现为住宅隐私权。〔1〕 法律谚语有“隐私止于屋门之前”，简言之，借助住宅的私密性、领域性等特点，住宅往往是隐私权的大本营。“家”是私人生活的载体，是公民最安全、最隐秘、最独立的“私家天地”。“风能进，雨能进，国王不能进”，这是法治社会对住宅隐私权的承诺，保护的最高程度达到“每个人的家就是自己的一座城堡”。国际人权文件为住宅隐私权提供了最重要的渊源。《世界人权宣言》第12条明确规定：“任何私生活、家庭、住宅和通讯不得任意干涉，其荣誉和名誉不得加以攻击。人人有权享受法律保护，以免受这种干涉或攻击。”《公民权利和政治权利国际公约》第17条规定：“任何人的私生活、家庭、住宅或通信不得任意或非法干涉，他的荣

〔1〕 “隐私权”这一概念最早出现在1890年《哈佛法学评论》（第4期）《隐私权》一文，美国学者萨缪尔·D.沃伦和刘易斯·D.布兰黛斯撰写此文，原因是其举办的一场私人聚会被当地媒体曝光，造成当事人情感的伤害。由于文明的进步，在紧张的生活压力下，人们对“公开”变得很敏感，人们意识到免于个人私生活公开是一项重要的法律利益，从而产生了正当性的权利诉求。其后，美国法律与判例逐渐承认了隐私权。我国在理论上认同隐私权的概念，在司法操作上把隐私权归结为与名誉权、肖像权相类似的以人格尊严为基础的人格权，其价值基础或法理基础就是人的尊严。

誉不得加以非法攻击。”《欧洲人权公约》第 8 条专门规定了维护隐私和家庭生活的权利内容：“人人都有维护其隐私、家庭生活、居所和通信的权利。”《美洲人权公约》第 11 条规定了享有私生活的权利：“人人都有权使自己的荣誉受到尊重，使自己的尊严受到承认；不得对任何人的私生活、家庭、住宅或通信加以任意或不正当的干涉，或者对其荣誉或名誉进行非法攻击。”住宅涉及公民生活的安全和安宁，所以未经同意不得对他人的住宅进行窥视、打探、盯梢、骚扰或者对住宅的位置、外观进行拍摄、宣传等，否则应当认定为侵犯住宅隐私权。现实中侵犯住宅隐私权的案例时有发生。[1] 侵犯住宅隐私权的案例大致分为两种：一是公权对私人住宅隐私权的侵犯，实施部门往往打着形式上合理合法的“旗帜”，实际上“公共利益”这一旗帜需要进一步的明晰；二是私权对私人住宅权的侵犯，其中具有代表性且有争议的是，对公众人物的住宅隐私的披露是行使媒体采访权或公众知情权，还是侵犯了公众人物的住宅隐私权。住宅隐私权的保有也有一定的限度，正如恩格斯所指出的：个人隐私应受法律保护，但当个人私事甚至隐私与最重要的公共利益发生联系的时候，个人的私事就已经不是一般意义的私事，而属于政治的一部分，它应成为新闻报道不可回避的内容。[2] 在法律规定的范围内，遵循法律的程序，相关人员可以对公民住宅及其住宅内的行为进行检查。如同隐私权与知情权的冲突一样，公众人物的住宅隐私也是争议的焦点。政府官员及社会名人因其特殊的身份，其隐私权大大被限制。但笔者认为，住宅隐私权通常不在限制的范围之内，因为住宅是人保有尊严的最后领域，公众人物的住宅不受非法搜查、侵扰、窥视和宣传，是对公众人物的尊重。

---

〔1〕 据媒体 2008 年 5 月 13 日的报道，深圳某媒体披露了位于罗湖雅园立交桥旁一摄像头涉嫌夜间被人用于恶意偷窥附近居民住宅，造成居民住宅隐私权的严重侵害。而我国对隐私的权利观念淡薄，法律保障缺失，所以该事件被公之于众后，市民只能表示强烈的谴责，终日以挂上窗帘的自救方式维护住宅内的隐私。

〔2〕 参见《马克思恩格斯全集》（第 18 卷），人民出版社 1964 年版，第 590—591 页。

以上结合中国的实际情况，对住宅权的具体内容做了粗略阐释，这只是住宅权的主要内容，随着人们生活水平的提高，个人和家庭对住宅的要求不断提高，该权利的具体内容也会不断丰富。住宅不仅是可居住的，而且要适宜居住。有适宜的居住地点，便于居住者就业、求学、接受卫生保健和其他社会服务；有舒适的住宅设备和基础服务设施，供暖、照明、洗涤等日常设备和紧急状态下的服务机构，这些都是适宜居住的条件，但不宜用权利的形式加以规定。住宅的外观设计也要尊重不同的文化传统。一个人的文化传统、宗教信仰不同，对住宅的外观、室内装饰的要求也不同，所以住宅不仅能保证居住者的人身安全，还要在文化传统上容易被接受。不同地域有不同的文化氛围，该城市的建筑样式也体现这一地域的文化。技术和生产力的全球化使得地域文化的多样性和特色性在逐渐消失，为了经济利益破坏具有悠久文化意蕴的古建筑的事件也时有发生，所以保护建筑文化成为现代人的文化使命之一。住宅样式的文化特色，对一个人来说代表了一个人的文化传统和居住品味；对一个城市来说代表了一个城市的名片，反映该地区的人居文化。文化的多样性，预示着人的多样性，对文化的尊重就是对人的尊重，人要有尊严、有品位的生活，就要营造符合不同人群的住宅文化。

三、住宅权的义务主体

有权利就有义务，住宅权的义务主体主要指国家和政府。当然，居民个人也要勤劳工作，逐步获得住宅或改善自己的居住条件。但是，在国家和政府主导和支配公共资源的大环境下，当一个人通过自己的能力不能达到舒适且有尊严的居住条件时，国家和政府有义务为住宅弱势群体实现住宅权。住宅权的权利本身不是绝对权利，政府负有的义务也不是绝对的，因为实现住宅权需要一个国家和政府的经济实力，权利的实现需要成本。

住宅权的义务主体首先是国家，特别是对于中低收入者来说，国家直接或间接的为其提供帮助。“根据国际法，人权义务主要由国家承担。”[1]住宅权属于经济、社会和文化权利中的权利，国家是住宅权的义务主体。国家的住宅权义务分为四种：尊重、保护、促进和实施。[2]

第一，国家尊重住宅权的义务。具体包括：防止非法驱逐和强制迁出、防止一切形式的歧视、尊重各种住宅的自由、尊重住宅内的隐私权、大众参与住宅政策制定、尊重住宅的文化标志等。

第二，国家保护住宅权的义务。这主要是针对住宅权的权利主体和义务主体之外的第三方而言的。国家有义务保护住宅权的权利人，免受来自第三方的权利侵害，如果第三方破坏住宅权的行为已经发生，国家不仅应该采取有效的措施阻止住宅权遭到进一步的侵犯，而且应该保证他们在法律上有平等的救济权利。

第三，国家促进住宅权的义务。这项义务迫使政府承认住宅权所包含的人权的各个方面，各国在充分实现住宅权时强调法律和政策的重要性，尤其是以立法的形式承认住宅权，促进这项权利的实现，因为包括住宅权在内的经济、社会和文化权利的实现原则是“最大限度地利用其现有资源”，而只有政府才能真正掌握现有资源。所以政府有义务促进住宅权立法，制定国家住宅战略，充分利用现有资源，逐渐实现住宅权。

第四，国家实施住宅权的义务。此项义务主要是指国家积极地提供住宅。不仅包括对社会低收入者或无收入者、无家可归者、身体及智力残障人士等社会弱势群体直接提供住宅，还包括住房补贴、监督

---

〔1〕〔挪〕艾德等：《经济、社会和文化的权利》，黄列译，中国社会科学出版社 2003 年版，第 21 页。

〔2〕参见王宏哲：《适足住房权的国家义务》，载郑永流主编：《法哲学与法社会学论丛》，北京大学出社 2008 年版，第 252 页。

和控制住宅建造的成本、提供住宅基础设施、维护住宅金融市场等。

可见，国家在住宅权的义务上需要承担很多责任，且有些义务一时很难变为现实。经济、社会和文化权利的一些反对者认为，政府过多地直接参与活动将会在个人人权与行政权力之间形成对立，使人权可能淹没在行政权力的自由裁量之中而丧失其本来属性。更有甚者否认经济、社会和文化权利的存在，认为通过自由市场经济的方式，公民完全可以满足自己包括住房、医疗、食品、财产等方面的需求，国家完全没有必要以义务的形式介入。反对者反对的理由是住宅权的国家义务使国家背上了深重的负担。这种思考也并非没有道理，毕竟住宅权是一项需要高成本的权利。

国际人权文件中用“适足住房权”来表述“住宅权”这一概念，笔者认为“适足”一词含义过于模糊与宽泛，可供解释的空间太大，把住宅权作为一项权利，即使现在是在理论上探讨，是在作为人权或应有权利层面上的论证，但最终目的是要把住宅权提升到法律权利和现实权利。所以在理论探讨时，不仅要注意住宅权的可欲性，也要考虑住宅权的可行性，避免不切实际的泛权利化。

本章概述了住宅及住宅权的一般内容，以期待对作为新兴权利的住宅权有个总体把握。具体思路是，在理解住宅与人的关系及住宅本身的属性的基础上重点分析了住宅权的概念、权利性质和权利构成。人为了基本的居住需要而获得住宅，这是住宅权的首要含义，“住有所居”之后，住宅权的含义包括基于居住行为和住宅本身而享有的人身、人格权利，强调人的尊严性的居住状态。住宅权是物质性权利与精神性权利的统一，是习惯权利、人权和法律权利的不同样式，是作为人的基本生存需要和利益诉求的表达，是一系列与住宅有关的子权利的上位概念，也是某些权利的下位概念。随着人对居住需要的提高和世界住宅问题的不断涌现，住宅权的内涵和外延还会变化。总之，用全面的、联系的、发展的思维方式理解住宅权，是探讨新兴权利的基本思路。

第二章　住宅权生成的历史

“基于居住的需要而获得住宅”是一项权利，权利作为人类维护利益、表达主张的政治、法律工具，它的生成具有历史性。从人类的历史来看，权利不是与生俱来的，它是随着社会的发展进步逐渐产生的。随着社会的进一步发展和人的权利意识的不断增强，权利类型会不断扩大，权利内容会不断丰富，各种新兴权利会不断涌现。住宅权的生成和发展也同样遵循这样的规律。当然，住宅权也是社会保障发展到一定阶段的产物。

第一节　住宅与社会福利

“从社会福利发展的历史来看，现代的社会福利，即国家出面对弱势群体提供救济而使其得以生存的做法开始于英国历史上的济贫法，远远早于任何旨在提供有规律的收入保障的政府行为之前。”[1]科学的解释是“社会福利”包含“社会保障”，本书在“社会福利”一词的使用上坚持这一观点。

“福利国家”是一个政治学的概念，表述的是一种国家形态，即以“福利”为特征的形态；“社会福利”是社会学的概念；“福利”是经济学的概念；“福利权”是法学概念，至少属于法学理论的范畴，美国等西方国家的称谓，在我国习惯称为“社会保障权”。[2] 这些学科并非毫不相干，福利权就是在其中的交错发展中孕育而生的。

1872 年，恩格斯发表了《论住宅问题》一文，第一次比较明确地将“住宅问题”放大到社会意义层面，正式揭开了住宅问题研究的序幕。住宅是建筑在土地上的建筑物，是需要耗费人力、财力、物力建设和维修的，由于土地资源的有限性以及建设和维修房屋成本的高昂，在城市中，住房是一种稀缺性资源，住宅缺乏是“城市病”中的主要病症之一。“世界各国城市发展过程中的无数事实，充分说明恩格斯这一论断的正确性。”[3]为争取住房权利的游行示威在世界一些颇负盛名的城市时有发生。[4] 为解决住宅问题，各国都制定了不同的住宅制度。在西方发达国家自由资本主义前期，曾经实行过完全的住宅商品化制度。把住宅的性质单纯地限定为商品，住宅的出租、出售在房地产市场中自由进行，价格由供需决定，政府完全不予干预。住宅的经营权完全垄断在房地产资本家手中，这种住宅制度将帮助低收入群体解决居住困难的责任推给了非政府组织，而非政府组织的能力有限，这使得低收入群体住宅问题不断恶化，政府不得不开始干预市场承担起相

---

〔1〕 尚晓援：《“社会福利”与“社会保障”再认识》，载《中国社会科学》2001 年第 3 期，第 119 页。

〔2〕 参见周弘：《福利国家向何处去》，社会科学文献出版社 2006 年版，第 2 页。

〔3〕 金俭：《中国住宅法研究》，法律出版社 2004 年版，第 7 页。

〔4〕 20 世纪 80 年代初，西德汉堡、法兰克福、纽伦堡等 20 多个城市相继发生抢房事件和游行。参见金俭：《中国住宅法研究》，法律出版社 2004 年版，第 8 页。

应的责任。于是，住宅商品化制度退出了历史的舞台。以后世界上建立的住宅制度基本上是围绕着国家和市场的关系建立的，市场多一点，还是国家干预多一点，也就成了不同的住房制度类型的划分标准。概括起来，存在着三种类型的住宅制度[1]：

第一种，住宅商品兼福利制度。这种制度见于大部分的欧洲国家。住房商品兼福利制度是一种在维持住房市场自由自主经营的同时渗透国家的干预和调节，国家建造公房对低收入者廉价出租以及补贴房租房价，以弥补低收入群体的市场能力不足的制度。虽然各个国家对市场的调节方式不同，但是经济手段作为基本方式常见于各国的住房制度中。

第二种，住房福利制度。这种制度见于前苏联、东欧等社会主义国家以及中国住房改革之前。这种住房制度最大的特点是由国家全权负责住房的建设和分配。住房作为一项职业福利以无偿或是低租的方式进行供应，但是居住者只拥有使用权而无所有权。由于国家负担沉重而且分配不公、寻租现象频生，所以这种制度逐渐向其他制度转变。

第三种，住房福利兼商品制度。它是社会主义国家的住宅福利制度改革和转型的产物，是一种减少住宅的福利成分、增加住宅的市场化成分的住宅制度。在以市场化方式供应住房的主要方式的基础上，由国家负责弥补由市场失灵造成的部分群体住房困难。我国的住房制度改革即是从住房福利制度向住房福利兼商品制度迈进。

从各国为了解决住宅问题而设立的住宅制度可知，住宅问题与社会福利不可分割，离开社会福利去解决住宅问题必将陷入困境，这已经得到早期西欧资本主义国家的验证。是否在住宅问题上实行全民

---

〔1〕 中国城市住宅问题研究会、住宅社会学学术委员会：《住宅社会学导论》，安徽人民出版社 1991 年版，第 148—156 页。

福利制度,取决于国家的政治导向,更取决于国家的经济实力。不管怎样,一个国家解决公民的住宅问题都离不开国家的干预。住宅权是人人都应该享有的权利,而现实中那些社会低收入群体却缺失这项权利。

住宅权中最基本且最重要的内容是获得适宜居住的住房,即“住有所居”的权利。这项权利内容关涉每个人的利益,尤其是对那些社会弱势群体而言更为迫切。帮助包括社会弱者在内的社会成员能够过上“好的生活”,解决处境不利者的居住问题,是福利社会和福利国家的初衷,所以寻找住宅权的发展历史可以以福利权的演变为切入点。

第二节　福利成为权利的历史

住宅权的核心内涵是获得住宅的权利,拥有可供居住的住宅是实现其他住宅权的前提。在住宅权的主体不能通过自己的努力实现这一权利时,公民享受政府提供的保障性住房是一种权利,还是一种恩惠?如果是一种权利,那么符合条件的人就有权请求国家或政府提供可以居住的住宅;如果是一种恩惠,那么只能等待国家和政府主动采取措施,酌情是否提供住宅。是恩惠还是权利,要从福利权的历史演变中寻找答案。

一、福利是政府和社会的恩惠

福利作为给人带来幸福的要素,在人类的历史上,把它等同于施舍、恩惠、接济的观念曾经长期存在。在西方,福利思想长期在宗教领域盛行,福利是与“善”紧密相连的价值理念。中世纪的欧洲,扶助贫民是教会的工作,英国的教堂曾经将其约 1/3 的收入用于救济贫民。但是随着社会矛盾的加剧,教会逐渐退出了救济贫民的主要地位。到了17世纪,英国政府涉入济贫活动,开启了国家与福利相连的先河。

17世纪初,随着英国资本的原始积累,社会贫困现象日趋严重,原有的家庭救济已经不足以满足社会的需要,而此时的英国政府又期望扩大权力,介入到由教会控制的济贫事务中来,以提高国家的权威。于是1601年英国颁布了世界历史上第一部《伊丽莎白济贫法》,即旧《济贫法》。《济贫法》规定:(1)建立地方行政和征税机构;(2)为有劳动能力的人提供劳动场所;(3)资助老人、盲人等丧失劳动能力的人,为他们建造收容场所;(4)组织穷人和孩子学艺;(5)提倡父母子女的社会责任;(6)从比较富裕的地区征税补贴贫困地区。这是历史上第一部由政府通过立法的形式强制征税救济贫民的法律。[1] 然而,这部法律在19世纪初遭到了英国自由主义者的强烈批评。

长期身居英国的恩格斯承认旧济贫法制度存在许多不合理的地方:"它阻碍工业发展,鼓励人轻率结婚,促进人口增长,抵消人口增长对工资的影响;这个制度是一种全国性的制度,它使勤劳而诚实的人不愿意工作,使懒惰、放荡和轻佻得到鼓励。"[2] 于是,1834年英国议会通过了《济贫法修正案》,史称新《济贫法》。新《济贫法》的起草者查德威克认为政府有教育人们懂得自由的价值和规则的责任,政府应该通过立法实行社会改革。原有的救济制度的缺陷在于破坏了个人劳动的本能,因此要迫使穷人重新回到劳动力市场上,而不是继续只想依靠救济生活。新《济贫法》中提出了两项重要的原则:"劣等处置"和"院外检验"。"劣等处置"原则是指游手好闲者的整体状况不应该好于独立劳动者收入最底层的状态,否则独立劳动者的勤奋精神将受到伤害,他们会离开状况不佳的劳动阶层而进入状态较佳的被救

---

〔1〕 参见汪行福:《分配正义与社会保障》,上海财经大学出版社2003年版,第206—207页。

〔2〕 〔德〕恩格斯:《英国工人阶级状况》,载《马克思恩格斯全集》(第2卷),人民出版社1957年版,第574页。

济的阶层。“院外检验”原则指将济贫者集中到济贫院里，新《济贫法》只对院内穷人救济。根据这部法律，英国成立了设在伦敦的全国性行政机构——“济贫委员会”，以监督新《济贫法》的执行情况，并为全国实施统一的标准奠定了基础。历时近350年的《济贫法》于1948年被《国家救助法案》取代。“济贫法”对欧洲大陆和北美殖民地产生了深远影响。但是，新《济贫法》同样具有无法克服的弊端。恩格斯精辟地揭露了新《济贫法》的弊端，他说：“实质上把穷人当犯人，把习艺所当做惩治犯人的监狱，把住习艺所的人当做法律以外的人，当做人类以外的人，当做一切丑恶的化身。”[1] 恩格斯认为，新济贫法制度是英国资产阶级对付无产阶级的手段。在1847年10月，恩格斯在其重要论著《共产主义原理》中具体提出了包括工人阶级就业、教育、儿童关怀、住房和公共卫生等许多的福利思想。

任何一种社会福利思想都具有时代性，它必然受到所处时代的经济、社会、政治的影响。马克思和恩格斯所处的19世纪，正是西方资本主义工业革命迅速发展的时期，无产阶级与资产阶级的矛盾不断加剧。马克思与恩格斯提出的福利思想与他们有关阶级斗争学说、无产阶级暴力革命思想相比，不仅不够系统，而且不居于核心地位。他们以批判的态度对待当时的社会福利举措，他们的福利主张是以唤起无产阶级投身于推翻资产阶级革命为目标。但是，恩格斯对新旧《济贫法》的批判，让我们看到了那个时代接受救济的穷人还没有作为人应该具有的尊严，即使政府的法律行为也只是恩赐和施舍，是基于社会稳定的需要。穷人接受救济要牺牲人格，不具有权利性可言，更不用说享有住宅权。但马克思、恩格斯对社会最低层人民的关注，有利于作为权利主体的穷人的人格提升。

---

〔1〕〔德〕恩格斯：《英国工人阶级状况》，载《马克思恩格斯全集》（第2卷），人民出版社1957年版，第576—577页。

二、福利是公民资格的社会权利

“在标准伦理学和政治学中，曾经有并且仍然有一种传统，它坚持认为‘权利’要求比福利命令对我们的理性和情感有一种更高的要求”。[1] 19世纪的思想特征是个人主义，自由放任的思想盛行，国家提供福利只是为了避免异化的贫困阶级的社会动乱，福利还没有成为社会成员的权利资格。但这样的观念维持的时间并不长，随着社会的动荡和福利国家的产生，福利逐渐从恩惠或政府镇压贫民的工具，转变为公民享有的权利。

20世纪20年代起，资本主义国家因经济危机而普遍陷入大萧条。面对经济危机，各个领域的思想家纷纷抛出应对危机的理论。“福利国家论”成为这一时期理论的核心。福利国家论的思想来源很庞杂，但总的来说，福利经济学的一些论点是其重要依据。最初提出“福利国家”这一口号的是19世纪末20世纪初欧美一些标榜“社会主义”的资产阶级改良主义者。他们认为政府负有促进社会文化与福利发展，为贫困者提供组织保障和公共服务的职责。经济学家庇古建立的福利经济学体系，以全社会福利最大化为根本目的，从福利经济学的角度为“福利国家”提供理论依据。庇古提出了两个基本的命题：国民收入的总量越大，社会经济福利就越大；国民收入分配越是均等化，社会经济福利就越大。[2] 那么，怎样实现分配均等化呢，即怎样把富人的一部分收入转移给穷人呢？庇古认为有两种转移办法：一种是自愿转移，由富人自愿捐出其一部分收入，用于公共教育、科研、大众保健和娱乐等方面，或直接捐助慈善事业；另一种是强制性转移，由政府开征所得税和遗产税，政府将部分收入救助穷人。穷人如何得到这部分资

---

〔1〕〔英〕诺曼·巴里：《福利》，储建国译，吉林人民出版社2005年版，第8页。

〔2〕参见孙月平等：《应用福利经济学》，经济管理出版社2004年版，第1—3页。

助呢？也有两种途径：一是由政府举办社会保险和兴建社会服务设施，帮助社会大众化解生活风险，享受一定福利；二是由政府对穷人最迫切需要的生活必需品如食品、住宅等生产部门，给予一定的补贴，从而降低售价，让穷人间接获益。1936 年，英国著名经济学家凯恩斯发表了《就业、利息和货币通论》，反对古典经济学的自由放任主张，要求政府实施积极的经济干预。[1] 凯恩斯的理论成为资本主义和社会主义两大阵营建立福利制度的理论基础。

美国长期以来把贫困看做道德缺乏的标志，针对贫民的福利待遇水平很低，而且被接济者还缺少作为人最基本的尊严。经济大萧条后，原先设定由地方和州政府及慈善团体提供的少量福利已经濒临破产，社会大众迫切要求联邦政府采取行动。1933 年，罗斯福就任美国总统，制定了一系列计划，施行“新政”。[2] 1937 年，通过了公共住房计划立法，资助地方政府为穷人建造住房。

二战期间，英国政府向国人展示战后重建的理想社会，于 1941 年委托曾任劳工介绍所所长和伦敦经济学院院长的牛津大学教授威廉·贝弗里奇进行社会保险及相关服务的调查，制定战后的社会保险计划。1942 年，贝弗里奇提交了世界著名的《贝弗里奇报告》，报告确立了实施社会保险的普遍性原则、政府统一管理的原则、全面性原则。在贝弗里奇看来，国家不能忽视社会存在的问题或者把它们推向市场，国家有责任去解决问题。但他不是彻底地否定市场，市场是分配资源和保持个人自由的最好机制，但是市场需要政府的调控和管理。贝弗里奇反对放任的自由主义，强调国家对社会福利的保障和干预。贝弗里奇同样反对供给制的社会理念。[3] 贝弗里奇的思想倾向于走

---

〔1〕 参见顾俊礼主编：《福利国家论析——以欧洲为背景的比较研究》，经济管理出版社 2002 年版，第 79—80 页。

〔2〕 参见赵立人：《各国经济福利制度》，四川人民出版社 1986 年版，第 110—111 页。

〔3〕 参见顾俊礼主编：《福利国家论析——以欧洲为背景的比较研究》，经济管理出版社 2002 年版，第 127—128 页。

中间道路的福利理论家，他重视国家的责任和社会政策的重要性，强调经济政策和社会政策的同等重要和平等地位。贝弗里奇被誉为“世界福利国家之父”。1948 年，英国按照《贝弗里奇报告》率先在世界范围内建成了“福利国家”。随后，瑞典、法国、丹麦、德国等许多发达国家纷纷以建设“福利国家”为努力方向，特别是瑞典，几乎把国民生产总值的 2/3 用在建设“福利国家”上，并以其项目全、范围广、标准高的社会福利制度体系而成为“福利国家”的典范。1948 年通过的《世界人权宣言》将享受适当生活水准，包括食物、衣着、住房、医疗等作为一项基本人权确立下来。

以上从宏观社会事实的角度对福利国家的形成进行了简单概括。正如诺曼·巴里所言：“福利思想的发展是思想和制度之间奇怪的、常常不连贯的和混乱的对话。”[1] 20 世纪的大规模失业使人意识到，贫困不再是个别人的失败，在明显不可控制的经济背景下，每个人都是潜在的脆弱者，每个人都存在突然成为穷人的危险。福利不限于给个别人道德上的帮助，福利作为慈善形式的思想已经过时了，社群成员的权利资格理论成了福利的新的理论支撑。如“美国社会保险最初意在通过捐赠来适当地‘筹资’，但这种做法很快就停止了：它发展成一种‘权利资格’形式，而与捐赠无关”。[2] 英国的福利制度也存在公民资格理论的要素，“个人不得不为一个国家基金做贡献，在紧急情况下可以从中得到权利资格支付”。[3] 如英国实行的补助金制度，承认人的需要，补助那些没有被保险覆盖的人。这一制度的确承认了公民的权利，“因为那种再分配不被视为一种慈善行动——如在济贫法中那样，而是被看做社群成员资格的结果”。[4] 深入系统地阐述福利权利

---

〔1〕〔英〕诺曼·巴里：《福利》，储建国译，吉林人民出版社 2005 年版，第 50 页。
〔2〕同上书，第 51 页。
〔3〕同上书，第 52 页。
〔4〕同上。

理论的是 T. H. 马歇尔。

T. H. 马歇尔(1893—1981)为英国福利国家提供了最有力的理论根据。他区分了“消除贫困”和“消除平等”两个概念,认为贫困是应该被消除,也是能够被消除的,而完全的平等是不能被消除的。他往往被归为福利国家的中间道路流派,他既不反对自由市场经济,又不反对国家干预市场;既不要求社会的绝对平等,又要求公正。T. H. 马歇尔把资源的再分配同公民的社会福利权利联系起来,认为福利国家扩大了公民资格的权利范围。1950 年,T. H. 马歇尔在剑桥大学纪念阿尔弗雷德·马歇尔的年会上做了名为《公民资格与社会阶级》的著名讲座,T. H. 马歇尔把公民资格分为“公民的、政治的和社会的”三部分,分别有权利和义务两个方面。T. H. 马歇尔主要考察了权利的方面,他区分了公民权利、政治权利和社会权利。他认为公民资格发展的特点就是从义务发展到权利。公民权利,包括那些传统的权利,如自由表达权利、财产权利、法律面前人人平等权利、人身自由、思想和信仰自由、要求正义的自由等。政治权利,包括选举权和被选举权。社会权利,是个综合的概念,从享有一点经济的福利和社会保障的权利,到分享整个社会的遗产,并过上按照主流标准的文明人的生活,是让人们拥有某种资源的权利资格。T. H. 马歇尔把公民资格三部分的大发展时期分别纳入三个世纪:18 世纪是公民权利的世纪,19 世纪是政治权利的世纪,而 20 世纪是社会权利的世纪。20 世纪前,社会权利是以公民身份与公民资格分离为特点而存在的,如英国的《济贫法》已经发挥了现代福利意义上所包含的服务,《济贫法》向老人、儿童提供救济,但是救济的前提是放弃公民资格,放弃公民权利和政治权利。所以,《济贫法》是限制公民的人身自由和经济自由的一部法。与公民资格发展趋势——社会权利——相违背的法律必定成为革命的对象。社会权利在 20 世纪重新被整合到公民资格中,通过国家的保障,过上体面的生活是每一个公民的资格和权利。[1] T. H. 马歇尔提出社会权利是公民资格的一部分，这就为制度化和普遍化的福利发展找到了理论依据，在权利观念基础上的制度化的福利能够更有效地保障社会福利服务的展开，因为这种服务从理论上说是每个公民都有权利无条件享有的。

雷蒙·普兰特(1945—)是 T. H. 马歇尔思想的有代表性的赞同者，他认为，在过去的三四十年里，一些人已经习惯了用权利来谈论福利概念，这是马歇尔的贡献。自 17 世纪以来公民权利、政治权利已经逐步实现，然而只是在现代，权利才开始被视为获得如福利、健康、教育、医疗和社会保障等资源的权利。私人的救济——慈善没有权利可言，因为慈善本质上是任意的，赠品的接收者没有任何的道德或法律权利。英国《济贫法》开辟了公共救济的先例，但是，贫困者的济贫要求是与工作契约联系在一起的，对于贫民习艺所的贫困者来说，实际上是一种惩罚。普兰特认为，获得福利权利的观念也是与社会正义的观念相联系的，如果我们都接受了所有结果的不平等，市场结果就不可能是公正的。而公民资格赋予了一种导向资源的权利，这些资源能够提供经济、健康和教育保障，并且不管个人在市场上处于什么地位，这种权利都是存在的。[2]

三、福利与权利的论争及反思

T. H. 马歇尔的福利权利理论顺应了 20 世纪上半叶的社会发展需要，但是不要忘记："新的'重大学术成果'也是'批判标把'的同义

---

〔1〕 参见蒋勤：《公民资格与全民福利——马歇尔公民资格理论评述》，载《社会福利》2003 年第 1 期，第 12—19 页。

〔2〕 参见王元华：《"后福利国家"时代对福利权利的辩护——评雷蒙·普兰特的社会权利观念》，载《辽宁行政学院学报》2006 年第 7 期，第 12—13 页。

词。"[1] 随着资本主义世界进入"滞胀"的窘境，福利国家的政策变成了福利危机，福利国家开始被认为是经济增长的负担，福利支出和经济增长的矛盾成为社会政策制定中的基本问题，福利作为一种权利的思想遭到了质疑。原来与其对立的流派卷土重来，新自由主义就是一个例证。

哈耶克的新自由主义社会保障理论产生于20世纪30—40年代，但是，在国家干预主义盛行的20世纪70年代以前，哈耶克的理论并没有得到西方社会和政府的认同和重视。直到20世纪70年代末，由于西方社会经济发展再次面临严重困境，西方福利国家与社会保障制度陷入危机，社会福利制度改革势在必行。西方社会开始重新审视国家干预主义理论和政策的功能，于是哈耶克所积极倡导的发挥市场作用和个人责任的社会保障理论，就顺应了新时期西方社会保障制度改革和发展的需要，成为西方社会保障改革的理论基础。他的《通往奴役之路》和《自由宪章》比较完整地阐述了社会福利思想。哈耶克认识到国家干预主义的弊端，他指出："通往地狱之路，常由善意铺设……如果人类放弃自由主义的精神，想凭着良好的意愿，自以为是地去计划、设计社会，必将把人类引向深渊。"[2] 个人责任意味着个人必须照管自己的福利，并采取相应预防措施。只有对自己负责的人才能真正获得自由。个人只应对自己的行动负责，而不应该对他人的行动承担责任。哈耶克强烈批判平均主义，认为追求平均主义极大地侵犯了个人的自由和权利。反对计划经济是哈耶克经济思想的重要内容之一，在经济领域引入一定的计划性是必需的，但是这种计划性不能代替竞争占据资本主义经济调节手段的主导地位。哈耶克认为由市场

---

〔1〕 冯玉军:《公平还是福利？这是一个问题》，载《西部法学评论》2008年第1期，第138页。

〔2〕 〔英〕哈耶克:《通往奴役之路》，王明毅等译，中国社会科学出版社1997年版，第96页。

所决定的分配是最公正的，任何人为的分配措施都会破坏这种公平性。他极力推崇经济自由，倡导市场竞争。一个经济自由的社会中，要尽可能多地运用竞争的力量作为协调人类各种行为的工具。竞争是我们的活动在没有当局强制和武断的干预时能相互协调的唯一方法。

在社会福利方面，哈耶克认为，防止出现赤贫的社会保障是政府和社会的努力目标，要使这些努力获得成功而不损害个人自由，那就必须在市场之外提供保障而让自由竞争自然进行而不受阻挠。而英国政府的许多社会福利活动之所以对自由构成威胁，是因为这些福利活动尽管表现为纯粹服务活动，但它们事实上意味着政府在行使一种强制权利，这种权利更是以政府在某些特定领域内要求享有排他性权力为基础的。贫困问题在市场竞争中出现是再正常不过的了，但市场经济与社会对贫困群体的救助又是密不可分的。"自由的社会不但是守法的社会，而且在现代也一直是以救助病弱和受压迫者为目标的一切伟大的人道主义运动的发祥地。另一方面，不自由的社会无一例外地产生对法律的不敬，对苦难的冷漠，甚至是对恶人的同情"[1]。在解决贫困问题的途径方面，哈耶克认为，采用凭空设计的再分配方式来减少不平等和消除贫困，从短期来看，贫困者可以从富有者那里获得财富改善自身的待遇，暂时缩小了各阶层之间的差异；但是从长期来看，它延迟了整体的发展速度，甚至还会阻碍落后者和贫困者的进步。正确的方法是把所有资源用到最有助于使大家都变得更加富裕的地方上去。哈耶克对国家统一控制和实施的社会保障体制提出尖锐批评，他认为社会保障本身也应该出现竞争。"我们不仅应当承认存在着市场所不能满足的需求，而且还应当明确指出，政府决不应当是唯一有能力提供不具有物质回报的服务机构，而且在此领域也不应

---

〔1〕〔英〕哈耶克：《经济、科学与政治——哈耶克思想精粹》，冯克利译，江苏人民出版社2000年版，第62页。

当有垄断，相反，应当允许尽可能多的独立的个人或组织运用其各自的能力去满足这些需求”[1]。

自20世纪90年代以来，西方国家面对福利危机进行了福利改革。英国首相布莱尔、美国总统克林顿都推行“第三条道路”的社会福利思想。“第三条道路”社会福利思想主张放弃传统的单一极端保守性或激进性政策选择，实行介于两者之间的调和性政策选择，强调有限的国家干预和有限的市场调节相结合，主张社会保障中的国家责任、社会责任和个人责任平衡，强调社会保障水平与经济发展水平相协调。“第三条道路”的主要特点是：其一，建立合作包容型的社会关系，倡导在不牺牲社会团结和公正的前提下，谋求经济的可持续发展，建立一个多样化、包容性的社会。在尊重个人价值的基础上，培养社会性认同意识，把人民凝聚在一起。其二，建立新型“混合经济”模式，谋求生态平衡与经济增长协调发展。“第三条道路”所倡导的经济模式既非自由放任主义，也非国家干预主义，而是兼有两者优势的“混合经济”模式，这种模式还能实现经济增长与生态环境的协调。其三，改革福利制度，建立积极的福利国家。“第三条道路”思想既承认福利国家存在的种种弊端，又反对完全剔出福利国家制度，他们采取一种折中态度，主张建立一种能照顾到各阶层的福利制度，强调个人责任和社会责任的协调。其四，由管理型政府向治理型政府转变，在实践中避免国家与市民社会之间的二元对立，建立政府与市民社会之间的合作互动关系，改善中央与地方关系，协调和促进政府、市民和社会组织之间的伙伴关系。政府要成为社会行动的牵头人而不是包办人。

英国的安东尼·吉登斯（Anthony Gidden）是“第三条道路”思潮的领军人物，著有《第三条道路——社会民主主义的复兴》，对西方福

---

〔1〕〔英〕哈耶克：《自由秩序原理》（上册），邓正来译，生活·读书·新知 三联书店1997年版，第66—67页。

利思想影响深远。吉登斯分析了传统左派和右派社会福利思想的分歧。左派社会福利理论十分强调国家的责任和作用,但忽视了个人的责任。认为国家福利在救助贫困家庭方面发挥着重要作用,国家对家庭生活的介入不仅需要而且应该鼓励。英国社会福利未来的发展应该不断增加政府用于社会福利方面的支出,各种志愿组织在社会福利中所发挥的作用,根本无法与接受国家拨款的机构相提并论。社会福利的目标是追求最大的平等,实现这种平等的主要手段是累进税制度。右派则主张尽可能限制国家在社会福利中的作用,推行市场经济原则。对福利国家的反对是右派福利观的显著特征,它把福利国家看成是一切罪恶的源泉,福利国家不应该被理解为国家的救济,而应该理解为最大化的经济增长以及由此带来的总体财富,实现这一切的唯一办法是遵循市场经济原则。英国社会福利制度未来发展不应该是扩大福利安全网,而应该是缩小社会保障网。[1]

在明确区分了左右两派社会福利思想分歧的基础上,吉登斯提出了“无责任即无权利”的思想。他指出政府对公民负有一系列的责任,但是,传统左派往往倾向于将权利作为不附带任何条件的种种要求。个人主义不断扩张的同时,个人义务也应该不断延伸,领取失业救济的人应该履行主动找工作的义务。“作为一项伦理原则,‘无责任即无权利’必须不仅仅适用于福利制度的受益者,也应该适用于每个人”[2]。不应该把福利国家的改革简单地理解为营造一张安全网,只有造福于大多数人的福利制度才能产生出一种公民的共同道德。如果福利只是具有一种消极内涵,并主要面向穷人,它就必然导致社会分化。

吉登斯倡导“积极福利,公民个人和政府以外的其他机构也应当为这种福利做出贡献,它将有助于福利的创造。福利在本质上不是一

---

〔1〕 参见〔英〕安东尼·吉登斯:《第三条道路——社会民主主义的复兴》,郑戈译,北京大学出版社2000年版,第40—49页。

〔2〕 同上书,第68—69页。

个经济学的概念，而是一个心理学的概念，它关乎人的幸福”[1]。尊重个人的福利权利，关注人的自由与积极参与，是“第三条道路”福利思想的精髓。

以上从西方历史的角度考察了福利权的产生、确立和曲折发展的过程。福利权的权项当然包括公民的住宅，尤其是对于无房者而言。福利权存在的合理性在于它是共同体正义的道德底线。一个共同体是否是正义的道德的共同体，可以根据其成员的生活状况来判断。在一个正义的共同体中，人们是相互尊重的，如果在一个共同体中存在着很多挣扎在生死边缘的公民，那么这个共同体就不是一个完美的共同体，即使每一成员在其中享有再多的自由。让每一位公民都过上正常人的生活、达到正常人的生活水准，这正是衡量共同体正义与否的标准，也是共同体的道德义务，因为共同体有义务让每一个成员获得最基本的自尊，而这最基本的自尊是建立在过一个正常人所应过的生活的基础上的。社会慈善机构的存在固然可以在一定程度上给生活落魄者提供一定救济和社会帮助，但这种救济与帮助是没有保障的，只有使社会福利和社会救济升格为法律，使社会福利权利变成一种法律权利，才能从根本上保证这个社会的基本正义。[2]

福利危机让人重新审视福利权及其性质。对于福利与权利的关系存在不同的认识：第一种观点认为，福利只是国家开展慈善活动的一种方式，福利不是权利。第二种观点认为，福利作为权利是绝对的、无条件的，获得公共援助和社会服务是任何一个公民都拥有的权利。第三种观点认为，福利既不是国家的慈善和施舍，也不是一项绝对的权利，是相对的，受一定的客观因素制约的权利，福利是对处于竞争状

---

〔1〕〔英〕安东尼·吉登斯：《第三条道路——社会民主主义的复兴》，郑戈译，北京大学出版社2000年版，第121页。

〔2〕参见欧阳景根：《作为一种法律权利的社会福利权及其限度——公民身份理论视野下的社会公平正义之省察》，载《浙江学刊》2007年第4期，第121页。

态中的政治权利、经济权利和社会权利的一种平衡,是对竞争中失败者的一种补偿。[1] 显然,第一种观点是400多年前的福利思想,早已经过时了;第二种观点把福利权绝对化,人的多样性决定了权利的多样性,绝对化的权利在权利的实现阶段必然会遇到障碍;第三种观点注意到了社会最不利者的福利问题,全民皆福利的思想在现实层面上已经遇到了难题。本人倾向于第三种观点,但也不完全相同。福利权是在现代兴起的概念,同时也是过程性的概念,随着社会的发展和人们生活水平的提高,福利权的内涵和外延也会不断丰富,笔者理解的福利权是个最低标准的权利,此项权利保证一切人都过上在最低限度标准以上的生活。在标准以下的人,政府有责任帮助改善生活水平。把福利当做权利赋予给每一个人,在维护人的基本价值和尊严、促进社会正义和人的发展特别是穷人的发展方面,起到了巨大的推动作用。实现福利权的政治道德义务是国家和政府的基本责任,已经得到世界的普遍认同。

西方国家的福利理论和福利制度相对完善,不同国家的福利制度也因本国的经济情况和政治导向而时有变化,形成了救助型、保障型、福利型等不同类型的福利保障制度。救助型的福利制度是一种初级的、不成熟的、不完备的形式。救助的标准为低水平的,以维持最基本的生存为限;救助的对象是因天灾人祸等因素导致贫困的群体,如弃婴、流浪者等。政府的救助行为依据国家的立法,被救助者依法享有此项权利,而不同于慈善机构的施善和资本主义初期的济贫。保障型的福利制度是救助型的更高形式,国家的资金来源包括以公民的缴费为主的多种渠道,国家为公民提供基本的生活保障,保障项目种类繁多,基本包括了人的生老病死各个阶段,当然更囊括了人的“衣食住

---

〔1〕 参见高扬文:《福利与权利》,载《松辽学刊》(人文社会科学版)2002年第1期,第26页。

行”等基本的民生问题。此类型的福利制度表明公民享有的福利待遇既是权利,也是义务,因为大多数居民都必须为国家缴纳税费。福利型是福利保障制度的最高类型,目的已经不局限于救助弱者和消除贫困,而在于维护社会成员一定标准的生活质量,并且是相对高级的生活水平。这种类型强调福利的普遍性和全面性,以人道主义、人权观念为理论支撑。福利开支基本由企业和国家负担。无论是救济型、保障型,还是福利型,都以满足人的基本的居住需求为目标,只不过满足的人群和程度不同而已。救济型的福利制度模式为保障弃婴、流浪者等需要救助的群体提供基本的居住场所;保障型的福利制度模式保障的对象为低收入者,保证低收入者的基本生活需要,包括这部分群体的起码的住房问题;福利型的模式更是把社会成员的居住需求放在重要的位置,所以保障每个人“住有所居”也是不同的福利制度模式包含的内容。

福利型的保障制度适合在经济相对发达,物质生活水平较高的条件下实行。但是,也不乏理想主义者的破除“陈规”,在经济发展水平未到达高级福利保障制度的条件下率先实施该制度,结果不得不放弃理想的设计,重新回到适合国情的制度中来。新中国成立以来在城镇实施的福利住房制度就有福利型保障制度的痕迹,福利住宅的使用者只承担很少,甚至不承担住宅的建设费和使用费,一切都由国家买单。最后因国家不堪重负,福利分房制度被迫终结。在中国的语境下探讨住宅问题,中国实行了近半个世纪之久的福利住宅的历史就不可逾越。

第三节　中国住宅福利的历史发展

新中国成立后,我国城镇职工的住宅实行统建、统分、统包的公有住房政策和福利分配办法。计划经济体制下职工福利分房制度的主要特点是:以国家为主投资建设居民住宅,职工通过所工作的单位申请分配公有住宅,各单位按照自己拥有的房源情况,以职工的职务、工龄、家庭人口等条件为标准，将相应面积的住宅无偿分配给职工居住。这是高福利的制度，并且也是负福利的，因为，职位高者享受高福利；职位低者只有漫长的等待。这样的负福利制度有违福利制度的初衷，所以，新中国成立以来实行的福利住宅制度只是住宅权历史上的一个阶段。

一、住房福利时代(1949—1978)

一个时代的思想，“首先从已有的思想材料出发，虽然它的根子深深扎在经济的事实中”[1]。1949年新中国成立，我国的住宅政策也与中国当时的指导思想关系密切。马克思主义是引导社会主义国家的精神力量。在住宅问题上，马克思主义倡导住宅公有制。1847年恩格斯撰写的《共产主义原理》初次阐述了住宅公有制的设想：“在国有土地上建造大厦，作为公民公社的公共住宅。公民公社将从事工业生产和农业生产，将把城市和乡村生活方式的优点结合起来，避免二者的片面性和缺点。”[2] 恩格斯为了批判蒲鲁东主义者关于城市住宅问题的错误观点，撰写了专著《论住宅问题》，这是一部关于解决资本主义社会工人阶级经济要求的重要著作。[3]

恩格斯在该书中指出，一切历史时代的被剥削者，几乎都无例外地遭受到住宅缺乏的威胁。在资本主义时代，工人阶级本来已经很恶

---

〔1〕《马克思恩格斯选集》(第3卷)，人民出版社1995年版，第355页。

〔2〕《马克思恩格斯选集》(第1卷)，人民出版社1995年版，第240页。

〔3〕恩格斯此部著作的写作背景为：1872年2月初到3月初，《人民国家报》转载了六篇奥地利工人报纸《人民意志报》发表的论住宅问题的文章。作者是A.米尔柏格(1847—1907)，他企图用蒲鲁东小资产阶级改良主义办法来解决工人和一部分小资产阶级缺乏住宅的现象。他把住宅承租人对房主的关系同雇佣工人对资本家的关系等同起来，建议通过分期付款方式使工人成为自己的住宅和宅旁小块土地的所有者，认为这就能使工人从资本主义剥削下解放出来。米尔柏格所散布的改良主义思想给国际工人运动带来了极为有害的影响。恩格斯应W.李卜克内西之约，在1872年5月至1873年1月间写了《蒲鲁东怎样解决住宅问题》、《资产阶级怎样解决住宅问题》和《再论蒲鲁东和住宅问题》三篇论战性文章，并从正面论述了应当如何正确解决工人阶级的经济要求，包括解决住宅缺乏的问题。这三篇论文全部在《人民国家报》上发表后，于1872—1873年以三个分册在莱比锡出版，1887年再版时把三篇论文编在一起，书名为《论住宅问题》。

劣的居住条件，因人口大量涌进城市而更加恶化，不仅房租大幅度地提高，甚至难于找到住所，这不仅伤害了工人，也打击了小资产阶级。[1] 恩格斯批判了蒲鲁东主义者把住宅承租人对房主的关系和雇佣工人对资本家的关系混为一谈。他论证了承租人与房主不是雇佣劳动与资本的关系，而是一种单纯的商品买卖关系。承租人即使是工人，他和房主的关系，也不是以劳动力这种特殊商品的出卖者身份与房主对立，而是以现金（或信用）的所有者，即承租人的身份出现。恩格斯揭露了蒲鲁东主义者所提出的解决住宅问题方案的反动性质，指出这个方案企图把无产阶级变成工场手工业时期除了拥有简单生产工具外，还拥有自己的小屋子、小菜园和小块土地的手工业者。事实上，现代大工业把先前被束缚在土地上的手工业工人变成一个完全没有财产、只靠出卖劳动力才能维持生存的无产阶级，这正是历史发展的一个进步。因为正是在这个经济革命造成的条件下才可能推翻剥削劳动阶级的最后一种形式，即资本主义生产形式。[2] 书中还论述了消灭资本主义制度下城乡对立的问题。米尔柏格认为：城乡对立似乎是“自然的”，永远不能消灭。恩格斯在反驳这种论调时论证了城乡对立是以往历史所造成的。他认为只有在消灭城乡对立之后才能使农村人口从数千年来的束缚中完全解放出来。但是，要使人口尽可能地平均分布于全国，要使工农业生产发生密切的内部联系，要使交通工具随着由此产生的需要而扩充起来，必须以废除资本主义生产方式为前提。资本主义制度下生产力的发展，为消灭城乡对立创造了条件。恩格斯在这部著作中，把工人阶级的一切要求，包括解决住宅问题的要求同无产阶级革命和消灭私有制联系在一起，这就给解决工人的住宅问题指明了方向。住宅公有制才是历史的进步，劳动人民是住

---

〔1〕 参见〔德〕恩格斯：《论住宅问题》，载《马克思恩格斯选集》（第3卷），人民出版社1995年版，第143页。

〔2〕 同上书，第145—151页。

宅、工厂和劳动工具的集体所有者。马克思主义的住宅公有理论为新中国住宅福利制度提供了思想基础。

直接影响新中国成立初期的住宅制度发展（建立）或形成的是苏联的住宅制度模式。新中国成立初期面临复杂的国际环境，世界上存在以苏联为首的社会主义阵营和以美国为首的资本主义阵营。以美国为首的西方国家对中国实行政治孤立、经济封锁的政策。苏联是世界上第一个社会主义国家，也是马克思恩格斯的共产主义思想付诸实践的国家。苏联在国际上发挥着重要的作用，苏联的国家治理模式为新生的社会主义国家提供了范式，其特点为单一的公有制、不均衡的经济结构、指令性的计划经济等。在住宅问题上，列宁沿袭了恩格斯的主张，在十月革命前写的《国家与革命》中接受了公有住宅的观点。但是在十月革命后，在内外资本主义势力的压力下，列宁修订了恩格斯的思想，在住宅问题上，从全盘否认个人所有到部分承认个人所有。1922年，在列宁的主持下通过的《苏俄民法典》第52条明确规定了财产分为国家的、集体的和个人的；第22条规定禁止把公有房卖给个人；第71条规定个人在获得批地后自建的住宅只有使用权而不拥有所有权。列宁肯定住宅个人所有权也是有限的，除了革命后没有收归国有的老房屋可以归个人所有外，其他的建筑物和住宅，不管是国家还是城市居民兴建的，都不能成为个人所有权的客体。斯大林执政期间注重提高城市居民的物质福利，尤其是住宅的物质福利方面。到1939年，国家公共住宅几乎占据了整个苏联城市住宅的2/3。总体上来说，苏联的住宅建设实行国家、集体和个人三者相结合的方式，并以国家的建设为主。苏联的住宅模式在短期内取得了良好的效果，加之苏联在世界范围内举足轻重的地位，苏联的住宅范式为中国等社会主义国家在初期的住宅道路的选择上提供了模板，中国按照苏联模式进行着本国的住宅建设和分配。

新中国成立后，长期采取国家计划、统分的住宅福利制度，初期我国的城市住宅主要有公有住宅和私有住宅两类。公有住宅一方面是新中国成立后国家投资兴建的，另一方面是国家没收和接管城市部分原有房屋。国家每年投入一定的资金，由国家财政下拨到各个单位，各个单位用这些投资建造住宅，再由单位分配给职工。对于私有住宅，我国从来没有明确制定过要消灭私房的政策。1949 年 8 月 11 日《人民日报》发表的《关于城市房产、房租的性质和政策》一文明确指出，当时我国对私人住宅采取的是有限制的保护态度。因为只有承认和保护私人住宅，才能保证城市居民有足够的房屋可住。当时的国家财政主要用于革命战争和恢复生产，没有足够的财力投入到兴建房屋上。这个政策是非常明智的，它看到了城市私有房屋是城市公有房屋的主要补充。1955 年，我国进行社会主义改造，当然也对私有房屋进行了社会主义改造。经过 1956 年和 1958 年的两次私有房屋的社会主义改造之后，城市私房的比重逐年下降。截止到 1983 年底，全国城市私有房屋仅占城市全部房屋的 17%。私有住宅的社会主义改造，严重阻碍了城市私人建房的积极性，住宅建设的重担落在了国家一方的肩上。这样的发展趋势，在国家财政不支的背景下，只能加剧城市居民的住房困难。党的十一届三中全会是我国发展的一个转折点，也是住宅问题的一个新的突破点，扭转了在住宅建设上国家“独舞”的局面，提出了解决住房问题要发挥中央、地方、企业和个人四方面的积极性。于是，私人住宅的比重有所上升，但总体上还是不足全部住宅的半数，基本维持着新中国成立以来形成的国家统建统分的格局。

这个时期我国城市住宅的体制具有“福利、供给、低租”等特点。这样的住宅模式存在一系列弊端，具体表现为：

第一，从国家与居民之间的关系来看，房租太低，房屋的价格与价值严重背离，不仅给国家财政造成沉重负担，而且使国家建造住宅的资金有去无回，不能回收调转。租不养房，国家财政负担沉重，大批住宅失修。住宅投资主要靠国家财政无偿拨款和地方自筹的资金。住宅资金来源单一性与有限性的特性决定了真正的住宅投资不足和不稳定。

第二，从居民个人方面来看，存在不合理的消费结构。新中国成立之前，城市居民用于住房的租金一般占平均工资的20%左右。1957年周恩来同志在中共八届三中全会上指出，房租一般应占职工工资的6%—10%，平均为8%左右。然而，到1965年，城镇房租只占家庭收入的2%—3%。据1985年国家统计局对47个城市的6061户职工家庭的调查，平均每人每月用于房租的支出只占全部收入的1.3%。这是一种不合理的消费结构，住宅是人们最基本的消费需求，用于住宅的消费支出不能如此之少，应与我国的综合国力相联系。

第三，此住宅模式忽略了住宅的投资性。住宅产业是许多国家重要的支柱产业，而我国住宅产业化那时还没有崭露头角，不利于产业结构的优化配置。其根本原因是没能把住宅作为商品出售，而是采取行政手段几乎没有成本地实行全民福利。包括住宅在内的建筑业没能发挥它的经济作用，严重阻碍了经济的发展。住房制度改革势在必行。

二、住房福利向市场化过渡阶段(1979—1998)

中国城镇住房制度改革是与经济体制改革同步进行的，是经济体制改革的重要组成部分，同时，住房制度改革又自成体系。在计划经济时代，中国城镇完全实行福利化的住房政策，住房投资完全来源于国家财政，住房分配有“低工资、低租金、实物配给制”的特点。庞大的住房建设和管理维修费用成为政府的巨大负担，国民的居住条件存在倒退倾向。1978年改革开放的大潮也影响了国家的住房政策，公共住房福利政策开始向住房商品化转变。1978年以前，我国的完全住房福利制度并没有很好地解决国民的住宅问题，“城市人均居住面积从1949年的4.5平方米下降到1978年的3.6平方米”[1]。住房紧张成

---

〔1〕 陈伯庚等:《城镇住房制度改革的理论与实践》，上海人民出版社2003年版，第23页。

为严重的社会问题。针对当时普遍存在的住宅问题，邓小平同志开始酝酿住房体制改革。1978 年 9 月，邓小平同志指出：解决住房困难问题能不能路子宽些，譬如允许私人建房或者私建公助，分期付款，把个人的钱动员起来。他还强调建筑是可能为国家增加收入、增加积累的一个重要产业部门，在长期规划中，必须把建筑业放在重要位置。[1] 1980 年 4 月，邓小平同志在与中央领导的谈话中再次强调了住房制度改革的思想：打破住房的单一计划经济模式，把住房推向商品化，逐步提高工人家庭自行解决自住住房的能力。[2] 同年 6 月，中共中央、国务院在批准《全国基本建设工作会议汇报提纲》中提出："准许私人建房、私人买房，准许私人拥有自己的住宅"，正式允许实行住房商品化政策，自此揭开了中国城镇住房制度改革的序幕。邓小平的思想深刻揭示了我国房改的规律，从根本上突破了长期的住房公有制的禁锢，为我国进一步的房改铺平了道路。

此后，房改经历了试点售房（1979—1985）、提租补贴（1986—1990）和以售带租（1991—1993）等改革阶段，以及全面推进住房市场化改革的确立（1994—1997）阶段。[3] 1988 年初，国务院召开第一次全国住房制度改革工作会议，印发《关于在全国城镇分期分批推行住房制度改革实施方案的通知》，宣布将房改正式纳入中央和地方的改革计划，分期分批加以推行。1991 年 6 月，国务院发布《关于继续积极稳妥地进行城镇住房制度改革的通知》，强调新房新政策，以使新建住房不再进入旧的住房体制，从而有利于今后住房制度改革的顺利进行。同年 10 月，全国第二次住房制度改革工作会议召开，提出《关于全面推进城镇住房制度改革的意见》（以下简称《意见》），房改又进入

---

〔1〕 参见王微主编：《住房制度改革》，中国人民大学出版社 1999 年版，第 218 页。

〔2〕 参见陈伯庚等：《城镇住房制度改革的理论与实践》，上海人民出版社 2003 年版，第 60 页。

〔3〕 参见成思危：《中国城镇住房制度改革——目标模式与实施难点》，民主与建设出版社 1999 年版，第 111—128 页。

了一个新的发展阶段。《意见》指出房改制度的总目标是按照社会主义计划商品经济的要求，从改革公房低租金着手，将现行公房的实物福利分配制度逐步转变为货币工资分配制度。1993 年召开的第三次全国房改工作会议上，明确提出了房改的基本思路，以出售公有住房为重点，售、租、建并举，政策配套，形成市场，加速住宅业的发展，加快住宅商品化、社会化，早日建立适应社会主义市场经济要求的城镇住房新制度。1994 年 7 月国务院发布《国务院关于深化城镇住房制度改革的决定》(国发[1994]43 号)，开启了城镇住房制度正式改革之路。该文件提出城镇住房制度改革作为经济体制改革的重要组成部分，目标是要建立与社会主义市场经济体制相适应的新的城镇住房制度，实现住房商品化、社会化；把各单位建设、分配、维修、管理住房的体制改变为社会化、专业化运行的体制；把住房实物福利分配的方式改变为以按劳分配为主的货币工资分配方式；建立以中低收入家庭为对象、具有社会保障性质的经济适用住房供应体系和以高收入家庭为对象的商品房供应体系；同时，建立住房公积金制度，建立政策性和商业性并存的住房信贷体系。1998 年 7 月，国务院发出《关于进一步深化城镇住房制度改革加快住房建设的通知》(以下简称《通知》)，停止住房的实物分配，逐步实行住房分配货币化；建立和完善以经济适用住房为主的多层次城镇住房供应体系，发展住房金融，培育和规范住房交易市场。《通知》的出台标志着一个新的住房改革阶段的开始。

从 1978 年至 1998 年的 20 年中，有关住宅问题的讨论从来没有停止过，首先讨论的是住宅的性质，即住宅是商品，还是福利品，抑或是两者兼而有之?[1] 从马克思的商品原理和劳动价值论看，住宅首先是一种商品，住宅应该具有一般商品的特征，住宅可用于交换，住宅的

---

〔1〕 参见陈伯庚等:《城镇住房制度改革的理论与实践》，上海人民出版社 2003 年版，第 37 页。

价值由生产住房的社会必要劳动时间决定，住宅的市场价格围绕住宅的价值上下波动，住宅的价值遵循价值规律。同时，住宅还不同于一般的商品，因为住宅是满足人的居住的需要，这是人不可限制的基本权利，作为该权利载体的住宅也因此拥有了特殊的属性，即福利性。世界上还没有哪个国家对住宅产业丝毫不加干预，市场经济越是发达的国家，住宅市场干预体系就越是完备，且越是发达的国家，住宅保障制度越完备。讨论的结果是明晰了住宅的商品性和福利性的双重属性。回顾新中国成立以来的福利分房制度的弊端，可以得出，中国迫切需要走出福利制的围城，开拓新的住宅改革之路。住宅必须走商品化的道路，这是解决中国人，尤其是城镇居民住房困难的最佳途径。

第四节　住宅权在中国的兴起

从1998年开始，中国新一届政府明确提出了要在1999年起逐渐推行新的住房政策，停止福利分房。1998年3月19日上午，新当选的朱镕基总理在中外记者招待会上宣布："住房建设将要成为中国经济新的增长点，但是必须把现行的福利分房政策改为货币化、商品化的住房政策。让人民群众自己买房子。"此后，国务院出台了一系列有关住房政策和住房建设管理的规定。这标志着中国住房政策已从"双轨制"阶段进入了以社会化、商品化、货币化为取向的新的住房政策阶段。[1] 经过10年的城镇住房制度改革，大部分城镇居民的居住状况得到改善，同时也带来了新问题：房价自2003年起不断飙升，北京、上海等大型城市的房价更是需要普通劳动者一生的所得才可换取；刚参加工作的年轻人，甚至每月的工资不抵一个月的房租；进城务工人员

〔1〕 参见邹明武、郭建波：《人居风暴：探索国际文明居住标准》，海天出版社1999年，第30页。

的居住条件更是与高楼林立的城市不相协调。一面是低收入人群欠缺购买商品房的经济能力，一面是高收入者的多套住宅。一时间，为生活而寻找住处与“炒房热”成为中国社会的两个热点问题。住宅问题再次被推到风口浪尖上，这次“风波”让中国人意识到了住宅之于人的基本价值：对于公民来说，住宅是基本的生活资料，是用来满足每个人的居住需要。

改革开放以来，尤其是进入21世纪以后，中国人的观念发生了很大的变化，关注人的生活水平和尊严的观念更是显著提升，人权的理念逐渐深入人心。2004年以来，“尊重和保障人权”先后载入《宪法》、国家“十一五”发展规划纲要和《中国共产党章程》，尊重和保障人权受到前所未有的重视。在人权观念的影响下，“基于居住的需要而获得住宅”是人应该享有的一项权利的观念开始萌生。国际人权文件中明确规定了“适当生活水准权”，该项权利包括“获得适足住房”的内容。我国已经加入了《经济、社会和文化权利国际公约》，这说明我国有义务承认和保护该公约中的各项权利，当然也包括承认和保护“获得适足住房”的权利。

人权观念的提升根源于中国社会权利意识的不断提高。“我们的时代是一个迈向权利的时代，是一个权利备受关注和尊重的时代，是一个权利话语越来越彰显和张扬的时代。我们越来越习惯于从权利的角度理解法律问题，来思考和解决社会问题”。[1]“权利本位”观念进一步推动了法学理论与社会实践的结合，“经典的权利在新的时代背景下衍生出许多新的具体的权利问题，而新的社会关系要求在权利大家族中添列新的成员，新兴权利与日俱增”[2]。“住宅权”就是在这样的背景下提出的。事实上，许多权利首先是在实践中出现的，然后

〔1〕张文显、姚建宗：《权利时代的理论景象》，载《法制与社会发展》2005年第5期，第3页。

〔2〕同上。

才体现在法律中。“住宅权”这项新兴权利也深植于中国的社会现实中，探讨住宅权生成的历史必须关注形成此项权利的社会条件。

一、新兴权利形成的一般社会条件

权利处于一个动态的发展过程中，新兴权利的生成依赖于一定的社会因素，至少包括：经济因素、文化因素、政治因素、事实因素。这些因素表现在：

第一，马克思的“经济基础决定上层建筑”的经典理论同样适用于新兴权利的生成。权利的生成需要经济条件，一项新兴权利的生成要与社会的生产力发展水平和物质生活水平相适应，完全脱离社会经济水平的权利主张，只停留在观念层面是永远无法实现的空想。

第二，文化因素为新兴权利的生成和发展提供理念土壤。权利是从社会主体的权利观念、权利意识发展而来的，社会的文化发展水平和文化传统对权利观念和权利意识的生成至关重要。全球化的影响和中国的改革开放使得西方的价值观和个人本位的文化理念传入中国，中国人的权利意识开始觉醒，权利研究开始兴盛，这些都为新兴权利的快速成长提供了文化基础。

第三，政治上开始重视法律，依法行政、尊重民权。权利已经不单纯是法学界独有的范畴，它也是使用频率很高的政治话语。国际社会以实现和保障人权来衡量一个国家政治的合法性；国内也把尊重和保护公民权利作为考核领导政绩的尺度。在国内和国际社会的双重压力下，祛除人治、兴盛法治已经是大势所趋，而法治就必须尊重和承认权利的存在。在民主法制社会，尊重个人价值，保障个人权利，法治社会是新兴权利生成和成长的沃土。

第四，现实存在的社会问题是催生新兴权利生成的直接原因。普遍的、持续的、稳定的社会问题才可能要求以权利的方式解决，偶然的、不具有重复性的社会现象则无法上升到权利的高度。因为上升为权利，最终的目的是要形成社会规范，被国内法律认可，最终落实到法律权利，而法律关注的是一个长期稳定的社会秩序，法律的稳定性决定了权利的稳定性。社会问题的出现为权利观念的生成提供了现实条件，寻找解决问题的最佳途径让人联想到了权利观念，社会问题的出现为权利的生成提供了现实基础。一个新的权利概念的提出时常是在社会问题背景下，经过理论探讨的结果。社会问题的制度化解决就是道德权利上升为法律权利的过程。

二、我国住宅权兴起的现实基础

从宏观的角度来看，一项权利的生成需要以上四种社会条件，住宅权的权利概念也是在上述社会条件的基础上提出来的。

第一，住宅问题的现实困境。住宅权提出的直接诱因是住宅问题的不断涌现且有势态加剧的趋势。我国住房制度改革后，10 年的住房商品化过程凸现了严重的社会问题。近几年来全国各大中城市的房价呈几何级数上涨，生活在城市的大多数工薪阶层市民正在逐渐丧失对住宅的购买能力。对住宅购买能力的缺失深刻地影响了社会公众的生活。从全社会的角度来看，这场深刻的变化本身并没有实现社会财富总量的增长，实质上是在社会成员之间进行了一次财富的重新调整和分配。社会财富越来越集中到少数人的手里，而普通老百姓所面对的是楼市对其自身财产状况的“大清洗”，很多人一辈子的积蓄甚至买不起一套住房，相当于在一夜之间被“没收财产”。房价的不断攀升使得贫富分化的势头日趋明显，房价成了拉开贫富差距的最大引擎。而从社会个体的角度来看，越来越多的年轻市民为了购买住房到银行贷款，从而沦为“房奴”。住宅问题影响个体的生活和社会的发展，住宅问题已经成为中国当下头号的民生问题。住宅问题虽不是中国所独有，但发达国家的住宅问题有法可依，而我国法律层面的住宅问题还处于起步阶段。现实问题迫切需要权利概念的提出。

第二，中国的经济发展水平有能力促进和保障住宅权的逐步实现。中国经济发展迅速，经济总量已经跃居世界发展中国家的前列，虽然与发达国家相比还有些差距，但是中国雄厚的经济实力已经基本具备解决中国百姓的居住问题的能力。况且，"住"的问题不是奢侈的需求，它是人的最基本的生活需要，经济上的投入也是解决民生问题所必需的。

第三，文化因素呼唤住宅权的提出。"住宅是社会经济文化的结晶，也是一种文化艺术的象征。它反映不同国家、地区和民族，不同历史阶段的建筑文化和人民的生活方式、居住习惯和居住文化的特点"。[1] 中国有成语"安居乐业"，看得出中国传统文化对"住"的重视。权利意识在现代社会不断成长壮大，权利本位的法律观取代了义务本位的法律观，运用法律解决纠纷成为文明且有效的救济机制。人权观念让人意识到：住宅问题绝不仅仅是民生问题，同时也是"民权"问题。住宅权是公民的一项人权，衣、食、住、行是人类的基本活动，拥有住宅与穿衣、吃饭一样，是每一个人维持基本生存所必需的权利。因此，如果住宅权不能实现，则公民的居住文化就难以得到有效的保障。

第四，政治因素为住宅权的提出提供了可能。我国政府历来十分重视公民的住宅问题，从新中国成立之初的福利房，到现在的中低收入的保障性住房，都是政府对住宅问题所作的努力。党的十七大把"住有所居"列为五大民生之一，是政府着力解决的民生领域问题。政府也以尊重和保障人权作为执政理念，解决好公民的住宅问题是政府义不容辞的责任。但是，目前只是在政策层面解决住宅问题，没能进一步上升到权利的高度，政治上的重视程度还没有达到人们对住宅的

〔1〕 陈伯庚等：《城镇住房制度改革的理论与实践》，上海人民出版社2003年版，第4页。

期望。

在中国的现实背景下，把住宅权作为一项权利来提出符合中国的政治、经济和文化的发展水平。中国的住宅问题已经成为影响个人和社会发展的重大社会问题和政治问题，从法学的视野运用权利理论研究住宅问题是时代的呼唤。

三、我国住宅权的提出

在中国社会现实的背景下，确立“住宅权”这一概念具有理论正当性和现实必要性，“住宅权”的提法是可行的。

住宅权的核心内容是住宅获得权，对弱势群体而言，要实现“住有所居”必须依靠政府福利来实现。“福利”不同于“权利”，“福利”的保障需要国家的提供，且这种提供具有任意性和不确定性，对于需要政府援助的公民而言，福利制度缺少强制性的保障。“权利”是一种主张，权利人有资格依据该权利主张自己的利益诉求。对公民而言，“权利”比“福利”更具有主动性，所以“福利”演变为“福利权”。住房福利本身就是福利权应该包含的内容，福利权存在的理论依据同样适合住宅权成为权利的理论依据。从马歇尔的观点推论可知，作为社会的一个成员，有资格享有福利权，也就有这种身份享有住宅权。把住宅权上升到权利的高度，不仅是对人的尊严的尊重，更是对社会正义的尊重。如果一部分人居住豪宅，而另一部分人居无定所，或者居住条件恶劣，那么这个社会就是不公平、不正义的，没有维护作为人应该具有的居住尊严。把住宅权视为应有权利，直到确立为法律权利、现实权利，才能切实保障居者有其屋，进而达到社会和谐。

新中国成立以来的住房福利分配制度，使城镇居民养成了等待单位分配住宅的习惯，“等、靠、要”是当时居民实现居住需要的普遍心态。几十年的福利分房制度，实际上形成了习惯权利。[1] 依靠政府和单位分房的习惯权利最终没能走上法律权利的殿堂，根源在于中国的经济基础还不能承载此项习惯权利。作为习惯权利的住宅权夭折后，作为人权的住宅权和作为法律权利的住宅权开始兴起。

以上主要阐述了“住宅权”的由来。因为住宅权是个新兴权利，探寻住宅权的理论来源仍然是件艰难的工程，在中国还只是处于观念层面的探索中，已有的些许提及也是对国际人权文件的只言片

---

〔1〕 关于“习惯权利”，有不同的理解。马克思在1842年批判莱茵省的林木盗窃法的时候最早使用了“习惯权利”一词，但是马克思提出的是穷人的习惯权利，意在揭示法体现在社会主体的权利之中，权利是社会主体的一种习惯，习惯是法的重要渊源。当代理解的习惯权利也有不同的涵义，张文显先生认为：“习惯权利是人们在长期的社会生活过程中形成的或从先前的社会承传下来的，或由人们约定俗成的、存在于人们的意识中和社会惯常中，并表现为群体性、重复性自由行动的一种权利”。见张文显主编：《马克思主义法理学——理论、方法和前沿》，高等教育出版社2003年版，第292页。夏勇先生在发生学的意义上探讨了习俗权利，认为“权利就是个人根据习俗和法律，可以向他人、社会要求某种行为或不行为”。见夏勇：《人权概念起源》，中国政法大学出版社1992年版，第5页。谢晖先生认为习惯权利具备四个特征：其一，习惯权利的规范根据是民间规范，习惯权利对应法定权利。其二，习惯权利可以是成文的，也可以是不成文的。其三，习惯权利主要是在主体交往中通过直接博弈形成的，当然也可能是赋予的。最后，习惯权利的保障机制往往出自主体的自觉自愿，出自人们对相关规范的自觉依赖。见谢晖：《民间规范与习惯权利》，载《现代法学》2005年第2期，第4—5页。学者们通常把习惯权利作为一种权利类型，例如张文显把权利和义务的存在形态分为：应有权利和义务、习惯权利和义务、法定权利和义务、现实权利和义务。见张文显主编：《马克思主义法理学——理论、方法和前沿》，高等教育出版社2003年版，第291页。夏勇按照权利的根据把权利分为：道德权利、法定权利与习俗权利。道德权利由道德原理来支持，法定权利由法律制度来规定，习俗权利则是以习惯、民俗为根据。见夏勇：《中国民权哲学》，生活·读书·新知三联书店2004年版，第318页。林喆认为权利的演变过程是从天赋权利开始的，天赋权利是权利的第一种形式；天赋权利进入社会，个体的天赋权利被抛弃，天赋权利就向道德权利转化。道德权利是权利的第二种形态；群体中的道德权利的一部分转化为群体内的一种习惯和传统，出现了权利的第三种形态——习惯权利；极少数的习惯权利能被提升到法的层面上转为法律权利，法律权利又分为两种形态：一是法定权利；一是现实权利。见林喆《权利与权力的概念辨析》，中国人民大学法理论坛第25讲，参加网址：http://www.jus.cn/ShowArticle.asp? ArticleID = 1036。现在也有用习惯权利去论证“乞讨权”和“燃放烟花爆竹”行为的合法性的。此处重点介绍“习惯权利”的目的是要清晰习惯权利的用法，通常理解的习惯权利是作为一种权利形态，是法律权利的前身。西方有的学者把习惯权利称为“历史权利”，对于现代人而言，“不能再求助于历史的权利，而只能求助人权”。见《马克思恩格斯选集》（第1卷），人民出版社1995年版，第15页。所以本文在研究住宅权时，忽略作为习惯权利的住宅权，直接介入作为人权的住宅权。

语,在中国的文献中找不到住宅权的理论渊源。从中国之外的文件中也很少有从理论上探讨住宅权问题的。100 多年前恩格斯用于论战写出的《论住宅问题》,也仅是在实践层面阐述那时工人们的住宅现状和住宅问题的解决机制。关于“住宅权”范畴,前人没有在理论上直接阐述,而更多的是从社会现实出发去解决住宅权的实现问题。的确如此,住宅本来就是人的基本的生活需要,也是最棘手的社会问题,与它的现实功用相比,理论探讨似乎不是那么迫不及待。然而,住宅问题还一直是个在现实生活中没能解决好的问题,这在某方面不得不归咎于理论研究的缺失。如同哲学的基本问题“思维与存在的关系”一样,住宅权生成的历史追寻能为住宅问题的现实解决提供帮助。

本章的思路是,首先在西方福利权利的发展历史中梳理从“福利”到“权利”的历史。福利权利由济贫时代的不确定性、临时性到稳定性转变,受益者不再以牺牲人格尊严和接受惩罚为条件,获得社会和国家的帮助演变为公民的一项权利,福利权由此诞生。北欧流行着这样的观点:福利从住宅开始,以住宅结束。他们认为没有良好住宅,福利也就不能成立,所以北欧政府也从这个观点出发,努力改善居住环境,解决居民的住宅福利问题。早川先生从日本的国情出发,认为住宅福利是社会福利之最,主张把住宅问题当做国家、社会的首要问题来看待,一个普遍的安全、适用的住宅和居住环境是社会稳定的最基本条件。居住需要是贯穿人生一辈子的福利基础,主张把具有“居住福利”的社会作为一种新时代的文明来创造。[1] 新中国成立初期我国受苏联的影响,实行全民的住房福利制度,半个世纪的实践证明,中国的国情还不适合实行高度的住房福利政策。从 1999 年开始,我国实行完

---

〔1〕 参见〔日〕早川和男:《居住福利论——居住环境在社会福利和人类幸福中的意义》,李桓译,中国建筑工业出版社 2005 年版,序言第 3 页。

全的住房市场化。但由于国家对低收入者的住房保障力度相对薄弱，近年来中低收入者的住房问题成为社会的焦点。权利意识的普遍提高和中国社会的现实需要,使住宅权的提出成为可能,住宅权的兴起也就预示着对人尊重的加强。

第三章　作为人权的住宅权

“人权是我们时代的观念，是已经得到普遍接受的唯一的政治与道德观念”。[1] 但是，不同国家的人权状况存在很大的差别，所以，“在任何地方，人权或多或少的都还是人们的理想”。[2] 作为理想的人权是绝对的，而作为现实的人权却是相对的。米尔恩认为：“经得起辩驳的人权概念不是一种理想概念，而是一种最低限度标准的概念。”[3] 这样的人权符合普遍的最低限度的道德标准的要求，是人之为人所应该享有的权利。

通常认为，人权的正当性依据是全球性国际法（如《公民权利和政治权利国际公约》、《经济、社会和文化权利国际公约》）和区域性国际法（如《欧洲人权公约》），它的正当性所依赖的是国际承认的标准，国内实践必须与这种标准一致。人权的绝对正当性所依赖的不是任何

---

〔1〕〔美〕路易斯·亨金：《权利的时代》，信春鹰等译，知识出版社 1997 年版，前沿Ⅰ。

〔2〕同上书，前沿Ⅱ。

〔3〕〔英〕A. J. M. 米尔恩：《人的权利与人的多样性——人权哲学》，夏勇、张志铭译，中国大百科全书出版社 1995 年版，第 7 页。

实在法,而是通过某种理性分析认为应该坚持的原则。[1] 住宅权是一项人权,这是本书的理论支撑。在国际人权文件中规定住宅权思想几乎与国际人权文件制定的历史同步,但是,作为新兴权利的住宅权被国际人权组织特别关注是 20 世纪 90 年代以后的事情,直至今天,国际人权文件和相关的国际机构都在为实现世界人民的住宅权继续努力着。在本章中,笔者依据论证人权正当性的思路,首先在理论上论证作为人权的住宅权;其次通过对人权中专门规定住宅权的文件进行梳理,以求详细把握人权领域的住宅权涵义和住宅权的发展趋势;最后分析作为人权的住宅权的权利地位和救济机制。

第一节 住宅权成为人权的理论基础

住宅权是一项人权。人权产生于"人自身的固有尊严",人权就是要保障人的"体面"和"尊严",充分展现"人"区别于其他物种而应有的特性,使人过上人应该具有体面和尊严的生活。人权就是要保障和体现"人",如果人失去了或无法活得尊严和体面,就会变得"不像人",人性就被玷污和扭曲,人就会成为暴政或暴行的牺牲品。人权的来源是人的道德性,人并不是为生活而需要人权,而是为一种有尊严的生活而需要人权。住宅权的实现是人能够过得上体面且有尊严的生活的一个标志。同时,住宅权成为人权的正当性,还因为住宅权是生存权的具体化权利之一。生存权是首要人权,没有生存权其他权利也就失去了基础,而生存权中的居住问题是困扰全球的难题之一。在人权理论中,并不是任何人权都可以成为权利,只有真正是人性所需的人权才能成为权利,而住宅权恰恰体现了这一点。权利是表达社会

〔1〕 参见〔美〕R. J. 文森特:《人权与国际关系》,凌迪、黄列译,知识出版社 1998 年版,第 9—10 页。

公正理想的有效方式，只有把住的问题上升到权利的高度，才能更好地实现和保障人的基本生存条件，人才能有尊严地、体面地生活。

一、住宅权体现人的尊严性存在

人的尊严性是人区别于其他类存在的本质，人的尊严性表达了“人是目的”的价值追求。人的尊严感和人的尊严程度随着社会的发展而逐渐强化。“尊严”是一个很难解释清楚的概念，《辞海》中的“尊严”指“庄重而有威严，使人敬畏”或“对个人和社会集团的社会价值和道德价值的认识和自我肯定”两种含义。“人的尊严”的含义有做广义理解的，如台湾学者陈清秀认为，人的尊严包括五项内容：其一是作为个人人格独立价值的尊重；其二是专署性事物的自主决定；其三是个人私人领域的尊重；其四是维持具有人性尊严的生活；其五是自治与自觉。[1] 也有人对“人的尊严”做狭义理解，认为尊严并不是崇高的理想目标，而只是代表着一种植根于人的自我或个体性的最基本的需求。人的尊严从肯定的方面讲，是自我得到了维护；从否定的方面讲，是不被侮辱的权利。[2] 无论是从狭义上，还是从广义上理解“人的尊严”的含义，住宅权都是维护人的尊严性存在的一项权利。

在西方，“人的尊严”这一理念经历了三个历史发展阶段：第一阶段，从古希腊一直到康德时期，这一时期的尊严理念停留在哲学——神学时期，以西塞罗、康德等哲学家为代表；第二阶段是19世纪中叶，尊严理念进入了政治时期，成为工人运动为赢得尊严的生活条件而奋斗的旗帜；第三阶段是20世纪中叶以来，人的尊严理念进入了关键的法律建构期。世界人民对德国纳粹暴行的痛恨及亚非拉国家对西方殖民主义、种族主义的民族解放运动的政治诉求，使得“人的尊严”与

---

〔1〕 参见胡玉鸿：《人的尊严的法理阐释》，载《法学评论》2007年第6期，第11页。

〔2〕 参见甘绍平：《作为一项权利的人的尊严》，载《哲学研究》2008年第6期，第91页。

"人权"同时进入人权文件中。[1] 从此,人的尊严作为人存在的重要价值成为人之为人的基石。在现代社会,"人的尊严"成为人权的价值基础,人权的目的是保障人的尊严性存在。人权文件中明确使用了"人的尊严"这个概念。1945 年的《联合国宪章》序言中指出:"我联合国人民,同兹决心,……重申基本人权,人格尊严与价值,以及男女与大小各国平等权利之信念……"1948 年的《世界人权宣言》中提出"承认人人固有尊严及其平等不移的权利是世界自由正义和和平的基础"。1966 年的《公民权利和政治权利国际公约》和《经济、社会和文化权利国际公约》在序言中同样表达了类似观点。从以上文件可知,人的尊严是人权的基础,是人生而有之,是人人平等享有的。

人权的权利内容有不同的分类,徐显明教授把人权分为:自由权、平等权、财产权、生存权和发展权。自由权和财产权构成人权大厦的内容;平等权构成人权大厦的框架,为其余各项权利的展开提供前提的正义条件;生存权是人权制度的安全阀,它为防止和克服其他人权的畸形发展构筑最后防线;发展权则体现社会一体化的时代趋势。在人权的实践中,处于不同发展阶段的国家对人权的内容有不同的侧重,并且任何一项人权的发展都是以其他项人权得到基本保障为前提。[2]

住宅权似乎与"五大人权"都有联系,住宅本身是一种财产,所以住宅权具有财产权的属性,住宅产业作为国家的支柱产业对社会和个人的发展都有重要影响。住宅内的自由权,住宅取得的平等性等,似乎都是住宅权的应有之义。然而,人权的特点就是权利之间的关联性,不可孤立地看待某一权利。住宅权在人权领域受到足够的重视是

---

〔1〕 甘绍平:《作为一项权利的人的尊严》,载《哲学研究》2008 年第 6 期,第 85—86 页。

〔2〕 参见徐显明、齐延平:《中国人权制度建设的五大主题》,载《文史哲》2002 年第 4 期,第 45—49 页。

从《经济、社会和文化权利国际公约》重新得到肯定开始的。该公约规定了经济、社会和文化三个相互联系的权利群，使得人权领域的权利谱系重新排序，生存权成为首要的人权，人人有获得适当的生活水准的权利，包括足够的食物、衣着和住房。住宅权是一项基本的人权，体现人尊严的和体面的生活。

住宅权在本质上体现了人性所需，是人的共同需要之一。人的共同需要是指基于人的生存和发展、为所有人所具有的需要，其中包括：物质条件、个人发展、情感变化、智力形成、人际关系和精神需求。心理学家马斯洛把人的共同需要理论向前推进了一大步，根据它们的重要程度排了一个顺序。马斯洛认为，首先是基于生存的生理需要，如食物和住房，然后是更高级的其他需要，如安全需要、社会交往的需要、被尊重的需要和自我实现的需要。[1] 在他看来，这些需要的实现是按一定顺序进行的。例如，一个为房子四处奔波的人是没有时间和精力去追求自我实现需要的。人具有人性尊严，人才有自我发展的能力。人性尊严的理念从前表现为自决、自治等要素，随着社会的发展，人性尊严不只是表现在自我的认同上，还表现在社会和他人对自我的评价上，尊严性也来自他人的尊重。在经济飞速发展的今天，体面的物质生活是有尊严的标准之一，住有所居是体面生活的最低标准，是人的尊严存在必不可少的因素。

二、住宅权是具体化的生存权

在现代人权观念中，生存权的地位超越了自由权，成为发展中国家首先面对的人权问题，生存权的讨论在理论上也成了热点。日本学者大须贺明著有《生存权论》，他在宪法解释学的层面上阐述了三种生

---

〔1〕 参见〔英〕柯林·威尔森：《心理学的新道路——马斯洛和后弗洛伊德主义》，杜新宇译，华文出版社2001年版，第138—140页。

存权样态:抽象性权利论、具体性权利论和纲领性权利论。抽象性权利论认为宪法中规定的"最低限度生活"的保障条款具有抽象法的性质,一般不具有法的约束力。"纲领性规定论可以概括为生存权只是一种单纯地明示了国家将来的立法指针理想,其规定并不能发生什么实质性的法律效果"。[1] 大须贺明认为生存权的主要内容是保障公民的"健康且文化性的最低限度生活"。他否定了纲领性规定论的观点,在分析抽象性权利论的缺点时明确提出了自己的具体性权利论的观点,成为日本宪法学界三大流派之一。生存权为什么会存在如此之大的争议?这是由生存权的权利性质决定的。生存权的主体主要是生活中的贫困者,是现实生活中个别的、具体的活生生的个人。所以生存权是具体化的权利,让穷人也能过上健康、文明、最低限度的生活。

生存权的含义随着人类的进步和社会的发展而不断丰富,它不仅仅是解决人的温饱问题,而且解决人在温饱基础上的适当生活水准问题。所以一些学者把国际人权文件中的相当生活水准权视为生存权的内容。《世界人权宣言》第 25 条第 1 款规定:"人人有权享有为维持他本人和家属的健康和福利所需要的生活水准,包括食物、衣着、住房、医疗和必要的社会服务。"《经济、社会和文化权利国际公约》也做了类似的规定。享有维持相当生活水准权,其最低限度的需要是每个人应该享有的必需生存权,包括足够的食物和营养,衣着,住房和在需要时得到必要的照顾。《世界人权宣言》第 25 条第 1 款与《经济、社会和文化权利国际公约》第 11 条是对生存权的国际性保障。[2] 食物、衣着和住房是必需品,还必须是有尊严地享有这些必需品。按照挪威人权研究所高级研究员 A. 艾德的观点,从纯物质的角度来讲,"相当

〔1〕〔日〕大须贺明:《生存权论》,林浩译,法律出版社 2001 年版,第 120 页。
〔2〕同上书,第 5—6 页。

生活水准”意味着是有关社会贫困线以上的生活，还包括每个人能够在没有耻辱和没有障碍的情况下充分地与他人进行一般的日常交往。任何人不能生活在有辱人格或用丧失基本自由的方法来满足其需求的状况之中。生存权是指人们获得足够的食物、衣着、住房以维持有尊严的相当生活水准的权利，它包括食物权、衣着权、住宅权等具体的权利内容。[1] 所以，住宅权是具体化的生存权，不仅要有适当的住宅供人居住，还要保障有尊严地居住，不被任意打扰、住宅隐私有效维护等等。总之，体面地居住是具体化的生存权。

人权理论从自由权到生存权的转变是历史性突破。在西方的主流理论中，自由和平等拥有绝对的地位，自由和平等被视为是民主社会的最高价值。自由主义者哈耶克和罗尔斯都用大量的笔墨论述了自由与民主、公正的关系。在《公民权利和政治权利国际公约》和《经济、社会和文化权利国际公约》中更尊重前者，而有的国家至今也不承认《经济、社会和文化权利国际公约》中的内容可以作为权利看待。中西方不同的经济、政治和文化背景导致了不同国家对人权持有不同的态度。

英国学者米尔恩在他的《人的权利与人的多样性——人权哲学》中列举了7项他认为“属于本来意义上的人权”，其中生命权（也有翻译成生存权）列为各项权利之首，公平权居于第二位，而自由权位列第四。生命权是其他权利的基础和前提，各项权利都与生命权密切相关。[2] 文森特在所著的《人权与国际关系》一书中尤其认为生存权的第一性，“如果没有希望维持生存，那么谈论诸如自由之类的权利则毫

〔1〕 参见国际人权法教程项目组：《国际人权法教程》（第1卷），中国政法大学出版社2002年版，第324页。

〔2〕 参见〔英〕A. J. M. 米尔恩：《人的权利与人的多样性——人权哲学》，夏勇、张志铭译，中国大百科全社1995年版，第140页。

无意义”[1]。弗里德里希从反面证成了生存权的首要性，自由权的目的在于维持人的生存，实现人的发展。他认为权利并非都是为了对抗政府和当权者，更根本地说，“权利似乎要么是自我保存、自我肯定，要么就是自我发展”[2]。把生存权视为首要的人权，是对人权本意的解读，也是对人权理念的回归。只有关注人本身，关注作为人最起码的生存权，才能进一步谋求人的全面发展。广大发展中国家都突出强调生存权的首要性，这是由生存权本身的基础地位决定的，也是与发展中国家经济发展相对落后，经济实力和物质资源贫乏，贫困人口相对较多有关。

我国接受人权的思想有一个历史的过程。20 世纪初人权思想开始传入我国，五四运动后，以胡适和罗隆基为代表在全国掀起了一场人权运动。罗隆基发表了《论人权》，他认为：人权是做人的那些必须的条件，是衣、食、住的权利；是身体安全的保障；是个人……享受生命上的幸福，……，达到最大多数人享受最大幸福的目的上的必须条件。[3] 从罗隆基的人权观点可以看出，中国的人权理论更重视生存权层面的人权，“生存权是首要人权”的观念在此时已经萌芽。20 世纪中后期，中国为人权事业做了许多实际的工作，随着国际上两大阵营的解体，中国不再认为人权是西方资产阶级的意识形态，开始转变对待人权的态度。1991 年 10 月国务院新闻办公室发布我国第一部人权白皮书《中国的人权状况》，其中明确提出了“生存权是中国人民长期争取的首要人权”。1997 年我国政府签署并于 2001 年通过的《经济、社会和文化权利国际公约》，1998 年我国又签署了《公民权利和政

---

[1] [英]R. J. 文森特：《人权与国际关系》，凌迪、黄列译，知识出版社 1998 年版，第 13 页。

[2] 参见[美]卡尔·J. 弗里德里希：《超验正义——宪政的宗教之维》，周勇、王丽芝译，生活·读书·新知三联书店 1997 年版，第 95 页。

[3] 参见贾少鑫：《我国人权观念的嬗变与人权进步的理论和现实表现》，载《河南社会科学》2004 年第 3 期，第 29 页。

治权利国际公约》。2002年底中共十六大报告中提出要尊重和保障人权,2004年3月十届人大二次会议通过的《宪法修正案》,把“国家尊重和保障人权”写入宪法,这是历史性突破。中国的人权观念不同于西方,中国等发展中国家更重视与民生紧密相连的经济、社会权利。生存权是我国的首要人权,生存权是其他人权的基础和前提。生存权不能充分实现,其他权利的实现也只是处于“画饼充饥”的境地。我国居民的温饱问题已经解决,生存权中的“居住”问题是国家和政府目前要着力解决的领域。中共十七大和2008年的“两会”更加关注医疗、教育、住房等民生问题,赋予住房以权利的形式阐释住宅权,进一步证实了我国对生存权的重视,也是更好地实现生存权的有效方式。

“人权”由“人”和“权”构成,人权应该是一切人平等享有的权利。但是,人权的普遍性并不否认人权的特殊性,特殊的人权主体在享有和行使人权方面应该具有特殊性。对于弱势群体来说,享有人权和行使人权存在很大的困难。在普遍人权实现的过程中,如果不对弱者的人权实行特殊保护,那么弱者只能在形式上享有权利,而实质上却不具备行使权利的能力,最终没有真正地享有权利。在人权理论中,强调对处境不利的弱者给予特殊保护,并不意味着人们在权利保障上的不平等,而是标志着对普遍人权的保障,标志着对一切人的权利的尊重。如住宅权的核心权利内容是住宅获得权,对于富人来说,这项权利早已实现,没有再次强调的必要;对穷人住宅权给予特殊保护,是为了更好地让人人实现住宅权,实现最基本的人权。

正如恩格斯在马克思墓前的讲话:“人们首先必须吃、喝、住、穿,然后才能从事政治、科学、艺术、宗教等。”[1] 人首先要满足维系生命健康的基本需求,住宅的功能决定了住宅是人基本的生存资料。住宅是人最低限度的生活资料,住宅权是基本的人权。没有住宅,健康难

---

[1] 《马克思恩格斯选集》(第3卷),人民出版社1995年版,第776页。

以维持，工作不能顺利开展，人的隐私尊严不能得到很好的保护；没有住宅权，人类其他的人权将受到限制，人的基本生存需要得不到满足，又何谈公民的政治权利、文化权利、健康权和发展权，等等。住宅问题是基本的民生问题，在现代社会，民生又与民主、民权相互依存，民生之本也由早期的生产生活资料上升为生活形态、文化模式、市民精神等既有物质需求又有精神特征的整体样态。社会的低收入者，尤其是对于那些依据自己的收入和凭借自己的努力仍然难以解决住宅的群体来说，为其解决居住层面的民生问题显得更为实际和迫切。

生存权是首要人权的观点已经得到证实，作为生存权具体化的住宅权，在人权中也就占有举足轻重的地位。全世界除了极个别的地方还存在饥饿状况外，绝大部分地区已经初步解决了温饱问题，而住的问题俨然是当下人类生存所面临的紧迫问题。关于住的问题不仅是某个人的私事，它已经演变成全球性的社会问题。

第二节　住宅权作为人权的制度演变

“住宅权”在国际人权文件中通常表达为：“适足住房权”或“充足住房权”，本书不作深入辨析，直接把在人权文件中表述的“适足住房权”视为本书的“住宅权”。众多的国际人权文件从不同的角度提及住宅权问题，如 1948 年的《世界人权宣言》和 1966 年的《公民权利和政治权利国际公约》。《经济、社会和文化权利国际公约》第 11 条对住宅权的规定是比较全面的，此时“住宅权”属于“适当生活水准权”包含的内容，而没有把“住宅权”作为一个范畴单独列出。住宅权真正以独立的方式被提出来是在 1991 年 12 月 12 日联合国经济、社会和文化权利委员会通过的《第 4 号一般性意见：适足住房权》(《经济、社会和文化权利国际公约》第 11 条第 1 款)。本部分在具体的人权文件中梳理住宅权的内容，为进一步了解住宅权提供人权法上的依据。

一、《第 4 号一般性意见:适足住房权》及其“适足”的标准

《第 4 号一般性意见:适足住房权》是在特定的社会背景下提出来的,据当时联合国的统计,全世界有 1 亿人无家可归,有 10 多亿人没有适足的住房,而且人数还在不断地增加,世界上无论是发达国家还是发展中国家都无一例外地存在这样的问题。经济、社会和文化权利委员会在审查缔约国的报告时发现,缔约国对适足住房权重视不够,以资源短缺和经济能力不足为理由逃避对适足住房权的保护。经济、社会和文化权利委员会制定一般性意见的目的是强调住宅权的重要地位。

《第 4 号一般性意见:适足住房权》主要强调适足住房权应该在广义上进行解释,不能单单把它视为遮挡风雨的住处或者把住所完全视为一种商品,适足住房权是指“安全、和平和尊严地居住某处的权利”。《经济、社会和文化权利国际公约》中的权利之所以成为权利,是来源于“人类固有的尊严”[1],这是人普遍具有的特性。适足住房权也是人的尊严的体现,“应确保所有人不论其收入或经济来源如何都享有住房权利”[2]。

适足住房权中的“适足”一词在理解此项权利时起到了关键性的作用,“适足”是标准,是尺度。那么,什么是“适足”呢? 首先从词源上去考证。在《朗文现代英语词典》中“Adequate”有两个意思。第一个意思表示“足够的、充足的”,即某种东西能够刚刚满足某种需求,“刚刚满足”意味着需求与满足之间是一种恰好相等的关系,不多不少,恰到好处。那么“适足”和“住房权”组合而成的“适足住房权”就具有更为广泛的意义,不仅要达到人居住的基本生理需求,而且还要

〔1〕 葛明珍:《〈经济、社会和文化权利国际公约〉及其实施》,中国社会科学出版社 2003 年版,第 222 页。

〔2〕 同上。

满足人的社会价值需求，即人有尊严的生活，这也是该意见第 7 条所表达的思想。第二个意思表示“相当好”的意思，但是在程度上还没有达到极好的程度，这也是适当住房与豪华住宅的区别。[1]

《第 4 号一般性意见：适足住房权》第 8 条强调“适足”一词在住房权利方面尤为重要，因为它是衡量住房是否符合《经济、社会和文化权利国际公约》的目的标准。该《意见》具体列举了七项表征“适足住房”的方面[2]：

第一，使用权的法律保障。住宅的使用权包括房主居住自家所有的住房、租赁或租住公共或私人的住房、共同居住、甚至居住非正规的住处，住宅的使用权也包括与住宅相关的土地和其他财产。总之，住宅使用权的多种形式都应该受法律保障，而法律保障要体现“适足”的特点。不同国家根据其政治、经济和文化传统以及地域差异的特点，选择住宅的不同使用形式。但在一个统一的法律体系内，住宅使用权的法律保障要一致，住宅使用权要得到适当的法律程序救济，免受驱逐、骚扰和其他方面的威胁。国家有义务给予缺乏这类权利的个人和家庭以法律保障，缔约国为此有创立相关法律的义务。其实，在 1976 年联合国人类住区会议上就提及类似的观点：“只有当保留和恢复不可行、而且已采取居民重新安置的措施之后，才应进行大规模的清扫活动，反对国家和政府在没有妥善安置的情况下进行大规模的驱逐行动；反对以强迫、骚扰或威胁的方式剥夺居住者的住房使用权。”[3] 大规模移民、房屋拆迁等导致居住者失去原来居住地和住房，而新的适当住房没有得到妥善安置，实际上，当他们沦落到无家可归的境地时，

---

〔1〕 参见王宏哲、石雁：《“适当的”住房人权的概念解读》，载《北京科技大学学报》（社会科学版）2007 年第 4 期，第 83—84 页。

〔2〕 葛明珍：《〈经济、社会和文化权利国际公约〉及其实施》，中国社会科学出版社 2003 年版，第 223—224 页。

〔3〕 王宏哲、石雁：《“适当的”住房人权的概念解读》，载《北京科技大学学报》（社会科学版）2007 年第 4 期，第 85 页。

居住的安全、自由、健康、尊严便无从谈起。这样的现象一再重复发生，所以《第4号一般性意见：适足住房权》提出用法律的形式来遏制此类事件的发生，法律保障是最文明且最有效的保障形式，如果住宅使用权遭到侵犯，就可以通过法律途径寻求救济。

第二，适足的住宅要满足居民基本的居住需要。一幢合适的住房必须拥有保障卫生、安全、舒适和营养所必需的设备。所有享有适足住房权的人都应能持久地取得自然和共同资源、安全饮用水、烹调、取暖和照明能源、卫生设备、洗涤设备、食物储藏设施、垃圾处理、排水设施和应急服务，这是对住宅的物理功能的要求。在现实中，贫民的住宅设施远没有达到上述标准。

第三，适足住宅的“力所能及性”。这里的“力所能及”包括个人和国家两个主体。个人住宅的力所能及性表现为住宅费用负担上的力所能及，即个人和家庭用于住房的费用要与自己的收入水平相适应，不能因为负担与住房相关的费用而影响基本的生活。虽然居住是人生活的一部分，但不是全部，个人按照自己的经济实力选择适合自己的住宅，避免出现中国的“房奴”现象或像美国因次贷危机而形成的无家可归者。适足住房要求住宅支出是个人或家庭年收入的3—6倍，在这个范围内基本上不会影响居民因为购买住宅而影响日常生活。国家的“力所能及”表现在为那些无力获得便宜住房的人设立住房补助，在国家的实力承受范围内为需要帮助的个人和家庭提供住房资金，采取适当的措施保护租户，使其免受不合理的租金水平或提高租金的影响。国家还应该在力所能及的范围内提供建造住宅所需要的建筑材料。显然，《第4号一般性意见：适足住房权》在对国家“力所能及”的规定上有些凌乱，也成为某些国家推托责任的借口，这需要在以后的人权文件中对国家义务和责任有更进一步的规定。

第四，健康安全的居住空间。适足住房是适合居住的、保证居住者身体健康的最低要求。对流行病学进行研究发现，住房作为环境因素往往与疾病状况相关联，高死亡率和高发病率总是与住宅和生活条件的不适密切相关。所以，重视住宅的卫生条件、住宅及周边的健康居住环境是保障人体健康的有效措施之一。联合国经济、社会和文化权利委员会鼓励各缔约国全面实施制订《住房保健原则》。1989 年世界卫生组织制定了《住房的卫生条件》，将住房条件和人类健康的关系归纳为六个原则：免受传染病感染；免受伤害、毒害及慢性病的侵袭；减轻心理和社会压力至最低程度；改善住房环境；明智地使用住房；保护处于危险的人民。健康不仅是指身体上的健康，还包括精神上的健康。适足住房要保障居住者的生活免受打扰、住宅内的隐私得以维护，真正实现“家是一个人的城堡”的理想。在安全、健康的居住环境下，人才能快乐地生活和工作，以达到“乐舍安居”的目的。

第五，适足住房的获得机会。住宅资源是一种稀缺资源，所以获得住宅就成为不可多得的机会。住宅的生活必需性要求缔约国为一切有资格享有适足住房的人提供适足的住房，使处境不利的群体充分和持久地得到适足住房的资源。国家和政府有提供房源的义务，尤其是对那些老幼病残的人群和因自然灾害而产生的难民。国家有义务为之提供和保存住房机会，而他们有资格更有权利获得住房，实际上迫切需要获得适足住宅的也就是这些弱势群体。住房获得的机会平等，不因种族、肤色、宗教信仰、性别、社会地位等因素而受到歧视，机会上的平等，意味着权利上的平等。

第六，合适的居住地点。住房不仅要满足基本的居住需要，还要满足居住者的其他社会需求，适足住房应处于便于就业选择、保健服务、就学、托儿中心和其他社会设施的地点。在大城市和农村地区都是如此，因为上下班的时间和经济费用对贫穷家庭的预算是一个极大的负担。所以，适足的住房要选择在合适的居住地点。同样，住房不应建在威胁居民健康的污染地区，国家和企业也不能为了追求经济利益而把具有污染性的企业建在居民聚居的地区。

第七，适当的文化环境。“居住品质”、“居住文化”成为现代人的居住理念，住宅的建筑样式体现了一个地区的文化底蕴，也从侧面反映了当地的文化传统。住宅在建筑风格上要展现时代元素，同时也得保持地域的传统文化。传统与现代的有机结合，才是有历史有文化的建筑艺术。适当的文化环境还表现在尊重不同人的宗教信仰、欣赏品味上，使人类外在和内在的文化多样性在住宅建筑风格上完美地体现出来。

以上七项内容是适足住房的高度提炼，也是经济、社会和文化权利委员会认为的住宅的“适足”标准，为日后丰富住宅权的标准提供了依据。住宅权是具体而丰富的人权，个人私生活、家庭、寓所或信件不能受到非法干涉的权利，也是确定适足住房权利的一个非常重要的方面。而且，住房权还与人权中的其他权利相关，适足住房权不能很好地解决，其他人权也势必受到影响。

《第4号一般性意见：适足住房权》规定缔约国以人的尊严和不受歧视为原则，立即采取某些措施最大限度地促进适足住房权的实现，建议通过国际合作和国内立法保障弱势群体的住宅权。《第4号一般性意见：适足住房权》的刚领性和提要性为国际社会进一步研究住宅权指明了方向。缔约国有义务汇报本国的住房情况，以便国际人权机构有效检测该缔约国适足住房权的实施情况，这是经济、社会和文化权利委员会提出的监督机制，监督的重点是无家可归的个人和家庭、居住简陋、无法得到基本居住环境者、非法定居者、被强迫驱逐出房屋者和低收入人群。历史发展表明：如此监督并不具有太多的成效性，但它开辟了监督机制的先河。

住宅权在《第4号一般性意见：适足住房权》(《经济、社会和文化权利国际公约》第11条第1款)中明确了适足住宅的初步标准和国家应该履行的义务，在随后的特别报告员的报告中对住宅权做了更翔实的研究。

二、特别报告员拉金达·萨查尔的报告及住宅权受到的挑战

1991年8月29日，防止歧视及保护少数小组委员会第四十三届会议决定让拉金达·萨查尔编写一份有关适足住房权的工作文件，用来进一步促进适足住房权的承认和实施。1992年，拉金达·萨查尔向防止歧视及保护少数小组委员会第四十四届会议提交了工作文件。1993年，人权委员会第四十九届会议任命拉金达·萨查尔为促进实现适足住房权特别报告员，同年，拉金达·萨查尔以特别报告员的身份提供了第一份报告，并在1994年和1995年分别提供了第二份和第三份报告。本书旨在对特别报告员拉金达·萨查尔提交的四份报告的主要内容进行梳理。

1992年的工作文件指出了全球住房危机的主要原因和有关适足住房权的各种法律问题。虽然人权组织对《经济、社会和文化权利国际公约》第11条第1款提出了解释性意见，但是世界适足住房权仍然没有受到重视，其主要原因是：政府及其发展政策失败；住房歧视；环境卫生、灾难和住房；扣押住房方面重要资料；住房方面的剥夺；住房投机和商品化；强迫驱逐房客；武装冲突；住房导致的犯罪；结构调整方案和债务；贫困和丧失生计；无家可归的现象。[1] 这些现实因素导致了承认和实现适足住房权的成本超出了各国的能力范围。

特别报告员的第一次进度报告，着眼于分析各国政府在法律上有责任尊重、保护和实现住宅权。开展此项工作所面临的最大障碍是各国政府不把住宅权当做人权，各国政府在可以掌握的资源范围内不足以满足为每个人提供适足的住处，所以不承认住宅权是一项人权。特

〔1〕 E/CN.4/Sub.2/1992/15，第22—57段，转引自E/CN.4/Sub.2/1995/12 Page 3.是"防止歧视及保护少数小组委员会"特别报告员拉金达·萨查尔的特别报告，其中译本的译者不详，具体参见拉金达·萨查尔：《适足住房权》，载《人权研究丛刊》1996年第7期，第3页。

别报告员强调，法律承认的最低水平的住宅权，不是要求国家负有以下义务："1. 要求国家为全民建造住房；2. 国家向所有要求住房的人免费供应；3. 国家一旦承担责任履行这项权利的一切方面，就必须立刻履行；4. 国家应当全部地信托它本身或未经管制的市场保证所有人享有这项权利；5. 在所有环境和地点，本项权利都应以完全相同的方式展现它自己。"[1] 但是国家应该对处境不利者，诸如无家可归者、残疾人、动乱或种族冲突、人为或自然灾害的受害者及其他无力自行实现其住房权的群体负责。对于每个人来说，"绝对有必要有块适足地方可以和平地、有尊严地和安全地生活"[2]，所以国家有义务承认和接受适足住房权。"一旦正式接受这种义务，国家就得用一切可能的适当方法，保证每个人获得适于卫生、福利和安全的住房资源，并符合其他人权；如果一个无家可归、住房不足或总的来说不能获得与住房权俨然有联系的一组资格，就可以要求或申请社会提供住房资源或获得这项资源；国家直接承担法律义务后，将采取一系列措施，表明在政策上和法律上承认该项权利"。[3]

1994 年的第二次进度报告再次重申住宅权作为人权的重要性。根据各国反应的实现住宅权的最大障碍是缺少资源和资金投入的问题，特别报告员举出相反的事实予以回应。以发展中国家为例，虽然发展中国家政府用于住房的支出 1990 年比 1980 年有所增长，但总的来说用于住房支出的比例还是偏低，政府用于住房的开支占政府全部支出的比例从 1980 年的 2.94% 提高到 1990 年的 3.32%。[4] 从数字可以看出，住宅权不能充分实现的关键是政府重视不够，对住房的投资不足。而在人类共同生活的世界上，处于社会最底层的人们的生活

---

〔1〕 拉金达·萨查尔：《适足住房权》，载《人权研究丛刊》1996 年第 7 期，第 3 页。
〔2〕 同上。
〔3〕 同上。
〔4〕 数据来自同上书，第 4 页。

状况依然被忽视，在很多情况下，他们的住宅权正在遭到有系统的侵犯。“我们每天听到经济增长、贸易制度自由化、世界市场全球化和其他这类优美词句的报道，似乎只有这类事物在我们的世界上举足轻重，而这些问题似乎对人类来说原来就是美好的”。[1] 可是，对世界上处境最不利的那部分公民来说却是令人悲伤的，因为他们原本应该具有的权利却被剥夺和忽视。这是强者对弱者的蚕食，是严重的不公平，所以国际人权研究机构有义务为这种不合理的现象鸣不平，有义务通过研究，让各缔约国重视住宅权，保护弱者的基本人权。

1995 年特别报告员的第三份进度报告继续解释“适足住房权”的概念，提出住宅权是个整体，是与人权不可分割，不仅与妇女、儿童权利关系密切，还与土地权利、食物权利、享受卫生保健的权利紧密相连。特别报告员所掌握的资料显示：全世界的妇女在获得适足住房权的大多数方面还存在严重的歧视现象。多数国家，妇女对于出生时的住房没有所有权，婚后定居的地方也是如此，妇女基本上没有自己的住宅权，土地和财产的权利不属于妇女，这是男女不平等和持续贫困的关键。要想使妇女不受歧视，具有同男子平等的权利和社会地位，赋予妇女适足住宅权的主体资格是一个解决途径，这样妇女就拥有了自己的经济地位和社会地位，家的安全感和归属感自然会体现出来，继而实现男女的实质平等。儿童的身体发育与他们的成长环境密切相关，儿童认同感和自信心在很大程度上取决于是否安全且尊严地生活在某处。缺乏固定的住所和健康的成长环境，使儿童失去了很多基本权利，如“享受卫生保健的权利、受教育的权利、免受经济剥夺和恶行的权利、享有合法身份和公民资格的权利”[2]。在现实中尤其要关注流浪儿童和家庭结构不健全的儿童住宅权，儿童是人类的未来，重

---

〔1〕 参见拉金达·萨查尔：《适足住房权》，载《人权研究丛刊》1996 年第 7 期，第 4 页。
〔2〕 同上书，第 11 页。

视儿童的包括住宅权在内的权利就是重视人类的权利。对于世界上特别是农村地区的人群来说，土地是生计的主要资源，土著人口、小农、边际农民、乡村劳动者都强烈地依赖土地，所以各国政府不得侵犯农民等人群的土地权利，即使有合理的理由也要安排好土地上人的生活，免得出现驱逐农业人口现象，造成新的无家可归人群的出现。特别报告员在这里所说的土地权利不是为了建造住宅而需要的土地，而是以土地为生的农民在土地权利被剥夺后逐渐沦落为没有住宅的人群。可见，土地权利与住宅权关系密切，土地使用权不被任意侵犯和公平获得土地资源的机会是安全地、有尊严地居住在一个地方的前提条件。如果失地人口最终得不到妥善安置，势必会成为贫困人群，严重的会造成饥饿和营养不良，住宅权被侵犯最终可能导致食物权被侵犯，这是对人最大的威胁。适足住房权还关系到享受卫生保健的权利，适足的住房和生活条件是保障人生活健康的不可或缺的因素，因居住和周围环境不卫生而致病，因病致贫，形成了导致贫困的恶性循环。适足住房要满足基本的健康条件，如安全饮用水的供应，地面水的排放，厕所排泄物和固体垃圾的处理，个人和家庭卫生等等。适足住房权的功能是促进居住者身体和精神健康，使人们获得心理保障，同时拥有自己的社会身份和社会关系，在祥和的人际关系中居住。特别报告员一再重申所有人权相互依存不可分割，作为经济、社会和文化权利项下的适足住宅权也与公民权利和政治权利紧密相连，“缺少推动尊重、保护和保证适足住房权的措施、多种多样的公民权和政治权就会受到损害”[1]。基本的生存权得不到保障，又何谈自由权。报告中列举了与适足住房权关系密切的具体权利，如“隐私权、家庭生活权、法律之前平等保护和收益权、性别平等权、免受歧视权、通过正常法律程序权、人身保障权、自由迁徙和自由选择居处权、自由结社权、

---

〔1〕 拉金达·萨查尔：《适足住房权》，载《人权研究丛刊》1996年第7期，第13页。

自由表达权、财产权、留在原地权、寻求接收和传递信息权，等等”[1]。如果把这些权利与适足住房权割裂，就会使人权领域的权利群整体受到损害，这充分展现了人权内部各种权利相互之间的关联性和不可分割性。

就在特别报告员努力使世界接受适足住宅权是一项人权时，反对者的声音也随之而来。人类住区委员会 1995 年 4 月在内罗毕举行的第十五届会议上，尚未批准《经济、社会和文化权利国际公约》的美国对“适足住房权”这一人权概念提出重大质疑，要求在人类住区委员会各种文件中和将在 1996 年 6 月在伊斯坦布尔举行的联合国人类住区筹备委员会的文件中删除“适足住房的人权”这种提法。在美国的操纵下，人类住区委员会于 1995 年 5 月 1 日通过了 15/2 号决议，对适足住房权的存在和法律地位提出了与特别报告员相反的观点。这是联合国人权机构在确定适足住房权是一项人权以来，受到的最大打击。这项决议使特别报告员非常不安，如果这种反对的声音加剧，事态的发展会严重影响整个联合国系统在适足住房权的人权方面所取得的进展，如果不立刻采取措施，适足住房权的研究将面临后退 50 年的危险。特别报告员坚持“适足住房权是一项基本人权”的观点，他用有力的证据回击 15/2 号决议。“《世界人权宣言》被设想为所有人民与国家取得成就的共同标准，为人权国际文件的编制奠定了基础，而且一贯成为并理所当然地继续成为国家及国际保护及促进人权和基本自由这种努力的根本灵感来源”[2]。在这项权威的人权文件中明确地提出：“人人有权享受维持他本人和家属的健康和福利所需的生活水准，包括食物、衣着和住宅。”[3]《经济、社会和文化权利国际公约》的序言中说：“考虑到，按照联合国宪章所宣布的原则，对人类家庭所有

---

〔1〕 拉金达·萨查尔：《适足住房权》，载《人权研究丛刊》1996 年第 7 期，第 13 页。

〔2〕 同上书，第 15 页。

〔3〕 同上。

成员的固有尊严及其平等的和不移的权利的承认,乃是世界自由、正义与和平的基础。确认这些权利是源于人身的固有尊严。"[1] 该《公约》第 11 条也规定了适足住房权的内容,并且提出"不断改进生活条件"。权威性的人权文件承认适足住房权是一项人权,那么就意味着联合国委员会或机构不能质疑这项人权存在的合法性,如果允许联合国辅助机构根据个别国家的私利而随意对联合国上级机构的决定给予否定,那么就会有违联合国设立的目的。第 15/2 号决议既抵触了已经承认适足住房权的各种国际公约,也嘲弄了《1976 年关于人类住区的温哥华宣言》和《关于 2000 年全球住房战略》,因为二者都特别提到了适足住处和服务是基本人权。

以美国为首的一些西方国家反对承认适足住房权的思想有着深厚的历史根源,早在 1947 年《世界人权宣言》起草时,美国就表现了类似的立场。1947 年 1 月 2 日,联合国人权委员会召开第一次人权会议讨论制定《世界人权宣言》的事宜。美国代表要求写入自由权、财产权和法律程序权,强调重视公民权利和政治权利,苏联则要求写入人民的经济、社会和文化权利,前南斯拉夫代表强调在当代不能过分强调个人自由,应该强调人民的共同权利。大多数代表赞同苏联和前南斯拉夫的观点,而美国却坚持在《世界人权宣言》中只规定公民权利和政治权利,而不规定经济、社会和文化权利。第一次联合国大会没有就此问题达成一致意见。随着美苏冷战的全面爆发,也波及到《世界人权宣言》制定的具体条款上。以美国为首的西方国家坚持自然法的人权传统,主张只强调公民权利和政治权利,因为公民的政治权可以限制国家的范围,发挥个人的积极性。而苏联等国的代表则反复强调人权问题实际上是人民群众的经济、社会和文化权利,国家负有保障实现这些权利的责任。不同的社会和文化背景使美苏的分歧很大。英

---

〔1〕 拉金达·萨查尔:《适足住房权》,载《人权研究丛刊》1996 年第 7 期,第 15 页。

国著名的政治学家和历史学家 E. H. 卡尔认为，虽然谈到人权要与美国革命和法国革命联系起来，但是当代人权必须与俄国十月革命联系起来。俄国十月革命既是对过去的革命，又是对现在的经济社会权利的争取。马克思主义者认为，社会经济权利优先于古典的自由权利，非洲乡村对新闻自由权完全没有兴趣。最终，经济、社会和文化权利的内容出现在《世界人权宣言》中，但在当时西方各国的宪法中都没有涉及经济、社会和文化权利的内容，权利和义务相辅相成的观点更超出了传统西方人权理论。[1] 在以后起草和制定《公民权利和政治权利国际公约》和《经济、社会和文化权利国际公约》的过程中，美国等国家依然持反对态度，所以美国反对“适足住房权”的提法也不足为奇。国际人权的发展趋势是人类需求的表达，不容个别国家左右。正如 T. H. 马歇尔预言的那样，20 世纪是社会权利的时代。适足住房权在以后的国际文件中得到重申和发展。

三、“人居Ⅱ”大会对住宅权的发展

1996 年 6 月 3 日至 14 日，在土耳其的伊斯坦布尔举行了第二届联合国人类住区会议，简称“人居Ⅱ”，该会通过了《伊斯坦布尔宣言》和《人居议程》两个重要文件。[2] 这是国际上在住宅权方面的新进展，以后的国际人权研究机构和住宅权的理论探索都是以《人居议程》为蓝本而展开的，在理论和实践上为住宅权的研究开辟了广阔的道路。

《人居议程》是在总结之前会议中关于人类居住问题经验的基础上出台的，在该序言中列举了已有的成果，如 1988 年通过的《到 2000

〔1〕 参见王从国：《世界人权宣言的产生及其意义》，载《信阳农业高等专科学校学报》2008 年第 3 期，第 5 页。

〔2〕 Hague C：《伊斯坦布尔之路：“人居Ⅱ”大会对规划师和建筑师的挑战》，刘宛译，载《国外城市规划》1998 年第 2 期，第 25—26 页。

年全球住房战略》,强调需要改进住房建设和转让、修订国家住房政策和拟订可行的发展战略,为下个世纪实现人人享有适当住房的目标提供了有益的指南;1992 年在巴西里约热内卢举行的联合国环境与发展会议(地球首脑会议)制定了《21 世纪议程》在该会议上,国际社会商定了可持续人类住区建设框架。其他的还有普及教育世界会议(1989 年,泰国宗甸)、儿童问题世界首脑会议(1990 年,纽约)、世界人权会议(1993 年,维也纳)、国际人口与发展会议(1994 年,开罗)、小岛屿发展中国家可持续发展全球会议(1994 年,巴巴多斯)、世界减轻自然灾害会议(1994 年,横滨)、社会发展世界首脑会议(1995 年,哥本哈根),等等。《人居议程》讨论两个在全球同等重要的主题,即人人享有适当住房和城市化进程中人类住区的可持续发展,这两个主题本身又具有内在的联系。[1] 与本书直接相关的第一个主题,即获得安全而有益于健康的住房,对一个人的身心健康、社会发展都是不可或缺的。然而,世界上相当大的一部分人缺乏住房和卫生设施,发展中国家尤为突出。《人居议程》的目标是实现人人享有适当住房,特别是贫困者。

《人居议程》与以往人权文件不同的是:它从可持续发展的更广阔的领域研究住宅权,把人人享有适当住房视为人类社会发展的内在要素之一,这为住宅权的研究提供了新的视角。随着城市化进程的加快,城市人口的居住问题面临巨大的挑战。而居住的好坏又反过来影响经济、社会、环境和文化等方面的发展。住宅权不仅是作为人维持生存、有尊严生活的基本物质需要,也是保证和实现社会可持续发展的必要条件之一,所以住宅权既是个体的人权,也是集体的人权。适足住房权与经济发展、社会发展和环境发展结合在一起,不再单纯地

---

[1] 参见钱妙芬:《城市、绿化与人居环境的可持续发展策略》。http://house.focus.cn/showarticle/3731/515153.html,访问时间:2013 年 9 月 1 日。

强调适足住房权与其他人权的不可分割。可见，对住宅权的研究逐渐从抽象的理论研究过渡到具体的社会现实层面，真正关心“形而下”的具体的人本身。这是人权领域中对住宅权研究的一大进步。

《人居议程》发展了以往的住宅权理论，以可持续发展为前提，住宅权的各个方面也反映了发展的动态属性。

第一，住宅权的特殊主体的发展。人人有权享受适足住房的健康生活，特别是生活贫困的人、无家可归者、妇女、老年人、土著人、难民、流离失所者、残疾人以及易受伤害和处境不利的群体，还应当特别顾及移民的需要。此外，应当特别注意儿童，尤其是街童的特殊需要和境况。《人居议程》在第93段进一步阐述了“易受伤害和处境不利”，易受伤害和处境不利的群体往往是由于在社会经济主流和决策过程中，处于边缘地位和受到排斥的人群，以及无法在平等基础上取得资源和机会而产生的群体。易受伤害和处境不利群体中并非所有人始终都是易受伤害和处境不利的，这样的不利处境也不是与生俱来的，很多时候是外界的不公正待遇造成的。有些成员在住房和人类住区条件方面，更可能处于易受伤害和处境不利的地位。所以，解决这一特殊群体的住房问题是改变处境不利群体人生境遇的有效途径之一。

第二，法律保障住宅权免于歧视。在住宅问题上，不因种族、肤色、性别、语言、宗教、政治或其他主张、民族或社会出身、财产、出生或其他地位而受到任何歧视，制定法律防止各类歧视的发生，人人都享有适当的住房。然而，这样的平等不是没有差别的均衡，而更多的是机会平等，是在一个国家内的符合具体国情的适当平等。

第三，强调义务主体的实际行动。在承认实现住宅权是政府义务的前提下，《人居议程》在敦促政府行为方面显得尤为突出。获得适当住房权已被确认为享有适当生活水准权的一个重要组成部分，各国政府都要在住房方面承担某种形式的义务，设立住房机构、为住房机构划拨资金，以及制定政策法规等。不仅政府要采取行动，社会各个部门,包括私人、非政府组织、社区、地方当局、伙伴组织和国际社会的实体机构,都要采取行动提供适当的住房。具体包括通过适当的法规措施和市场机制,扩大可承受得起的住房供应;通过向生活贫困的人提供津贴、租赁和其他形式的住房援助,使更多的人能够负担得起用于居住的住房;支持社区、合作社和非营利的租房计划和房主自住住房计划;鼓励向无家可归者及其他易受伤害群体提供援助性服务;调动新的财政和其他资源,包括公私资源,以促进住房和社区发展等。义务主体的行动要尽其所能,为居民提供负担得起的住房。"负担得起"是指居住者的居住需求要与自己的实际经济能力保持一致,这也是适当住房的含义,是人权意义上的最低限度的住房标准。

第四,建立监测和评价机制,更好地监督各国住宅权的实现情况,在国内和国际层面认真落实《人居议程》的具体内容。

四、国际人权机构对落实住宅权所做的努力

经过近10年的努力,适足住房权作为适当生活水准权项下的具体权利之一已经在理论上得到国际社会的认可,以后工作的关键是如何具体落实住宅权。《关于新千年中的城市和其他人类住区的宣言》重申了《人居议程》中对住宅权的承诺,具体包括:人人有适当住房、可持续的人类住区、授权和参与、性别平等、为住房和人类住区提供融资、国际合作以及评估进展等。[1] 住宅权的关注越来越具体且现实,如2005年4月联合国人类住区规划署在内罗毕通过的《谋求实现和监测落实〈联合国千年宣言〉中关于改善贫民窟居民生活的目标》(HSP/GC/20/6/Add.1),开始重视贫民窟居民/家庭的居住情况。

贫民窟家庭具有不具备健康的供水和卫生设施、住宅不具有耐久

---

〔1〕 具体参见《关于新千年中的城市和其他人类住区的宣言大会》。http://home.focus.cn/showarticle/1633/46637.html,访问时间:2013年11月1日。

性、居住空间狭小、住宅使用权不能得到很好的保障等特点。贫民窟式住宅超过社区一半以上的,这样的社区就是贫民窟社区。贫民窟社区的居民居住条件恶劣,住宅权的相关权利得不到最起码的尊重和保护,贫民窟社区也是各种城市问题泛滥的地区。所以,改善贫民窟社区是城市建设和治理的重要内容,贫民窟里居民的人权问题也值得重视。到2020年,全世界将有14.16亿贫民窟居民,其中包括目前的9.24亿贫民窟居民和4.92亿目前潜在的贫民窟居民。[1] 这严重阻碍了城市的发展,当务之急是尽量减少贫民窟居民的数量。贫民窟问题的实质是住宅匮乏问题,由此可见,住宅权的实现是一项复杂而艰巨的工程。

从联合国人类住区规划署的活动就能看出联合国人权机构为此做出了不懈的努力。人居署为执行理事会第二十届会议的决议开展了一系列的活动,具体活动包括:青年与人类住区、建立非洲住房和城市发展问题部长级会议、最不发达国家问题、支持可持续人类住区范畴内使所有人都获得基本服务、人类住区中的男女平等问题、世界城市论坛、住房是弱势群体和处境不利群体享有适当生活标准的一个组成部分等21项。[2] 人权文件和人权机构在住宅权的权利建构和具体实施方面都起了巨大的作用。不同国家的住宅权都是以国际人权文件的内容为参照标准,缔约国通过自身的努力和国际援助与合作,特别是在经济技术方面的援助与合作,在其现有资源允许的范围内采取措施,逐步地实现适足住房权。

---

〔1〕 具体参见《监测联合国千年宣言中关于改善贫民窟居民生活的目标的贯彻落实情况》。http://www.unhabitat.org/downloads/docs/1672_53684_k0473688.c.doc,访问时间:2013年11月1日。

〔2〕 同上。

第三节　住宅权在人权中的权利地位与权利救济机制

住宅权在人权中的地位可以从国际人权公约、区域人权公约和以后的具体文件中找到答案。从无到有、从粗略规定到逐步细化是住宅权形成的特点。住宅权的权利地位确立之后,住宅权的实现成为联合国相关机构和研究住宅权的学者们关心的重点。权利救济对权利的实现至关重要,“无救济则无权利”的法谚深刻地揭示了这一真理。人权中的住宅权,其权利救济机制是继续开展住宅权研究的新课题。

一、住宅权在人权中的权利地位

在国际性人权文件中,住宅权在1948年的《世界人权宣言》中就有提及,而在《经济、社会和文化权利国际公约》中明确为“适当生活水准权”的一部分。该公约的一般意见对住宅权(一般意见第4号)和强制驱逐(一般意见第7号)做了具体阐述。《消除一切种族歧视公约》(第5条)、《儿童权利公约》(第27条)、《消除一切形式对妇女歧视公约》(第14条)、《难民地位公约》(第21条)等国际人权公约都规定了住宅权或住宅权的某些方面。

区域人权文件也规定了住宅权的相关内容。1996年修订的《欧洲社会宪章》第31条规定了缔约国对住宅权的承诺应该采取的措施:促进获得适当水准的住房;预防、减少并逐渐消除无家可归现象;使那些缺少足够资源者能够负担得起住房价格。第16条和第19条分别规定了家庭住房和迁徙工人住房的相关权利。《欧洲保护人权和基本自由公约》(简称《欧洲人权公约》)没有规定住宅权,但是欧洲委员会和人权法院在判例中根据《欧洲人权公约》第8条隐私家庭生活权和第1议定书第1条和平享有对居室的占有的规定涉及了住宅权问题。住宅权虽并未被纳入《非洲人权和民族权宪章》和《美洲人权公约在经济、社会和文化权利领域的附加议定书》中，但是在非洲统一组织和美洲国家间所承认的权利中，已经关涉到了住宅权的相关内容。[1]

不管是国际人权文件，还是区域人权文件，都明确或在具体的实施中承认了住宅权，住宅权作为一种人权已经成为不争的事实。作为人权的住宅权，首先是经济、社会和文化权利，其次是适当生活水准权的具体权利。而住宅权本身又与各种人权密不可分，在某种意义上可以说住宅权是一种生存权、发展权、财产权和自由权，住宅权囊括了人权的诸多面向。人权领域的住宅权也是非常全面地设定了住宅权的标准。艾德列举了这项权利的具体指标：适当住房权要求使用权的法律保障、服务的可得性、物质保障、设施和基础设施、可负担得起的住房、惯常住房、无障碍出入道路（为残疾人、老年人、儿童等）以及文化服务。然而，艾德总结的还不是人权中的住宅权的全部要素。自20世纪90年代以来，随着联合国特别是相关机构在理论上和实践上如火如荼地开展住宅权研究，使得住房权的研究逐渐深入。住宅权是一项可以促进家庭融合，有助于社会公平并加强归属感、安全感和人类团结感的重要因素。住宅权包含的内容重申妇女与男子平等的权利地位，以便确保妇女获得适足住房权，包括住房的继承权，也要重视边际化的城郊和农村中的儿童的居住状况。在挖掘人权领域的住宅权的深层涵义的同时，我们也应看到无家可归者和世界人民住房不足的严重情况，世界范围内的贫民窟在增加，强制驱逐现象依然存在，迁徙者和难民在适足住房权问题上面临挑战，诸多的住宅权正在或已经遭到侵犯。确立住宅权的人权地位的目标基本达到，现在和将来应该做的就是实现住宅权，让人人都享有住宅权，保护住宅权不受侵犯，以及住宅权被侵犯时得到有效的救济。

---

〔1〕〔挪〕艾德等：《经济、社会和文化的权利》，黄列译，中国社会科学出版社2003年版，第173页。

人权的研究往往基于这样的前提假设:国家承认所有的人权都是权利。但在现实层面,这样的前提预设遭到了质疑,特别是在经济、社会和文化权利领域。经济、社会和文化权利的实现成本不是每个国家都能够承受的。国际人权文件划定的最低限度的人权在某种意义上是站在西方发达国家的立场上设定的,对于发展中国家尤其是落后国家来说是很难达到的。"某些人权作为权利还没有(尚未)得到承认,也因而应使用某种程度的定性指标以监督对特定经济和社会权利的承认"。[1] 所以,只在人权领域确立住宅权的标准还不够,关键是让世界上具体的国家承认住宅权,只有从国际层面落实到国家层面,住宅权的权利地位才可以说是真正的确立。世界各国的法律、政策涉及住宅问题的不计其数,但上升为权利的则不多见,尤其是把人权中的"人人享有适足住房权"写进法律,可以通过司法救济的就更加稀少。

同时也乐观地看到,世界上已有50多个国家的宪法对住宅权及政府应该履行的义务做了规定。而且,许多国家的立法也常常涉及承认住宅权的组成部分,如无家可归者的立法、免受强迫驱逐的保护、流动自由和选择自己居住地的权利等。虽然不是作为人权的住宅权的核心内容,但是这样的立法态势让人看到了希望,值得一提的是后种族隔离国家南非的住宅权立法。

南非在宪法上确立了作为人权的住宅权的地位,而且依据宪法规定在具体案件的审理中得到了充分的运用。南非还通过了一系列的具体法规,每部法规都明确了宪法规定的人权意义上的住宅权的一个或多个方面。其中,最具有创造性的两部立法是1997年的《扩大房屋使用权保障法》和1998年的《禁止非法驱逐及违法占用土地法》。[2] 可以说,"作为人权的住宅权"的涵义在南非法律上得到了充分承认,

---

〔1〕 参见〔挪〕艾德等:《经济、社会和文化的权利》,黄列译,中国社会科学出版社2003年版,第173页。

〔2〕 参见同上书,第174页。

住宅权超越了人权的道德和政治属性，真正进入到了具体的法律权利行列，这是住宅权成为实在权利的典范。迄今为止，世界上大多数国家并没有把人权中的“人人享有适当住房权”明确地规定在本国的法律中，而人权公约对具体国家的约束力也因不同的国家而不同。

自《世界人权宣言》诞生以来，大量保护人权的国际文件应运而生，大致分为三个阶段：宣言、公约和议定书。宣言通常是原则性、指导性的；公约是对宣言所确立的原则具体化，并设立相应的保障人权的实现机制；议定书是为了保证公约的内容得到更好的实现而制定的要求缔约国承担更多的保障人权实施的辅助性文件。目前《公民权利和政治权利国际公约》有两个任择议定书，分别规定了个人申诉机制和废除死刑的要求。《经济、社会和文化权利国际公约》已有任择议定书。

国际公约是制约国家的主要文件，那么国际公约的效力如何？个人可以在多大程度上利用国际人权公约的规定来保护自己的权利和相关利益呢？回答这些问题，还需要介绍人权公约的内容与国内法的衔接问题。事实上，人权公约中规定的权利在各个国家得到承认的方式不同，从而也就决定了国际公约的效力不同。国际公约对某个国家的约束是从该国加入或批准该公约开始的，国际人权公约在缔约国生效意味着该国有责任执行公约的规定，享有公约权利的同时，承担公约规定的义务。不同国家执行国际人权公约的方式也不同，大致分为“采纳法”和“转化法”两种。比如美国加入国际公约可以在国内直接适用该国际公约而不需要转化为国内法律，这就是典型的“采纳法”；而英国是“转化法”的代表，英国批准的国际人权公约不能在英国国内直接生效，必须转化为国内法方能在英国适用，英国通过《1998 年人权法案》将《公民权利和政治权利国际公约》和《欧洲人权公约》的内容转化为国内法加以适用。目前，我国没有统一规定国际人权公约在中国的法律效力。根据现有公约在中国生效的情况来判断，我国对国际人权公约的国内适用采用的是“转化法”，国际人权公约中的内容要通过国内法的转化才能在中国适用。相应的，已经对中国生效的人权公约中的权利规定，也需要国内法转化为国内的法律权利。美国目前还没有加入《经济、社会和文化权利国际公约》，对于公约中规定的权利美国有理由拒绝；中国已经批准了《经济、社会和文化权利国际公约》，作为人权的住宅权只能以《经济、社会和文化权利国际公约》作为法理依据，住宅权的权利承认需要中国国内法的具体规定。

人权是所有人和国家努力实现的共同目标，是各国人民的共同理想，人权成为衡量各国政府执政水平的标准。而人权中明确规定的具体权利需要通过国家的明确承认，这样的人权才具有约束力。从中我们可以看出人权的理想性与现实性之间的差距，现实中作为人权的住宅权有其权利限度。国际社会的呼吁和国际人权文件的承诺与国家的具体实施之间仍然有很大的差距。普遍的贫困仍然是实现住宅权的主要障碍，生活在贫困中的大多数人在法律上仍然缺乏对其住所使用权的保障，还有的人甚至没有基本住房。各级政府，特别是发展中国家和最不发达国家的各级政府，在住房上的投资只是有限的经济、技术支持，没有形成系统和完备的组织机构。所以，依然需要国际社会和相关人权机构的进一步努力。

二、住宅权的人权救济机制

人权的救济机制与人权的实施机制关系紧密。法律的实施指法律在现实生活中的贯彻，国际条约的实施意味着采取一切措施使国际条约对最终的义务主体和权利主体产生效力。国际条约的实施机制是人权条约得以贯彻执行的机制，人权的救济机制依赖于人权的实施机制。在某种意义上可以说，人权的实施机制等同于人权的救济机制。人权的实施机制包括个人申诉、政府报告、特别报告员制度、政府间指控等等，关于住宅权的人权救济机制主要体现在个人申诉、政府报告、特别报告员制度三个方面。

1. 个人申诉制度

个人申诉制度，指个人根据国际公约的规定，对国家侵犯人权的行为向联合国相关机构投诉并寻求救济的制度。《公民权利和政治权利国际公约任择议定书》[1]对个人申诉制度做了原则性的规定，使那些因国家或一方违背公约行为而受害的私人一方能向人权事务委员会提出申诉。人权委员会接受申诉之后，应将此事提请有关国家注意，该国在6个月内应对此事做出解释或声明，说明原委，如果该国业已采取救济办法也要一并说明，然后，有关国家和申诉人的书面来文由人权委员会加以审查，并将最终的决定告知当事人。个人申诉制度对来文有一定的限制，联合国人权事务委员会接受并审查符合下列条件的来文：来文所涉及的国家既是公约的缔约国也是任择议定书的缔约国；来文需署名，并且没有滥用此项个人申诉的权利；来文一般由受害人直接呈交；来文个人已经用尽国内一切救济措施；来文所涉及的同一事项不在另一国际调查或解决程序的审查范围内。2008年6月18日日内瓦联合国人权理事会通过了《经济、社会、文化权利国际公约任择议定书》（以下简称《任择议定书》）。同年12月10日获得联合国大会通过，于2013年5月5日正式生效。这份议定书第2条明确规定，缔约国管辖下的个人、群体或其代表凡是认为缔约国侵害其公约所规定的任何权利，可以向委员会提交来文。在国际救济机制中，赋予个人以主体地位，是经济、社会和文化权利的实施机制的巨大突破。毕竟个人是经济、社会和文化权利的直接权利主体，同时，也最容易成为被害方。《经济、社会和文化权利国际公约任择议定书》中规定的个人申诉机制除了申诉内容外，在具体的申诉程序上与《公民权利

---

〔1〕《公民权利和政治权利国际公约任择议定书》于1976年3月23日生效，《旨在废除死刑的公民权利和政治权利国际公约第二项任择议定书》于1991年7月11日生效。本文指的是前者，前者又称《公民权利和政治权利国际公约第一议定书》。

和政治权利国际公约任择议定书》无明显差别。随着个人申诉机制的确立，将允许议定书缔约国的个人针对食物权、适足住房权、健康权等向联合国相关委员会申诉。那些常常与贫困、歧视和忽视相关的侵犯人权行为，受害者不再默默地、无助地承受这样的侵犯。

2. 政府报告制度

政府报告制度，是国际人权公约所规定的监督缔约国履行公约义务的一项最重要的制度。人权公约一般要求缔约国在规定的期限内或应有关国际机构的要求时，以公约规定的程序向有关人权机构提交他们在履行人权义务方面所采取的措施和取得进展的报告。《公民权利和政治权利国际公约》第 40 条第 1 款规定，批准该公约的缔约国在该公约生效一年内，或人权事务委员会提出这样的要求时，缔约国应当向人权事务委员会提交该国对公约承认的各项权利得以实施的各项措施和关于享受这些权利所做的进展报告。《经济、社会和文化权利国际公约》第四部分专门规定了缔约国的报告制度，第 16 条规定，本公约缔约各国承担依照本公约这一部分提出关于遵循本公约所承认的权利方面所采取的措施和所取得的进展的报告。公约还要求在报告中指出影响履行本公约义务的因素和困难。可见，政府报告制度的主动权在缔约国本身，人权的侵犯基本上是国家公权力的侵犯，而国家本身又成为救济的主体，这样的人权救济机制不会是一个有效的救济机制，只是联合国督促国家保护人权的监督机制而已。制造舆论压力促使缔约国保护人权，不具有强制性，它的威慑性也就可想而知了。住宅权的人权救济主要是政府报告制度，该制度是各个国家美化自己，章显政绩的平台，不能实现作为人权的住宅权的真正救济。

3. 特别报告员制度

特别报告员制度，指一些个别专家对人权问题分别进行国别的或主题的研究并提交报告。特别报告员制度也称“特别程序”。这些专家有不同的称谓，如特别报告员、特别代表、独立专家或工作组等。专家的任务是审查、监测和公开报告特定国家的人权情况或世界各地与人权相关的重要主题，并就此种情况和主题提出咨询意见。专家的工作通常围绕以下活动进行：其一，向人权委员会年度会议提交主题报告（其中一些报告还提交大会）；其二，进行国别访问，并将访问报告作为主题报告的增编提交委员会年度会议；其三，就侵犯人权情况向有关国家的政府发送函件（紧急呼吁和指称信函）；其四，就受到严重关注的具体事项发布新闻稿。关于提交主题报告如本书涉及的特别报告员萨查尔·拉金达的“适足住房权”报告。关于国别访问，如特别报告员米隆·科塔里对南非进行国别访问，以“增编”的形式报告了南非实现适足住房权的情况，并特别注意与他的任务有关的保护人权的方案和政策。关于其三方面，特别报告员在收到人权遭受侵犯的可靠资料之后，可以向有关国家的政府发函，而且通常是以信件的形式，由人权事务高级专员办事处转交，请该政府就相关事宜说明情况并发表评论，同时请政府采取预防或调查行动。函件的形式通常为“紧急呼吁”或“指称信函”。“紧急呼吁”用来通报正在发生或将要发生的侵权情况。发出紧急呼吁的目的在于确保国家主管机构尽快了解情况，使其能够进行干预，以制止或防止侵犯人权的行为。“指称信函”用来通报已经发生的侵权情况，而侵权行为对受害者的影响已经不能改变。如果特别报告员在侵犯人权的行为已经发生之后才收到相关的资料，则使用“指称信函”的形式。两种函件本身不具有指控性质，不能替代司法程序，也不意味着是特别报告员做出的价值判断。实际上，发送函件是请求政府对所称的侵权情况做出澄清的一个手段，目的是与有关政府一道使人权得到保护。特别报告员根据收到的答复，决定是否进一步查询或者提出建议。在联合国人权事务高级专员办事处网站公布了21个“发送紧急呼吁和指称信函的主题特别程序”，其中包括“适足生活水准权所含适足住房权问题特别报告员”。世界上存在的住宅缺乏、住宅权被侵犯等现象，通过特别报告员的报告而公之于世，促使相关国家重视本国的住宅问题。从人权委员会的特别程序可以看出，住宅权的人权救济主要靠本国的自觉和自律，国际上针对相关住宅权受到侵犯采取最严重的措施是通报天下。这样的做法对各个国家有一定的威慑作用，因为在文明的世界中，各个国家都以人权为执政标准。但对于没有住宅或住宅权被侵犯的个体而言，这样的救济措施显得软弱无力，不能真正解决实际问题。而不同的国别因不同的国情，对人权的理解也不尽相同，何况有些基本人权的实现和保有还需要以国家的经济和科技实力为后盾，比如经济、社会和文化权利中的各项具体权利。权利的实现需要成本，能否支付和负担相应的成本成为不同国家承认和实现各项具体权利的前提。我们应立足于本国的国情，重新审视国际人权文件中住宅权的标准和救济途径，以便在本国确立住宅权的积极实现机制。

国际人权公约的实施机制还有国家间指控制度（《消除一切种族歧视国际公约》第 11 条）；国际制裁制度（《联合国宪章》），但这些举措与住宅权的人权救济毫无关系。与住宅权的人权救济关系密切的是《经济、社会和文化权利国际公约》规定的实施机制，该公约只要求缔约国提交初次报告和定期报告，而没有其他实施方式。缔约国的实施程度取决于本国的经济发展水平，实施的义务就有非及时性和渐进性。《经济、社会和文化权利国际公约》的特殊性决定了经济、社会和文化权利救济的特殊性，所以，住宅权的国际救济不具有强制性，很难发挥有效的作用。实际上，人权的国际救济主要发挥辅助和补充的作用，处于基础地位的救济机制还要依靠国内法律。

区域人权的实施机制打破了国际人权救济机制的局限，为人权救济开辟了新途径。《欧洲人权公约》的救济机制是国际人权公约救济机制的特例，这是由欧洲一体化的特殊情况决定的。原来的《欧洲人权公约》的实施主体由欧洲人权委员会、欧洲人权法院和欧洲理事会部长委员会组成。三者分工合作，欧洲人权委员会负责对申诉来文的

"初审",决定是否提交欧洲人权法院。部长委员会负责对欧洲人权法院判决执行的监督。三者之间,欧洲人权法院是最重要的机构。但随着案件的增多,三机构共存的弊端日益凸显,实施机制的改革势在必行。1998年10月31日,《欧洲人权公约》第11议定书生效,该公约的实施机制发生了根本性改变,出现了新的欧洲人权法院。欧洲人权法院受理任何个人、非政府组织或个别团体因国家违反公约的规定从而使自己受损害的指控,也受理缔约国之间的指控。《欧洲人权公约》的救济机制超越了国际人权救济机制的局限,已经发展成为一套比较完备的法律体系,在保护个人权利方面甚至可以和当代法治国家的国内司法体制相媲美。但我们也要看到欧洲区域的特殊性,《欧洲人权公约》及其权利救济机制与欧洲一体化的进程密切相关,民主、法制和人权的理念已经形成共识,共同体的基础是《欧洲人权公约》及其实施机制得以整齐划一地推行。但从世界范围来看,由于各区域和各个国家政治制度、经济制度和文化传统的不同,尽管人们保护和实现人权的目标一致,但是实现这一目标在现阶段很难形成让全世界人们接受的像欧洲这样的人权救济机制。[1]《美洲人权公约》和《非洲人权与民族权宪章》也赋予了个人申诉权,这实际上是赋予了个人人权救济的主体资格。

本章主要阐释人权领域的住宅权,又称为适当生活水准权项下的"适足住房权"。这项权利是在20世纪90年代才被重视的新兴权利,经过人权相关机构和研究住宅权的学者共同努力,住宅权的权利地位在人权领域被确立下来。随着社会的发展和人民生活水平的提高,住宅权的人权内容不断丰富和完善。但在国家层面,住宅权的权利地位却很不相同,相当一部分国家还没有明确住宅权的权利地位。人权领

---

〔1〕 参见吴慧:《〈欧洲人权公约〉实施机制的发展》,载《国际关系学院学报》2001年第1期,第16页。

域承认了住宅权,但缺乏住宅权的权利救济机制,目前还不存在强制的国际救济程序。国际救济只是对国内救济的补充,国家内部个人权利的救济机制才是有效的权利救济机制,住宅权的救济机制也是如此。从人权角度阐述住宅权只是在底线伦理上认识住宅权,由于人权不具有强制性和可执行性,所以,住宅权的实现和保障还必须落实到各国国内的立法上。

第四章　作为法律权利的住宅权

法学是权利之学，权利的最初形式是“习惯权利”，习惯权利主要是指在长期的社会生活过程中形成的或从先前的社会承袭下来的，表现为群体性、重复性自由行为的一种权利。“习惯权利”是抽象的“应有权利”的原始形态，应有权利是人们应该享有的权利。人权作为道德权利，是一种应有权利，特别是弱势群体应该享有的权利。从人权的现状看，经济、社会和文化权利受到重视的程度远低于公民政治权利和自由，但是，必须承认的是，经济和社会权利是人之为人的根本，生存权是首要人权，与人的生存紧密相关的衣食问题是实现人权的基础。然而，处于应有权利形态的人权，总是缺少实现的强制机制。人权概念通常用于表述人们对某种实际的要求或某种理想状况的追求，现实的需要和理想的追求构成人权实现的基本矛盾。只有用法律确定和保障人权，才是最后的一道切实有效的屏障；只有确定为法律权利[1]，人权才更有实现的可能。作为人权的住宅权也必须上升为被法律确认的权利时才能得到有效的保障。本章首先论述住宅权成为法律权利的必要性和可行性，然后介绍各国住宅法的现状，最后阐述我国法律对住宅权确认和保护的不足。通过理论探讨与实践验证的双重视角，力求对作为法律权利的住宅权做一个大致的剖析。最终的目的是要确立关系民生的住宅权不只是人权领域的道德呐喊，它还是可以在法律领域具有独立地位的新兴权利，随着经济的进步、法律的发展，住宅权也将成为名副其实的法律权利。

第一节　住宅权成为法律权利的必要性和可行性

“人权是当今世界唯一的、至高无上的美德，是邪恶尊敬的唯一美德。这意味着，当今的政府不能无所顾忌地宣扬它们的一贯主张。它的意义还在于，所有国家和社会都一直在准备接受人权规范，承认违反人权是不正常的。”[2] 人权已经成为一种政治上的追求目标，但是，人权清单中的具体权利大多数停留法律之外，还处于“应有权利”的存在形态。前文介绍的作为人权的住宅权内容具体且翔实，而特别报告

---

〔1〕 对“法律权利”的涵义有不同的理解，通常认为“法律权利”是指国家通过法律规定，对法律关系主体可以自主决定为或不为的许可和保障手段。它是来自法律规范的规定，得到国家的确认和保障，它是保证权利人利益的法律手段。有人把“法律权利”等同为“法定权利”，但多数学者对二者做了区分。张文显认为：“法定权利是通过实在法律明确规定或通过立法纲领、法律原则加以宣布的，以规范与观念形态存在的权利。它是社会上占支配地位的阶级（集团）的主观权利愿望、主张、意志客观化的结果，……法定权利不限于法律明文规定的权利，也包括根据社会经济、政治和文化发展水平，依照法律的精神、法律逻辑和法律经验推定出来的权利，即‘推定权利’”。见张文显主编：《马克思主义法理学——理论、方法和前沿》，高等教育出版社 2003 年版，第 293—294 页。王海明认为：“法定权利义务的外延比法律权利义务的外延广阔得多。法，众所周知，包括法律、政策、纪律。所以，法定权利义务与法律权利义务不同：法定权利义务包括法律纪律以及政策所赋予的权利义务；而法律权利义务仅仅是法律赋予的权利义务。”见王海民：《权利义务类型论》，载《首都师范大学学报》（社会科学版）2007 年第 4 期，第 133 页。本文理解的“法律权利”不同于“法定权利”。

〔2〕 〔美〕路易斯·亨金：《权利的时代》前言，信春鹰等译，知识出版社 1997 年版，第 2 页。

员的报告显示，住宅权的实现问题并不是像人权中希望的那样美好，住宅权的理想与现实还存在巨大的差距，即作为"应有权利"的住宅权和作为"实有权利"的住宅权还有未曾逾越的鸿沟。产生如此局面的原因，除了各个国家政治、经济和环境不同的因素之外，主要是作为"应有权利"的住宅权和作为"实有权利"的住宅权之间缺少作为"法律权利"的住宅权这一中介，法律权利是连接应有权利和实有权利的桥梁，离开法律权利的人权，最终不能得到充分的实现。

一、住宅权成为法律权利的必要性

要探讨"作为人权的住宅权"转化为"作为法律权利的住宅权"的必要性，首先要厘清这样的问题：为什么人们如此重视运用法律手段来保障人权，即把"应有权利"转化为"法律权利"。其根本原因是：法律不仅具有重大的工具性价值，同时又具有独特的伦理性价值。[1]

法律的工具性价值表现为：其一，法律的行为规范性。法律通过对行为的作用来调整社会关系，以达成对社会的有效控制，这是法律区别于其他社会规范的重要特征之一。比如道德规范是通过思想控制来调整社会关系，政治规范是通过组织控制或舆论控制来完成社会调整的。法律的规范性主要指法律的概括性，它是一般的概括规则，不针对具体的人和事，可以反复适用。法律规范的逻辑结构中包括行为模式、条件假设和法律后果，这是法律规范性的明显标志。法律的规范性决定了法律的效率性，法律是抽象的概括，只有通过规范的安排和指引，即规范性调整，才能对一切同类主体和同类行为起到作用。每个人只需根据法律行为，不必事先经过任何人的批准，因而法律的作用是高效的。其二，法律的国家意志性。法律是由国家创制的，它代表一种表面上凌驾于社会之上的力量。法律的内容从本质上说是

〔1〕 参见李步云：《人权法学》，高等教育出版社2005年版，第25页。

统治阶级的意志,从形式上说是国家意志,只有经过国家制定和认可的统治阶级的意志才是国家意志。法律的国家意志性派生出法律的其他工具性价值。其三,法律的普遍有效性。法律以国家的名义制定和颁布,所以,法律的适用范围是以国家主权为界域,法律在一个国家全部领域范围内对一切人和组织发生效力,但是法律的“普遍性”的程度也具有特殊性。其四,法律的强制执行性。法律的实施由国家的强制力保证,如果没有国家的强制力为后盾,那么法律在许多方面就变得没有意义,违反法律的行为得不到惩罚,法律所体现的意志也就得不到贯彻和保障。国家的强制力是指国家的军队、警察、法庭、监狱等有组织的国家暴力。尽管许多社会规范也具有强制力,但是,其他社会规范不具有国家性。由于法律是国家创制并以国家强制力保证在整个国家范围内实施,因而使其具有了统一性、普遍性和权威性。法律在全国范围内形成统一的体系,并统一地普遍地实施,对一切人和事具有约束力,具有极高的尊严和权威。法律的威严一方面是通过强制力来建立和维护,它是任何社会类型的法律的共性;另一方面是靠法律自身的优良品格如公正、科学、效率等来树立的。其五,法律的利导性。这是从法律是社会利益关系的调整机制而派生的特征。法律乃权利之学,权利的核心即利益。法律通过规定人们的权利和义务来分配利益,影响人们的动机和行为,进而影响社会关系。法律的利导性取决于法律上权利和义务规定的双向性,即利益和负担的双向性。权利以其特有的利益导向和激励机制作用于人的行为,义务以其特有的约束机制和强制机制作用于人的行为,使人们从有利于自身利益出发选择行为。在众多的社会规范中,只有法律具有利导性,只有法律通过权利和义务的双向规定来影响人们的意识并调节有意识的活动。所以只有法律才最适合现代社会的发展。[1]

---

〔1〕 参见孙笑侠主编:《法理学》,中国政法大学出版社2008年版,第25—28页。

法律的伦理性价值由人类自身的矛盾和法律本身的特性所决定。法律的伦理性价值，也使得文明社会的人们选择了法律。“人们选择法律的目的，是要给人类带来福音。法律史向我们展示，法律的确给人类带来了秩序、安宁、效益。离开了法律，人类的命运和未来就难以确定。”[1] 法律是保障人权的最佳途径，因为，法律的伦理性价值与人权的终极关怀具有相通之处。法律本身具有内在价值：法具有道德性，这是法的一般本性，法的创制和实施的过程也是弘扬道德信念和道德理想的过程，法是最低限度的道德；法具有人伦精神，法应该以人为目的，注重人之伦常，体现人的本性和人的尊严，对基于人性而生的伦理关系的维护，对人的价值的实现和人之为人的基本权益的保障。重视法的伦理性价值，有利于使法学和法制建设以人为本、以人的幸福为终极价值，在越来越重视人本身的现代社会，讨论法律的伦理性价值具有重要意义。法律的伦理性价值包括自由、平等、秩序、公平、正义等多重内涵，但法律始终以追求公平和正义为最高价值。法是正义的体现。在汉语语境中，“正义”的基本词义是应得的赏罚，正义的核心是对等，从社会关系的角度理解的正义，是指社会成员的贡献或损害与之待遇或惩罚的对等。简而言之，正义就是每个人应该得到的那份“利或害”。“正义”总是与“公平”联系在一起，“公平”的字面意思是普遍的平等，社会公平就是在社会共同体中人人平等。正义侧重利益的对等，公平侧重利益的平衡。正义有利于鼓励竞争，惩恶扬善；公平有利于缩小差距，保持平衡。正义与公平又是紧密联系的，这也是公正成为现代社会利益分配的理想状态的原因。“公正”可以分解为正义与公平两个方面，正义是公平的基础，没有正义的公平必然陷入平均主义；公平是正义基础上的更高价值，并以公正为指归。正是看到了正义与公平的不可分割性，美国学者罗尔斯拓展了正义的内

[1] 周世中：《法的合理性研究》，山东人民出版社2004年版，导言第1页。

涵，罗尔斯理解的正义，是包含了社会公平的正义。他建立了作为公平的正义概念，把公平内化为正义之中，社会正义实际上包含了汉语中的公平与正义的内涵，相当于“公正”一词。正义理论从亚里士多德开始就是西方理论界研究的永恒主题，为什么唯独选择罗尔斯的观点，这是因为罗尔斯的正义理论适应我国目前的社会发展现实。我们目前面临的挑战不再是平均主义，而是贫富差距和社会公正问题。罗尔斯的理论更能引起世人的共鸣。罗尔斯同样主张保障个人自由为第一要义，在主张机会平等的同时，罗尔斯还强调通过再分配使社会上的不利群体不至于丧失基本的生活物资，以此来限制由于个人差异在自由竞争中形成利益分配的悬殊。罗尔斯通过“差别原则”使“处境最不利者”获得最大利益。罗尔斯的理论让社会弱势群体看到了希望，也是实现社会和谐有序的途径。学者艾德勒的观点更是直白地表达了社会对弱者关注的正当性和必要性。他认为：人的权利可以区分为属于人这类物种而具备的自然权利和其他的经济、政治的权利。对于人本身具有的自然权利，社会必须以某种方式满足一切人的最低经济需要，这是不需要其他理由的，因为他是一个人，就不应该因为贫困潦倒而无法生存。贡献大者理应更多的得到社会财富，但由于社会资源总量的有限性，所以任何人不应该只根据劳动去赢得很多财富，以至于在某些方面影响大家维持家庭基本线上的经济需求。[1] 法律秉承公正的原则分配社会资源，必然形成和谐有序的社会，社会成员的个人自由得到发展，进而真正体现法律的伦理性价值。

罗尔斯和艾德勒的观点为社会弱势群体保有作为人应该享有的基本物质资源提供了理论支持。但是在现实社会中社会弱势群体一

---

〔1〕 参见韩跃红：《普世伦理视域中的公平与正义》，载《哲学研究》2007 年第 12 期，第 86—88 页。

直受到不同程度的不公正对待。我国近几年通过再分配机制抑制贫富分化增大,保障处境最不利者的基本生活物资,如对城市居民的最低生活保障制度。但总的来说对弱势群体的保障力度还存在很多不足,原因主要是在建设法治社会的同时缺乏对弱势群体权利的保护。我国的文化传统"重义务轻权利、重集体轻个人"的观念影响了法治对弱势群体的人权保障;对弱势群体的保障需要成本,尤其是物质条件的限制;法律自身的稳定性也阻碍了对弱势群体的保障,我国的弱势群体往往是在社会转型、体制转轨、文化多样性和利益多元化的情况下出现的,法律对这类问题的关注相对滞后,法律在保障弱势群体的权利上存在漏洞,甚至空白。我国主张生存权是首要人权,但是与生存权紧密相关的住宅权还徘徊在法律之外。

把"作为人权的住宅权"转化成"作为法律权利的住宅权"是十分必要的,法律的工具性价值保障住宅权的实现,法律的伦理性价值决定了法律应该包含保护弱势群体的住宅权。具体表现为:其一,作为法律权利的住宅权有利于"住有所居"的实现。在法律中规定住宅权,充分发挥法律的工具性价值,以国家为后盾,执行法律规定的住宅权的权利和义务。虽然法律不是万能的,而且实现人权不只运用法律一条途径,但是法律具有的独特价值决定了用法律来保障人权是现代文明国家的共同趋势。其二,作为法律权利的住宅权有利于实现对住宅弱势群体的尊重。贫困和近年房价的离奇飙升,使得缺乏住宅的人数不断增多。在房地产业畸形发展的国家,出现住宅弱势群体的现象尤为严重,这些国家也是在法律上缺失对住宅权保护的国家。在法律上规定住宅权,实际上是向住宅弱势群体倾斜的制度。历史表明,对弱势群体的好意施舍和慈善救济都不能彻底保护弱者的身心权利,只有通过对弱势群体权利的承认和尊重才是对弱势群体的尊重和保护的最佳方式,对待住宅弱势群体也是如此。如今,住宅问题成为重要的民生问题和社会问题,住宅问题也反映了社会的不公和不和谐,住宅权转化为法律权利，用法律的强制力去保障住宅权的实现，有利于社会的公平正义、和谐稳定。

二、住宅权成为法律权利的可行性

当人们把一项人权写在法律上时，不能只是一句战斗的口号，它必须具有可行性。作为法律权利的住宅权，其可行性的最大障碍不外乎实现住宅权的物质条件的制约性和新兴的住宅权与已有的法律权利的冲突及住宅权是否具有可诉性三个方面。把住宅权转化为法律权利，势必会增加法律的制度成本。这些因素都是住宅权成为法律权利要考虑的因素。那么，在中国的社会现实条件下，这些方面是否真的成为制约住宅权成为法律权利的障碍，需要进一步的探讨。

1. 物质条件是否抑制住宅权成为法律权利

权利的实现需要成本，所以在制定法律时不得不考虑权利受法律承认和保护的现实性。就住宅权而言，住宅权的实现需要物质资源，物质匮乏是否成为阻碍住宅权实现的决定性因素？笔者的答案是否定的。因为在一个井然有序的社会里，即使物质匮乏也能避免贫困，许多情况不好的社会，原因并不在于自然资源的短缺。按照罗尔斯的观点，压迫性的政府和腐败的上层社会是贫困社会里最大的社会灾难。贫困问题的出现，关键不是物质因素的制约，而是社会分配的公正与否。联合国开发署1998年的报告显示：10年内仅需要400亿美元就能满足世界上每个人的基本需求和服务，而这只是占世界最富有的225人所积累的财富的4%。就我国的国内情况而言，物质条件也不是影响住宅权实现的主要因素。中国自改革开放以来，GDP以年均9.7%的速度增长，中国政府的财力不断增强。近几年随着城市房地产业的迅猛发展，房地产业成为中国制造巨富的平台，这也从侧面反映出分配的不公。用于解决基本居住需求的投资与部分官员的贪污数额不具有可比性，这也从侧面说明，我国具有实现公民基本住宅权的物质基础,关键在于政府的重视程度。我国具备了建立住宅权法律制度的物质条件。

2. 新兴的住宅权是否与传统的法律权利相冲突

一项新权利被规定在法律中,总是会面临与已有的法律权利或权利观念相冲突与协调的问题,作为新兴权利的住宅权也不例外。传统的法律权利与住宅权密切相关的是住宅财产权和居住权,但二者与本书的住宅权又有区别。“住宅财产权是财产权的一种,是指权利人对特定住宅享有的财产权利,包括基于住宅而享有的物权和债权。”〔1〕住宅财产权和住宅权都是以住宅为物质载体,所以彼此具有很多共性,但其区别也是明显的。住宅财产权强调住宅作为一种不动产所具有的经济价值,所以,住宅财产权主要是由物权法来调整,保护建立在商品经济基础上的自由交易机制,住宅财产权更多的是一种私权利;住宅权是人人应该享有的居住权利,强调“住有所居”的设立目的,在个人不能依靠自己能力满足社会认同的基本居住需要时,国家和政府有义务帮助公民实现住宅权,住宅权实际上是保护弱势群体的一种社会权利。住宅财产权和住宅权保护的法益不同,调整二者的法律制度也不同,所以二者不存在冲突的问题。其次,讨论居住权与住宅权的关系。居住权被列为《物权法》(草案)中,但最终与物权法失之交臂,居住权停留在理论探讨中。居住权最早诞生于罗马法中,是作为与地役权相对应的一种人役权而出现的。居住权在民法上最初是作为用益物权的一种而设立的,是基于保障社会弱势群体的基本权利而设立的。“在罗马法上,居住权是指非所有人居住在他人房屋的权利,这一观念被大陆法系普遍接受。法律设立该制度的初衷在于,随着无夫权婚姻和奴隶的解放日多,每遇家长亡故,那些没有继承权又缺乏或丧失劳动能力的人的生活就成了问题,因此,丈夫和家主就把一部分家

〔1〕 周珂主编:《住宅立法研究》,法律出版社2008年版,第60页。

产的使用权、收益权等遗赠给妻或被解放的奴隶,使他们生有所靠,老有所养。”[1]物权法草案设立居住权的本意也是延续了罗马法的含义。居住权与住宅权有相似的制度目的,都是为特定人群解决有房可以居住的问题。但是也存在区别,调整二者的法律制度不同,居住权作为一种私权,是民法调整的对象;住宅权从应然权利转化为法律权利,是社会法调整的范畴。居住权的主体主要是以人身关系产生的特定的自然人;住宅权的主体是全体自然人,住宅权是一项人权。住宅权的范围大于居住权,且居住权在我国不是严格的法律权利,二者不存在法律冲突问题。从国外的立法实践来看,保障居民基本居住的住宅权能够与本国的其他法律权利充分协调,这一方面是由于住宅权本身的特殊性,另一方面是由于立法的技术性。

3. 作为法律权利的住宅权是否具有可诉性

无救济则无权利,救济性是体现法律权利真正确立与否的重要标志。权利救济除了私立救济之外,主要指司法救济。最本质的问题是住宅权的可诉性问题。“人权中具体权利的可诉性问题必须建立在具体案例的基础上探讨,针对不同的案例情况具体问题具体分析”[2]。那么,人权中的住宅权转变为一国之内的法律权利时是否具有可诉性呢?国际上典型的南非“格努特姆案”(Government of the Republic of South Africa and Others v Grootboom)[3]为住宅权的可诉性提供了可

---

〔1〕 周枏:《罗马法原论》(上册),商务印书馆1994年版,第135页。

〔2〕 Arambulo K. Strenthening the supervision of the international covenant on economic, Social and Cultural Rights:Theoretical and Procedural Aspects,Intersentia-Hart, 1999, p.164.

〔3〕 案情:在一个由390个成年人(包括一个名叫Grootboom的人)和510个儿童组成的群体,因为不堪忍受原居住地的恶劣条件而集体搬迁到一块由私人拥有的土地上。在搬迁到这块土地上不久后,他们又被政府强行从这块被他们占领的土地上驱逐出来,于是他们又集中搬迁到了同一地区的一个运动场。但是,政府又应私人土地所有者的要求命令他们离开运动场,并且在限定的搬迁最后期限届满的前一天,政府用推土机强行铲平了这群人的临时住所,放火烧掉了他们的窝棚,他们仅有的生活用品也因为政府的强制驱逐而损坏殆尽。他们不能返回原居住地,因为已经没有任何生活必需品存在;他们又没有搭建新住处的领地。于是他们就请求开普地区的高级法院给各级政府发布紧急命令,要求政府立即给他们提供临时的住处或者房子,直到他们获得永久性的住处为止。

能。南非《宪法》第 26 条规定:“任何人都有权获得足够的住房。国家必须在其可利用资源的范围内采取合理的立法和其他措施逐渐达到这项权利的实现。任何人都不得被从其家庭中驱逐出来,在没有获得法院在考虑所有有关情况后发布的命令之前,任何人都不得毁坏他们的家。任何法律都不得允许任意驱逐。”[1] 当事人根据这个法律条文展开诉讼。该案审判的结果是,法院认为南非宪法规定的住宅权是消极权利,政府负有保护住宅的义务。但是,它还不是纯粹的消极权利,在某些方面还具有积极权利的成分。因为住宅权的实现,从公民个体角度看,它涉及人的尊严、自由和平等的实现;从社会整体角度看,它涉及种族发展、性别平等和社会进步。所以,国家不能孤立地看待人们的住宅权,处于极端贫困中的人们对住宅的需求不容被忽视。[2] 在这个案子中,南非政府在其可以利用的资源范围内负有逐渐实现的义务,并且国家负有立刻采取行动的义务。南非宪法法院的突出贡献在于它强调了政府要“立刻采取行动”,使“逐渐达到的目标”在当下是“行为现在时”。2007 年 1 月 17 日,法国通过了“可抗辩居住权”法案,承诺增加住房建设投入,基本实现人人有房住。新法案规定,政府应满足低收入者、无家可归者等特殊群体由政府补贴的社会住房的需要。从 2008 年 12 月 1 日起,在住房申请没有收到满意答复的情况下,五类住房困难户(无房户、将被逐出现住房且无法重新安顿者、仅拥有临时住房者、居住在恶劣或危险环境中的人、与未成年子女同住且住房面积不达标的人)可向主管部门要求解决住房问题,如果问题得不到解决,可向行政法院提起诉讼。从 2012 年 1 月 1 日起,“可抗辩居住权”将向更大范围的人群开放。[3] 该法案的颁布实施直接赋

---

[1] http://www.servat.unibe.ch/icl/sf00000_.html,访问时间:2014 年 2 月 13 日。

[2] 参见彭小梅:《格努特姆诉南非政府案》,载《中国审判》2008 年第 12 期,第 83 页。

[3] 唐均:《法国住房权新法案的启示:‘安居’才能‘乐业’》载《广州日报》2007 年 1 月 22 日第 3 版。

予了住宅权的可诉性，有助于住宅权的实现，对住宅权的理论与实践均具有重大意义。以上事实证明，住宅权的可诉性不是一种理想。随着国际人权，尤其是经济、社会和文化权利地位的重新确立，各国国内法制建设的不断完善，住宅权具有通过司法途径解决的可能性，这意味着，住宅权不仅是可预的，也是可行的。

作为法律权利的住宅权势必会增加法律制度的成本。比如在住宅权的法律权利设立阶段，首先要有立法成本。立法是一个供求不均衡——均衡——不均衡的循环过程。立法供求不均衡是指人们对现存立法的一种不满足，存在潜在需求和潜在供应。立法成本包括立法过程所花费的人力、财力、物力和时间、信息等资源。[1] 诚然，作为人权的住宅权转化为法律权利要投入相应的立法成本，然而，这还不是主要的，住宅权的实现需要国家雄厚的经济资源为后盾，住宅权的实现即需要国家积极提供物质帮助，也需要国家提供国家强制力保证住宅内的其他消极权利。权利需要成本，住宅权是个综合性的权利体，所以，无论是国家的积极义务还是消极义务都是需要成本的。住宅权转化为法律权利的最大收益就是更好地保障了人的尊严性居住的需要。法律的最终目的是保障人权，维护社会和谐，用法律权利规制人的住宅利益是必要的，相应地增加制度建设从长远来看是获益的。在规范性的法律制度缺位的情况下，居民住宅权得不到很好的保障，甚至因为缺少法律的约束机制而出现混乱的局面，如经济适用房空房现象和分配环节出现的问题。法律的成本收益分析是理性的选择，注意到法律的现实性和严谨性；但也要承认法律的伦理性价值，暂时的成本过高是为了人的长远收益。

---

〔1〕 参见钱弘道：《经济分析法学》，法律出版社2005年版，第39页。

第二节　各国住宅法概览

把住宅制度用立法的形式进行规定，具有制度性和权威性，有利于保证其贯彻执行，这是西方国家住宅制度的特点。世界上已经有50多个国家在宪法中规定了住宅权及政府在住宅领域的义务。此外，许多国家的立法也常常涉及住宅权的组成部分。非常直接且具体地用立法的形式规定住宅权的国家是南非，该国通过了一系列的具体法规，每个法规都确认了宪法规定的住宅权条款的一个或几个方面。[1]在用法律规定住宅权方面，南非的做法无疑是世界各国的典范，但它并非唯一，早在19世纪就有国家制定专门的《住宅法》，用以规范公民的各项住宅权利。国外的住宅立法较多，且研究制定的时间很早，很多国家在住宅方面的立法可供中国借鉴。

一、国外住宅立法情况

世界各国住宅法的发展历史从时间上可以大致分为两个阶段。第一阶段是20世纪以前，各国基本没有专门的住宅法，相关的法律规定主要体现在民法典中，如《法国民法典》、《德国民法典》、《意大利民法典》，主要规定了住宅的取得、所有权的确认、住宅的使用、租赁、担保等民事权利义务。第二阶段是20世纪以后，特别是第二次世界大战以后，各国有关住宅立法的进程加快，相继出台了一系列专门的住宅法规，逐步形成了完备的住宅法律体系。[2] 英国、美国、加拿大、德国、日本等国家都建立了比较完备的住宅法体系。有的国家还根据国

〔1〕 参见〔挪〕艾德等：《经济、社会和文化的权利》，黄列译，中国社会科学出版社2003年版，第173页。

〔2〕 参见王微主编：《住房制度改革》，中国人民大学出版社1999年版，第210—211页。

际人权公约的标准设置了人性化的住宅权条款,比如前文提到的世界上最具有代表性的南非宪法。本书根据中国的国情,选取英国、美国、日本的住宅法进行简要介绍,以期对中国住宅法的制定有所启发。

1. 英国的住宅立法

英国住宅法有着悠久的历史,从 1890 年英国制定《工人阶级住宅法》以来至 1996 年的《住宅法》,英国的住宅立法经过多次修改和补充,做到了与时俱进,顺应了社会不同阶段的发展需要。英国住宅立法的历程大致分为三个阶段:第一阶段是从 1890 年到第二次世界大战爆发,这期间相继出台了 1890 的《工人阶级住宅法》、1909 年的《住房和城镇规划法》、1930 年的《住房法》、1939 年的《房租和抵押贷款利率限制法》等。这一时期的特征是以公共住房为主,20 世纪 20 年代关注工人阶级住房,30 年代关注城市贫困阶层的住房。第二阶段是二战后到 1979 年,自 1946 年出台了住宅法后,几乎每届政府都制定至少一部住宅法案。这一时期的特点是公共住房弱化,鼓励住房私有化。第三阶段是 20 世纪 80 年代以来,主要有 1980 年的《住宅法》、1982 年的《社会保险和住房福利法》、1984 年的《住房缺陷法》、1989 年的《地方政府和住房法》、1996 年的《住宅法》等。英国政府的住房政策发生了巨大转变,相应的住宅法律也随之发生变化。减少住房税补贴和公共住房的开支,继续鼓励住房私有化。在降低公共住房保障的同时,突出关注无家可归者的居住问题,1996 年的《住宅法》专门规定了无家可归者的住房问题,包括无家可归者的定义、申请范围、政府和相关部门的责任等。[1]

从英国住宅法的历史沿革可以看出,英国着手解决住宅立法的时间较早,且法律处在不断的发展变化中。英国的住宅法明确规定,居

〔1〕 参见上海市房产经济学会:《〈英国住宅法〉简介》,载《上海房地》2001 年第 9 期,第 41—42 页。

住权是公民权利的主要组成部分。保障公民的基本居住条件是国家和政府职能的基本体现。在英国，不仅相关的法律体系规定住宅问题，而且还设有相对完整的住宅法律体系，明确了各级政府在解决居民住宅问题上的责任。帮助弱势群体实现住宅权是国家和政府的法律责任。可以说，英国的住宅立法相对完备，涵盖了与住宅权有关的各个方面。

2. 美国的住宅立法

20 世纪 30 年代的经济大萧条使美国的住宅问题突起，1934 年美国国会通过《国民住宅法》，保障人人获得住房抵押贷款。其后公布的《1937 年美国住宅法》，并设立美国住宅局，在解决中低收入居民住宅问题方面发挥了积极的作用。1949 年，杜鲁门时代的国会通过新的《全民可承受住房法》，明确美国政府有义务为"全体美国人提供体面、安全和整洁的居住环境"。1965 年出台《城市住宅发展法》，合并多个部门成立了属于内阁的住房与城市发展部，负责实施住房发展计划。1987 年里根政府颁布《无家可归者资助法》。1990 年出台"国民可承担住宅"法案，一方面，通过担保和信用证明为租客提供帮助，有效利用现存的住宅；另一方面，发挥地方政府和地方非营利机构在地方住宅建设中的作用。1997 年的《公房管理改革法》对《1937 年美国住宅法》做了大幅度的修订，意在撤销公共住宅计划和对低收入家庭的房屋租金援助计划，增加社区对这些项目的援助和控制权。[1] 克林顿政府出台了《多人口家庭资助性住房改革及承受能力》法案。2007 年 12 月面对金融危机，小布什政府推出《抵押贷款债务减免的税收豁免法案》，以此减少美国居民被赶出家门的可能性。

美国的住宅法经历了从注重住房数量的提供、解决急需的低收入

---

〔1〕 参见上海市房产经济学会：《〈美国住宅法〉简介》，载《上海房地》2001 年第 9 期，第 43—47 页。

家庭居住问题,到注重用住房带动经济发展的过程。美国的住宅法已经关注住宅权的更高层次,不仅关心最基本的作为物理结构的住宅质量,而且关心社区建设和社区服务,居住品质也是住宅法规定的范围。当然,美国长期采取低利率和宽松的贷款政策,甚至走向零首付、住房抵押的办法,在加快实现“居者有其屋”的目标的同时,也为美国和世界人民带来了灾难。

3. 日本的住宅立法

日本作为典型的人多地少的国家,住宅历来紧张,尤其是“二战”后,面临严峻的住宅短缺问题,目前日本的住宅问题得到了极大的改善。日本的住宅按所有权性质分为公营住宅和私有住宅,按居住消费方式分为租赁住宅和自用住宅。日本的住宅法规覆盖房地产开发、租房建设、经营管理、流通消费和融资保险等各个方面。现有的住宅法是在第二次世界大战后制定的,经过多次修改,基本适应了日本社会发展的现状。日本的住宅立法较多,有 1951 年的《公营住宅法》、1955 年的《住宅公团法》、1966 年的《城市住房计划法》等 40 多部法律法规。[1] 日本的住宅法规特别重视住宅建设的质量、金融和保险。在市场经济的体制下调节开发商、经营者和消费者的利益关系,同时,给予居民特别是低收入者的居住权以法律保障。

二、我国住宅立法现状

我国目前还没有一部系统的规定住宅权的法律。随着城镇住房制度改革的深入,规制房地产市场的法规陆续出台,而对具有保障性质的住宅法则停留在国务院和各部委颁布的政策性文件及少量的部门规章上,并没有制定出成熟的法律。进入 21 世纪,中国的房地产市

---

〔1〕 参见《国外及中国港、澳、台地区住宅法规选编》课题组:《〈国外及中国港、澳、台地区住宅法规选编简介〉摘要》,载《中外房地产报》,2001 年第 8 期,第 11 页。

场出现繁荣景象，同时贫富差距加大，高收入者的豪宅和多套住宅与低收入者的危房和无房户的窘境形成鲜明的对比。政府虽增加财政投入以解决中低收入者的住房问题，但在法律上还没有确立作为人权的住宅权的权利地位。我国《住宅法》框架一直处在酝酿阶段。20世纪80年代初城乡建设环境保护部（建设部的前身）相关部门就着手制定《住宅法》，1983年，《住宅法》被正式纳入全国人大法制委员会的立法部署。但是我国的住房制度改革还没有进行，《住宅法》主要局限在住房福利化背景下的住房综合开发建设。随着住房制度的改革，国家房产和土地政策处于不断调整变化中，政府拿出相当多的精力出台新政策，以支持房地产市场的发展，该《住宅法》的制定被搁置下来。20世纪90年代末，住房改革如火如荼地进行，房地产市场的发展又促使《住宅法》重新起草。2000年上半年，全国人大常委会致函建设部，要求着手《住宅法》的起草工作。2000年6月，建设部委托上海房地产经济学会起草住宅法的框架，并承担《国外住宅法规选编》和《中外住宅保障法规比较研究》的编写，以支持《住宅法》的起草工作。这次《住宅法》的框架包括总则、住宅建设、住房分配、住房供应、住房权属、住宅使用维护和旧住宅区改造、住宅区物业管理、住房金融、法律责任、附则十章。2001年3月，还专门为该《住宅法》框架在上海举行了论证会，最后达成六项共识：其一，《住宅法》制定的时机已经成熟，市场经济的发展和居民居住条件的改善需要有一部专门的法律来调整住宅权利义务关系，《住宅法》是必要的；其二，《住宅法》的核心是保护公民的居住权利；其三，保障无法通过自身努力获得住房的低收入阶层的居住权利是《住宅法》的必要内容；其四，既要保障所有者，又要保障使用者的合法权利；其五，《住宅法》要规范住宅活动的全过程；其六，《住宅法》要涵盖农村住宅。[1] 这次论证会注重权利的保护，并且把农村和农民问题考虑其中，增加了保护的范围。论证会广泛听取专家的意见，不再是国家的垄断立法，这是中国立法的进步。也许是专家之言过于理想，或是增加了农民的居住权，使国家无法承受之重，结果是 2001 年的《住宅法》没有出台，《住宅法》的立法工作再次被搁置。

《住宅法》的长期缺位，导致房地产业的发展"无法可依"，房价飙升，房地产业的泡沫经济影响居民的基本生活和国家的经济环境。《住宅法》缺位导致政府在保障公民居住权上的责任缺失，经济适用房、廉租房等保障性住房政策不能很好地落实，将所有人推向由政府垄断地皮、开发商垄断房源的双重垄断的陷阱。由住宅引发的社会问题日益增多，社会对《住宅法》立法的呼声不断高涨。2007 年 9 月，建设部首次表态要制定《住宅法》，将对我国住房发展规划、管理机构、市场主体、市场运行的监督管理以及住房保障制度的法律化等加以规定。[2] 同年 12 月，建设部召集有关专家研究制定《住房保障条例》，建设部门希望采取先出台一个较低位阶的法规来确定住房保障政策的做法，以便把住房保障政策中好的做法固定下来。有人认为，迟迟没有出台《住宅法》是与人大立法工作有关。为了让中国社会迫切需要的《住宅法》尽快出台，各界人士在 2008 年的"两会"召开之际献计献策。2008 年 2 月 24 日，在 40 所高校研究生参与的论坛上，由 300 名博士生向十一届全国人大代表发表公开信，建议联合向"两会"提交一份关于《住宅法》立法的议案，并起草了《中华人民共和国住宅法草

[1] 廖永生：《规矩与广厦——〈住宅法〉框架论证会综述》，载《中外房地产导报》2001 年第 8 期，第 4—5 页。

[2] 建设部首提制订《住宅法》是当前房产业的救星。http://sh.focus.cn/news/2007-09-19/368913.html，访问时间：2014 年 2 月 1 日。

案建议稿》(以下简称《建议稿》)。[1] 该《建议稿》的亮点是提出"小产权房"是住房供应的形式之一,面对住房资源的稀缺性提出了"一户一宅"的建议。广大博士生向"两会"谏言,代表了中国青年群体对社会问题的关注,也说明《住宅法》立法的时代需求性。"两会"期间,全国人大代表们也提出议案,建议加快住宅法的立法进程,通过法律规范城乡居民的住宅权,实现人民住有所居,并不断改善居住条件的愿望。

随着近年来房价的不断攀升,住宅问题越来越成为人们普遍关心的热点问题。如果没有法律的规制,很容易导致住房市场的供应秩序混乱,也无法根治政府主导的经济适用房、廉租房等的异化现象。《住宅法》的制定时机已经成熟,国家具备了经济基础、政治基础和社会基础。其一,经过10多年的住房制度改革,房地产市场基本成熟;中国农村基本实现住房自有化,城镇自有率高于发达国家的住房自有率水平;中国的经济发展迅速,有财政实力应对政府对住房保障的开支。在中国当下出台《住宅法》具备坚实的经济基础,法律调节权利义务关系,而我国保障最低限度的住宅权已经达到了经济保障的范围。其二,国家越来越重视居民的住宅问题,对房地产市场进行宏观调控的同时,加大力度进行经济适用房、廉租房的建设以保障住房弱势群体的居住权。我国已经出台了《物权法》,还有一些经过实践检验的政策措施可以上升为法律层面,制定住宅法具备了充分的条件。其三,社会基础更是深厚且迫切,诸多的社会问题和群众对《住宅法》的呼声就足以体现住宅法的社会需求。《住宅法》本来应该是我国的一部基础性法律,但是基础性法律的长期缺位,使得房地产市场和居民的基本居住问题缺乏法律保障。

---

〔1〕 300名博士生联合建议"住宅法"立法 承认小产权房。http://sh.focus.cn/news/2007-09-19/368913.html,访问时间:2014年2月1日。

各国的住宅立法是它所处的那个时代的产物，也是不同的政治统治意志的体现。我国在制定住宅法时，只能参照国外的住宅立法，不能全盘照搬。同时，在相同背景下适当借鉴国外住宅立法的优秀内容，是我国即将出台的《住宅法》成为良法的必要条件。

发达国家住宅立法的特点是注重住宅法的保障性质。其住房保障大致经历了三个阶段：第一阶段是解决住房短缺问题，在这一阶段政府实行直接的建房的方式。比如，新加坡刚刚独立时，住宅短缺情况严峻，40%的人生活在贫民窟和棚户区，让人民自己解决居住问题已不可能，所以，政府成立了建屋发展局，开始为广大中低收入阶层建造廉价的公共租屋。第二阶段是以住房补贴的形式保障中低收入者解决住房问题。住房的供求关系趋向缓和，采取住房补贴的方式既操作灵活，又减少国家的住房保障资金的支出。第三阶段是减轻政府的责任阶段，充分发挥市场本身的作用，国家保障只是住房市场的补充。我国的住房领域是把其他国家不同时期的住宅问题集结到一个同时态的环境下，住房问题更具复杂性。我国的住宅立法中要借鉴外国住房保障法律制度，同时法律的建构必须立足于现实的可行性，必须立足于中国真实的社会需求，具备必要的条件，缺乏现实可行性的建构容易导致失败。[1] 这些是我国将来制定专门的住宅法应该注意的问题。

第三节　我国法律对住宅权的保护及缺陷

住宅权，在中国的语境下有不同的称谓，如住房权、适足住房权、广义上的居住权等。不管文字表达如何不同，但其最基本的含义是相同的，即人人获得适宜居住的权利及与此相关的权利，如住宅安全权、

---

〔1〕 参见范愉：《法律信仰批判》，载《现代法学》2008年第1期，第16页。

住宅隐私权等。住宅权是作为人应该享有的权利,是人生存的基本需要。联合国人权宣言确认住宅权的基本人权地位,《经济、社会和文化权利国际公约》特别规定了每个人都有为自己和家庭要求适当住房的权利。该公约首先规定了住宅权的核心内容,用中国的话语表述即"住有所居"的权利。我国批准了《经济、社会和文化权利国际公约》,意味着我国自愿接受公约中规定的各项经济、社会和文化权利,政府有义务把公约中的规定转化为国内法,用法律的形式保障各项权利。住宅权在我国还是新生事物,用"权利"一词去修饰、限定"住宅"的方式,才刚刚开启理论上的探讨,但是住宅权中包含的某些具体权利已经规定在我国的法律之中。2008 年 1 月 1 日施行的《城乡规划法》中,明确规定了农民住宅权利的保障内容,并规定近期规划应当以中低收入居民住宅建设以及生态环境保护为重点,这是迄今为止我国专门对中低收入居民住宅权利保障的最高效力的法律规定。《城市房地产管理法》、《土地管理法》等法律也在某方面规定了与住宅权有关的内容。行政法规中《住房公积金管理条例》、部门规章中《廉租住房保障办法》和《经济适用住房管理办法》都专门规定了住宅权的相关内容。但是,我国还没有出台与人权中的住宅权相协调的住宅法,住宅权的具体内容还存在不同层面的缺失。下面以宪法和行政法为例,阐述生存权、自由权、财产权层面的住宅权。

一、宪法中的住宅权:消极自由权与积极生存权

消极权利是相对于积极权利而言的,区分的标准是个人与国家的关系。消极权利与积极权利在西方成为自由主义与社群主义争论的焦点。自由主义强调自我的自决能力和独立性,强调自我免受制约的自由,从而强调国家的消极权利。个人的居住、迁徙、言论、结社等自由,国家不但不得侵犯,反而有保护它们不受他人侵犯的义务。社群主义则强调自我的构成性,即自我对社会现实的依赖性,强调成员资

格是个人权利的前提条件。[1] 社群主义提倡个人要求国家采取积极行为的权利,包括各种社会福利或各种受益权利。自由主义主张尽可能地限制国家公共政治生活的范围,同时扩大个人私生活的范围。自由主义提倡“弱国家”,认为政府范围的扩大及大政府的存在是滋生极权政治的土壤;与此观点相反的是主张“强国家”的社群主义,社群主义倡导扩大政治生活的范围,一个政治社群如果把推行公共利益作为己任,它所提供的公共利益的范围越大,获益的人数或一个人获益的数量就越多,也就越符合善良生活的要求。消极权利与积极权利的二分法曾经遭到质疑,理由是需要付出成本的权利没有绝对的消极权利,都具有积极权利的成分。质疑者坚持严格绝对化的思路,而在相对的意义上二者的划分依然存在合理性。

自由权与生存权的划分更多的是针对国际人权两公约的性质而言的,通常认为《公民权利和政治权利国际公约》中规定的权利是自由权,而《经济、社会和文化权利国际公约》中规定的权利为生存权。第一代人权是消极权利,第二代人权是积极权利,所以在某种意义上自由权成了消极权利的代名词,而生存权成为积极权利的代名词。住宅权具有双重的权利属性,而我国宪法只强调了消极自由权层面,而忽视重要的积极生存权层面的权利性质。

1. 消极自由权——住宅不受侵犯权的分析

《中华人民共和国宪法》(以下简称《宪法》)是国家的根本大法,是治国安邦的总章程,是其他规范性法律文件的纲领。《宪法》第39条明确规定,中华人民共和国公民的住宅不受侵犯。禁止非法搜查或者非法侵入公民的住宅。从自由权层面规定了住宅的不可侵犯性,实际上保护的是住宅内的自由、安全,所以有学者称之为“住宅安全

---

[1] 俞可平:《权利政治与公益政治》,社会科学文献出版社2005年版,第288页。

权”。[1] 它是公民人身安全、财产安全和生活安宁权的集合。主要包括三个方面的含义:其一是住宅不受非法妨碍的权利。任何人不得对住宅的使用加以妨害。强调合理合法地使用住宅,例如不能在他人住宅前设置障碍物,或搁置对人体有害的物质以妨害他人对住宅的使用。其二是住宅不受非法进入的权利。任何人在未经住宅主人同意的前提下都无权进入他人住宅,但在紧急情况下,为了保护住宅主人的财产和其他重大利益,可以进入他人住宅。其三是住宅不受非法搜查的权利。主要是指国家公权力机关,未经法定程序不得搜查、查封他人的住宅。

住宅不受侵犯的宪法权利强调国家的消极的不作为,具有消极权利和自由权利的双重性质。20 世纪 70 年代盛行的自由主义和 80 年代盛行的社群主义都有其时代背景,理论总是依托于社会的现实基础。我国宪法中的住宅权强调公权力的不干预和不作为,以此赋予住宅内的自由权。自由是权利的第一目标,权利的历史就是从争取自由和平等开始的,自由是人的本质要求。住宅是个人和家庭获得安全感的日常生活和休息的基本场所,也是人们展示自我心灵的空间,它体现的是一种内部安全,是个人自由的空间。哈耶克认为,所谓个人自由的状态,乃是“一个人不受制于因另一个人或另一些人的专断意志而产生的强制的状态”[2]。一个人的自由所要求的绝不是其他人以某些方式的作为,而是其他人以某些方式的不作为。这是一种消极的自由,只要不受国家、社会和他人的干涉,自由就能得到充分的实现。住宅不受侵犯体现了消极自由的价值观,是一种免受干扰的权利。自由权实际上强调的是个人的自治和自主,反对国家的无故干涉。我国宪法保护公民在住宅内的一切活动,只要不违反我国《宪法》第 51 条

---

〔1〕 参见邓海娟:《住宅权之行政法保护》,载《特区经济》2007 年第 7 期,第 220 页。

〔2〕 〔英〕哈耶克:《自由秩序原理》(上),邓正来译,生活·读书·新知 三联书店 1997 年版,第 14 页。

的规定，即不得损害国家的、社会的、集体的利益和其他公民合法的自由和权利，就不受国家干涉；任何组织及个人，在没有法律依据或取得法律授权的情况下，都无权搜查和侵入公民住宅。我国《宪法》目前确认的住宅权只是自由权意义上的住宅权，即公民住宅内的一切活动，不受任何组织和个人干涉，尤其是不受国家的非法干涉。

住宅是人的最基本的自主空间、自治领域，而住宅权保障的则是住宅内居民的一切合法行为，即使在大众看来道德上有欠缺也不得加以干涉。住宅受保护是划定私人领域的界线，公民在社会上拥有完全属于自己的“领地”，可以免受包括国家在内的意志和力量的不当干预，使得个人的隐私得到保障。所以，18世纪中叶，英国首相老威廉·皮特发表的一次讲演中说道：“即使最穷的人，在他的寒舍里也敢于对抗国王的权威。风可以吹进这所房子，雨可以打进这所房子，但他的千军万马却不敢跨入这间已经破损了门槛的破房子。”〔1〕本书列举中外两个经典案例说明住宅的宪法自由权。

案例1：纽约市警察局得到线索，在某公园一个废弃的垃圾箱里藏有一些违禁物品，警察们撬开垃圾箱发现里面果然有一些违禁物品。但是，蹊跷的是里面却住着一个老乞丐，纽约市警察局因此被告上法庭。原告也就是那个乞丐的辩护律师认为，这个垃圾箱对于这个乞丐而言就是他的家，他吃住在这里，尤其重要的是里面藏着他全部乞讨来的私人物品。这个案例的结论是：被告即警察局，竟然无视一个公民的合法权益，在没有得到法院搜查证的情况下，非法侵犯了一个公民的家。〔2〕

案例2：陕西省延安市宝塔区公安分局万花派出所民警接到群众

---

〔1〕 刘军宁：《风能进、雨能进、国王不能进！——政治理论视野的财产权与人类文明》，载刘军宁主编，《自由与社群》，生活·读书·新知三联书店1998年版，第138—162页。

〔2〕 参见顾敏康：《宪法权利的深层保护——从垃圾袋里的处理说起》，载《法学》2006年第7期，第86页。

举报，称张某夫妻两人在一个诊所（在诊所内有一个没有完全隔离的小空间，里面放着一张床和电视机等物品，这个空间是张某夫妇的生活居所）内看黄碟。民警从后窗户上看见确实有人看黄碟后，就敲门进去，在查处和扣押物品的时候双方发生了冲突，警察把张某带到派出所扣留，又以妨害公务罪为由申请批捕。[1]

通过对两个案例的介绍，我们清晰地看到了国家公权力对住宅消极自由权的不同处理方式。案例1辩论的双方没有任何人提到搜查的结果如何，他们只关心公权力是否侵犯了私权利。这个案例传达出的信息是它的逻辑和法律理念。但这样考虑问题的方式对于中国人而言无异于"天方夜谭"和"外星人思维"。但是，住宅权作为私权利最坚强的堡垒，可以抵御国王的千军万马的理念在国外早已历经四百余年的历史而不衰。在中国，住宅权作为私权利如何对抗公权力是值得我们思考的问题。案例2的性质本身发人深省，处理的结果是在事件被媒体和学者们关注后，最终由当地警方向当事人赔礼道歉，相关部门一次性向当事人赔偿29137元，并对该案的有关负责人进行了处理。

以上两个案例均涉及警察的公权力对个人的私权利的侵害。实际上，警察权力滥用现象在中国并非偶然出现，"黄碟案"只是有代表性的事件而已。"其中折射出了警察权力运用过程中带有普遍性的问题。因而应当反思的是，如何从制度上保证警察权力在恰当的范围行使而不被滥用"。[2] 公权力遵循的原则是"法无授权不得为"，即法无明文规定的权力不得行使，超越立法精神而行使权力的行为无效。"公权力对私权利的介入必须是必要的、合理的和正当的，只能在一定

---

〔1〕 案例来自南方网的法制频道。http://www.southcn.com/law/flpl/200210280187.htm，访问时间：2013年11月10日。

〔2〕 叶传星：《延安黄碟案引发的法学思考》，载《法学家》2003年第3期，第11页。

的范围内行使。"[1] 本案中警察是在没有得到合法授权的情况下而侵入公民住宅进行非法搜查的，这是对住宅内的公民隐私权的侵害。"法律对隐私权的保护有一个重要规则：对隐私权的保护止于公共利益。"[2] 案件中的夫妇是在自己的住宅内，且是卧室内看黄碟，不涉及公共利益的问题，也就不涉及隐私权的限制，所以警察的搜查完全是非法的。同样作为住宅的卧室内的权利保障，还不及美国垃圾箱内的权利受到重视，这是公权力机关对公民人身权的侵害，也是对我国宪法消极自由权的蔑视。住宅内的安全、隐私、财产是不得任意侵犯的，这是对住宅权的尊重。

案例 2 如此受人关注，体现了中国公民的宪法自由权意识的提高。国家公权力也在一改以往的作风，政府缩小权力范围，政府的职权逐步纳入法律制度之中。但是，让政府放权不是意味着政府放任不管个人权利，当个人没有能力实现作为人应该享有的权利时，政府有义务帮助个人实现此项权利。所以，只有自由主义理论与社群主义理论相互补充，才能真正实现人权。

2. 积极生存权——住宅获得权的缺失

作为积极权利的住宅权，是指公民对"住宅"本身的权利，即公民拥有最低限度的保证其享有基本生活水准的住宅。关于住宅权的核心权利内容我国宪法并没有规定，"住有所居"、"居者有其屋"是宪法的盲区，宪法只强调住宅内的自由应该受到保护，而对那些居无定所的人和流浪者来说，这样的自由缺少物质前提。"有关社会成员的住宅权是从'防守'的角度进行规定的，是'消极权利'的住宅权，而没有从更积极的角度进行规定"。[3] 对于保障有尊严的生活，物质条件是

---

〔1〕 姚晓茹、刘建华：《从延安"黄碟案"看公权力与私权利的行使界限》，载《辽宁师范大学学报》（社会科学版）2007 年第 5 期，第 31 页。

〔2〕 张新宝：《从隐私权的民法保护看"黄碟案"》，载《法学家》2003 年第 3 期，第 30 页。

〔3〕 周珂主编：《住宅立法研究》，法律出版社 2008 年版，第 78 页。

第一位的，即生存权优先于自由权。人们首先必须吃、喝、住、穿，然后才能从事政治、科学、艺术、宗教的精神活动，这已经是不争的事实。

法律概念上的生存权最早是奥地利法学家安东·门格尔在1886年出版的《全部劳动史论》中首次提出的。安东·门格尔认为，社会财富的分配应确立使所有人都能获得与其生存条件相适应的基本份额的一般客观标准，社会成员根据这一客观标准具有向国家提出比其他具有超越生存欲望的人优先的、为维持自己的生存而必须获得的物质和劳动要求的权利，这样的权利就是生存权。[1] 生存权的宪法保障首先出现在1919年的德国《魏玛宪法》中，该《宪法》151条规定："经济生活秩序必须与社会正义原则及维持人类生存目的相适应。"[2]《魏玛宪法》在人类法制史上第一次正式确立了生存权的宪法地位并赋予生存权以丰富的内涵，生存权不仅是人能活着的权利，而且是能够体面地生活、充分体现人的价值和人的尊严的权利。两次世界大战使人类越来越重视生存权的价值，1948年《世界人权宣言》规定了公民享有保持一定的生活水准的权利，以此保障生存权。1966年《经济、社会和文化权利国际公约》具体而详实地规定了人的生活水准权，使作为人权的生存权地位进一步提升。在发展中国家和不发达国家中，生存权的优先性更是不容置疑。生存权是一切权利的源泉，生存权是基本的人权，是享有和实现其他人权的基础和前提。住宅权首先是一种生存权意义上的住宅权，人为了有尊严地生活必须拥有对住宅的权利。如果只保护免受任意侵犯，这对有能力获得住宅的人是有意义的，而对那些无家可归者来说这项自由权只是空中楼阁，住宅还没有，何谈住宅内的自由。所以，从保障实质自由的要求出发，国家有义务保障公民对住宅本身的权利，实现"居者有其屋"的理想。实际上生

---

〔1〕 参见林嘉：《劳动法与现代人权观念》，载《法学家》1999年第6期，第29页。

〔2〕 〔日〕大须贺明：《生存权论》，林浩译，法律书版社2001年版，第3页。

存权意义上的住宅权才是最根本的，是民生中最低的要求。

我国《宪法》没有明确规定生存权意义上的住宅权，住宅获得权缺少宪法的保障。世界上只有17%的国家在宪法中对住宅权做规定，而像南非那样明确规定积极权利层面的住宅权的国家还不多见。一方面是因为住宅权是个新兴权利，对住宅权重要性的发现晚于宪法的制定；另一方面，也是最主要的原因即人权体系中住宅权的上位权利——经济、社会和文化权利在宪法中的弱势地位，经济、社会和文化权利的保有和实现成本相对于公民政治权利而言是非常巨大的。但是，如果一个国家已经批准《经济、社会和文化权利国际公约》，就应该制定或修改国内法律以使国际公约中规定的权利和义务具有国内法的效力。"一国宪法有可能成为使关涉经济、社会和文化权利的国际标准具有国内法律效率的有效工具"。[1] 我国有义务逐渐承认和保障实现具体的经济、社会和文化权利，这是政府的责任。在理论上，公民有权享有政府提供安全、和平和有尊严地生活所必需的住宅权利；而在现实中，包括住宅权在内的不少经济和社会权利处于悬空的尴尬境地。人权在我国《宪法》中的地位同《国际人权公约》的要求存在很大的差距。尽管S.利本堡指出，一国宪法正式承认经济和社会权利并不意味着自动保证切实可行和有效的权利保护，……最深远的有关经济和社会权利的宪法规定可能只会构成纸上的允诺。[2] 可是宪法的允诺毕竟是国内法上效力最高的，随着法律制度的发展、人权理念的推广，个人权利意识的不断提高，纸式宪法也会变为维护经济和社会权利的真正法律依据。所以，我国在宪法上明确规定生存权意义上的住宅权是必要的，也是为法治的完善和人权的发展开辟道路。

宪法规定"国家尊重和保障人权"，这是我国法制史上的巨大进

---

〔1〕〔挪〕艾德等：《经济、社会和文化的权利》，黄列译，中国社会科学出版社2003年版，第77页。

〔2〕同上书，第83页。

步。我国首次以立法的形式明确法与人权的关系，法以人权为价值，人权以法为载体，人权入宪，使法的躯壳从此有了永恒的灵魂。以人为本，要求在任何情形下都尊重人的尊严，从法律上将作为道德权利的人权加以确定，使之成为法定权利。人权是迄今为止评价法律是否是良法的最佳标准，凡是尊重和保障人权的法律都是良法，凡是轻视抑或侵害人权的法律都是恶法。人权成为法定权利有一个渐进的过程。人权最初是通过著述、政治口号、宣言等方式表现出来，然后通过国内的和国际的立法逐步以法律为其主要表现形式。人权首先是道德权利，但人权的发展则是从道德权利逐步变为法定权利的过程。道德虽然仍然是人权的载体，但无论从国际层面还是国内层面来看，法律已经成为人权更为重要的也是更主要的载体。人权以法律为载体是人权理论和人权实践的升华，是人权从理想走向现实的必然步骤，使人权具有了合法性、确定性、规范性和可救济性。〔1〕

人权与宪法的关系是辩证统一的，人权是宪法的逻辑起点，宪法是人权的逻辑展开。人权的价值与内容在宪法范围内是毋庸置疑的，是预设的。我国宪法应该保护的住宅权“不限于住宅本身的财产权，更重要的是他保护了住宅空间内的财产、隐私、休息等其他权利，从而成为私人生活不可缺少的一项人权”〔2〕。宪法保护的住宅权还应该体现在人基本生活水平的提高，以及基本民生问题的解决上。“民生”，即“百姓的生计”，这是在资源匮乏时代对民生的理解，即解决温饱问题而已。随着社会的进步，“民生”一词已不局限于满足人们基本的生存条件，民生与人们的生活质量，生活水准息息相关。人们有了更高的物质与文化方面的需求，民生的内涵不断丰富，如就业、医疗、分配、教育、社会保障、人身安全、住房，等等。民生问题是人们生活的

---

〔1〕 参见周伟：《人权法评论》（第 2 卷），北京大学出版社 2007 年版，卷首语。

〔2〕 肖泽晟：《论我国住宅权国家赔偿制度的构建》，载《国家行政学院学报》2007 年第 2 期，第 53 页。

重要组成部分,也是法学领域应给予充分关注的领域。“衣食住行”是最基本的民生问题,我国居民的温饱问题已经基本解决,现在最迫切的民生问题是“住”的问题,尤其是城市居民的住宅问题。从世界历史上看,居住问题一直是个古老而常新的问题,不是某个政府或某个时间就能彻底解决的。我国刚刚开始城市化,城市居民,尤其是弱势群体的住宅将是个长期的问题。所以,有必要在宪法层面规定住宅权,赋予住宅权以最高的法律地位,这是长期解决住宅问题的最有效的方式,也是经济和社会权利宪法化的进步。

二、行政法中的住宅权:财产权层面的限制

住宅权是一项综合性权利,它包含的子权利具有生存权、自由权和财产权等不同的权利属性。在我国,生存权性质的住宅权只停留在行政规章和国家政策层面,没有上升到国家法律的高度;自由权性质的住宅权已在宪法和部门法中有所涉及,但还需要不断地完善;财产权性质的住宅权,即住宅的获得(保有)权,由于我国私法相对发达,使得财产权层面的住宅权的法律规定相对完善,物权法和债权法对住宅权的保护和救济机制在此不赘述。财产权性质的住宅权在我国具有特殊性,其根本原因是用于建造住宅的土地的特殊性。我国的土地制度实行国家所有制和集体所有制,即使是自有产权的住宅也不具有完全的住宅财产权,因为住宅所有权人对支撑住宅的土地只有使用权而没有所有权。中国特有的土地制度使财产权性质的住宅权不断地向现有的法律制度提出挑战,同时也为财产权性质的住宅权受到限制提供了可能。

1. 公共利益妨碍公民住宅保有权

随着我国住房商品化和市场化的不断加强,住宅的功能除了具有满足居民不可缺少的生活必需品的功能之外,住宅还具有了商品性和投资性的功能,住宅作为一种私人财产的理念进一步深化。我国宪法

中规定了“公民的合法的私有财产不受侵犯”，同时也规定了“国家依照法律规定保护公民的私有财产权和继承权。国家为了公共利益的需要，可以依照法律规定对公民的私有财产实行征收或者征用并给予补偿。”宪法确立了私人财产权国有化的合法性，行政法以国家公权力为后盾，成为公权力对私人财产的合法征收或征用的法律依据，在公共利益与个人利益发生冲突时，以限制个人权利为公共利益保驾护航。在住宅权问题上，行政法在沿袭宪法保护住宅消极自由权的同时，对财产权意义上的住宅权进行了限制。

从中国的社会实际情况看，财产权层面的住宅权在行政法中出现的问题尤为突出。为了城市规划或危房改造而进行城市房屋拆迁，甚至强制拆除居民的住宅，侵犯了居住者的居住权，在拒绝搬迁的事由中因补偿条件达不成一致意见的情况占绝大多数。强制拆迁严重侵犯了居民的住宅财产权，而这样的“侵犯”是合法的，理由是为了公共利益的需要，为了公共的目的，住宅权的权利必须受到限制。这样依法行政的逻辑，使得住宅权被限制的理由不能让人信服，一方面是在现实执行上不符合法定程序，另一方面也有法律规定本身的漏洞。我国现有的法律中没有明确界定公共利益的具体含义，在现实生活中出现了很多假借“公共利益”之名，寻求“私人利益”的行为。缺乏真正的公共利益基础的随意强制拆迁必将引发当事人的不满，造成社会的不和谐，曾经轰动一时的因房屋拆迁而引发的“钉子户”事件，不得不让人反思我们不健全的法律。

我国2004年修订的《宪法》第10条第3款规定：“国家为了公共利益的需要，可以依照法律规定对土地实行征收或者征用并给予补偿。”2004年8月28修正的《土地管理法》第2条第3款规定：“国家为了公共利益的需要，可以依法对土地实行征收或者征用并给予补偿。”2009年8月修正的《城市房地产管理法》第6条规定：“为了公共利益的需要，国家可以征收国有土地上单位和个人的房屋，并依法给予拆迁补偿,维护被征收人的合法权益;征收个人住宅的,还应当保障被征收人的居住条件。具体办法由国务院规定。”第20条规定:“国家对土地使用者依法取得的土地使用权,在出让合同约定的使用年限届满前不收回;在特殊情况下,根据社会公共利益的需要,可以依照法定程序提前收回,并根据土地使用者使用土地的实际年限和开发土地的实际情况给予相应的补偿。”2007年10月1日生效的《物权法》第42条第1款规定:“为了公共利益的需要,依照法律规定的权限和程序可以征收集体所有的土地和单位、个人的房屋及其他不动产。”以上罗列了诸多法条,意在说明在我国,国家公权力保障对土地和房屋的合法征收和征用,其理由是公共利益的需要。住宅本身是与土地密切相关的,所以房屋拆迁也与住宅权密切相关。中国住宅权的权利限制有着多重法律保障。然而,在现实生活中因土地征收和房屋拆迁引发的矛盾却不是现有法律可以解决的。

在中国集体上访的案件中,因土地征收和征用而集体上访的案件占绝大多数;房屋拆迁尤其是城市房屋拆迁更是矛盾重重。深层原因就是司法救济依赖的法律不是“良法”,不能有效地解决问题,不能维护正当的法律权益,或者是执法过程中的严重背离立法的目的,造成对人民权益的侵犯。在众多的原因中,法律规定的模糊性造成盲目执法,从而导致公平正义的缺失。

我国近年来社会中涉及土地征收、征用和房屋拆迁等争议事件层出不穷,问题的焦点是何为法律上规定的“公共利益”。由于宪法规范本身的高度概括性与开放性,宪法文本不可能对公共利益做出具体明确的规定。而在我国具体的法律中,如上文列举的单行法中,也“效仿”宪法的立法模式,并未对公共利益的具体含义和范围做出明确的规定。过于原则性的规定使得政府自由裁量权过大,约束机制缺乏;同时给予了司法机关极大的法律解释权。当自己的权益被侵犯在无法获得有效的司法救济途径时,群众采取上访,或者更为极端的暴力行为,其根本原因是法律规定的"公共利益"不明确,执政者对"公共利益"认识不足。那么什么是"公共利益"呢?

"公共利益"一词源于古希腊的整体国家观,公共利益被视为一个社会存在所必需的一元抽象价值,是全体社会成员的共同目标。[1]随着讨论的深入,公共利益的内涵和外延也有不同的规定[2],用法律的形式明确公共利益已经成为必要。世界上对公共利益的规定大体上分为两种类型,即概括式和列举式。[3] 概括式的规定,是指原则性地规定"为了公共利益的目的"才可以征收和征用土地、房屋等财产;列举式的规定,指在法律中明确列举了属于公共利益的事项。以上两种公共利益的立法模式分别被不同的国家所采用。如美国、加拿大,包括我国,采用概括式的立法,概括式的模式有利于法律规定本身的稳定性,不会因为社会的瞬息万变,而使法律条款朝令夕改。但是,概括式的规定也给实践中的具体操作留下了隐患,法律被恶意利用的可能性增加。采取列举式的国家和地区有日本、巴西、我国台湾地区等。日本在土地征收法律中"穷尽了所有公共事业",并且每一项公共事业都有一部具体的法律规定。我国台湾地区的立法则以列举为主,辅以但书的兜底条款。列举式立法清晰明确,具有操作的现实性;但是为了跟上社会的发展变化,需要付出高昂的立法成本。我国向来以运用"但书"立法见长,面对社会上因"公共利益"滥用引发的诸多争议,能在《物权法》中明确规定"公共利益"的内涵和外延已经是众望所归,不期望像日本那样穷尽一切公共事业,但是应像我国台湾地区那样用列举式"穷尽"当下社会重要的公共事业。用但书条款应对没能列举

---

〔1〕 参见麻宝斌:《公共利益与公共悖论》,载《江苏社会科学》2002 年第 1 期,第 91—96 页。

〔2〕 对"公共利益"的界定比较困难,胡鸿高通过"解释"的方法描述公共利益的相关要素,具体详见胡鸿高:《论公共利益的法律界定——从要素解释的路径》,载《中国法学》2008 年第 4 期,第 56—67。

〔3〕 参见李阎岩:《城市房屋拆迁中公共利益的界定》,载《辽宁行政学院学报》2008 年第 2 期,第 9—10 页。

的事项，这样既能相对明确一部分公共利益的范围，又迎合了法律的稳定性。备受瞩目的《物权法》没能弥补行政法的不足，“公共利益”的含义和外延依然模糊。理论界的探讨和媒体舆论的支持成为法律之外评判“公共利益”的两大标准。

公共利益的原则具体包括：受益主体的不确定性原则；公共利益的明显性原则；判断角度的全局性原则；公益的长期性原则；内涵的稳定兼有变动的全局性原则；对公共利益衡量的比例原则。由于我国在立法上并没有对公共利益加以明确的界定，所以在司法审查和行政执法中，希望主张公共利益的主体要充分吸收理论界的观点。

国家为了公共利益的需要可以进行合法的征收或征用，与住宅相关联最多的是为了公共利益的需要而进行的城市规划和危房改造。公共利益是社会成员共同所有的利益。社会的整体关联性使得做任何事情，最后都能和自己的个人利益发生关联，所以对公共利益的理解应该禁止做扩大解释。如城市房屋拆迁往往打着“公共利益”的旗号而为房地产开发商谋取商业利益。如果对城市房屋拆迁做扩大解释，它有利于旧房改造，使一部分人住上新房，改善了市容市貌，这些冠冕堂皇的理由都可以冠以“公共利益”之名。实际上，开发商的直接目的是获得商业利益，间接利益可能与所谓的公共利益有所牵连。如果对公共利益做扩大解释，可以把一切都说成是为了公共利益，所以，对公共利益的理解要从严考虑。

笔者认为严格界定公共利益至少包括公共利益的受益主体、公共利益的内容、公共利益的供给主体三个标准：其一，公共利益的受益主体是公共大众、社会全体，而不是某个人或少部分群体。受益主体的公共性是公共利益的前提。其二，公共利益内容的公共性，公共的范围与所享有的利益范围一一对应。国家的公共产品的受益者是所有的人，而社区的公共产品，其受益主体是该社区的居民。享有的利益与承担的义务要相对应，权利的限制必须是为了本共同体的利益，如果为了部分人的利益而牺牲无关联的他人利益，就是不正当的。其三，公共利益中供给主体的公共性，供给主体的公共性决定了公共利益的现实性。承担公共责任的政府和非盈利性组织实施的行为具有公共性，而以盈利为目的的商业组织追求利润的最大化，不可能把公共利益放在第一位。以上三个标准是对“公共利益”的宏观把握。当然，由于公共利益本身的复杂性和灵活性，在我国，对于公共利益的讨论还止于理论界和社会的上层，真正需要公共利益、为公共利益而牺牲个人利益的群体被边缘化了，他们还没有加入公共利益探讨的行列。

2. 行政程序剥夺公民住宅选择的参与权

听证是行政机关在做出影响行政相对人合法权益的决定前，由行政机关告知决定理由和听证权利，行政相对人有表达意见、提供证据以及行政机关听取意见、接纳证据的程序所构成的一种法律制度。1996 年实施的《行政处罚法》中规定的听证程序缺少实际的效果，因为该法律没有规定最后的行政决定与听证程序有必然关系。2004 年实施的《行政许可法》弥补了这一不足，规定了行政机关应当根据听证笔录作出行政许可的决定，这是我国行政立法的进步。在城市房屋拆迁中，地方性法规也涉及了社会公众参与的听证程序，如《浙江省城市房屋拆迁管理条例》第 10 条第 2 款规定：“房屋拆迁管理部门在核发房屋拆迁许可证前，应当依法举行听证，就拆迁许可涉及的拆迁计划、拆迁方案和拆迁补偿安置资金的落实情况等相关事项听取意见。”法律法规中规定的公众参与时间是在拆迁计划已做完、安置补偿方案已决定的环节，而利害关系人对于是否同意拆迁没有发言权。

被拆迁人离开久居的住宅及周边熟悉的居住环境是被迫的选择，实际上把利害关系人一开始就置于同意拆迁的地位，“公共利益”不作为听证的内容，直接作为合理的前提被认定下来，这样的参与程序很难让人信服。住宅权中包含了选择居所的权利，为了公共利益的需要,公民的此项权利可以限制。城镇房屋拆迁的听证程序实际上回避了住宅权被限制的缘由,以“绝对同意”的方式剥夺了利害关系人的实质参与权。《浙江省城市房屋拆迁管理条例》直接把被拆迁者放在了服从者的地位,“强制拆迁”在此处也体现出来了。在房屋拆迁关系中,涉及政府、开发商、被拆迁人和拆迁人四方当事人。其中,拆迁人是取得房屋拆迁许可证的单位,而在现实中拆迁人是代表政府从事拆迁行为,拆迁行为本身是为了政府的绩效,政府利用土地增加财政收入。利益的关联,使得拆迁人与政府和开发商成了一方当事人,而被拆迁人则被孤立为另一方当事人。民事法律关系变成了力量悬殊的行政法律关系。

法律上公共利益内涵和外延规定的模糊性,在程序上剥夺了被拆迁人对公共利益听证的参与权。个人利益与公共利益的博弈成了城市房屋拆迁中的焦点。媒体上时常报道私权利抵制公权力的事件,其中住宅被非法拆迁,住宅内的财物、具有私人精神价值的物品被毁损,而房主因缺乏有利的证据而无法寻求救济。这一切侵犯住宅权的事件均源于政府工作人员对住宅权观念的淡漠,国人也缺少自我保护的权利意识。权利意识、权利观念都是随着社会的发展变化而增强的,中国人住宅权的理念也会从无到有,由弱到强。住宅权也是需要争取和抗争的,重庆“最牛钉子户”事件就是一例。

案情[1]:2004年,重庆市九龙坡区开始陆续拆迁,直到2007年,被拆迁户杨某与重庆智润置业有限公司就杨某房屋拆迁事宜仍然没有达成协议。被拆迁人拒绝搬迁,开发商就把“钉子户”的两层小楼周围挖下10多米的深坑,断水断电,两层居民楼变成了“孤岛”,被拆迁人在“孤岛”上挥动五星红旗坚决抵抗。民众,尤其是大量网民都站在

〔1〕 该案件被设为专门网页:重庆最牛钉子户。http://news.sohu.com/s2007/dingzihu/,访问时间:2013年3月25日。

了“钉子户”的立场上。杨某苦守“孤岛”半个月之久后，在法院的调解下，以开发商对杨某异地安置并赔偿杨某10万多元而告终。

“钉子户”是我国城市房屋拆迁中出现的现象，在政府与被拆迁人的关系中，要么政府趋于强势，可能导致强制拆迁，甚至野蛮拆迁；要么被拆迁人占据上风，成为“钉子户”。[1] 做钉子户需要付出代价，开发商把居民用于居住的两层楼房变成了孤岛，无法与外界正常交往，缺少基本的生活、居住条件，开发商的行为本身就是违反人权的，当然也侵犯了杨某一家的住宅权。权利的斗争迎来了“让人满意”的案件处理结果。重庆钉子户为城市房屋拆迁中被拆迁人的维权提供了典范，这是无奈之举。如果法律能够明确规定各方的权利义务，如果国人的住宅权利意识根深蒂固，这样的抗争将会减少。

我国现行公法主要在自由权和财产权方面规定住宅权的相关内容。自由权在宪法、刑法方面都有涉及，而近年来随着城市化进程的加快，以及房地产业的繁荣，有关城市房屋拆迁引发的问题成了社会热点。行政法通过规定城市房屋拆迁相关事宜，在财产权的意义上对住宅权进行限制。通过城市房屋拆迁活动，改变城市居民的住房条件，是实现住宅权的有效途径之一，但是在拆迁过程中引发了一系列社会问题，需要法律结合社会现实加强立法，尤其是对行政立法的完善。行政法的理念也不适宜片面强调以公权力为本位，一味地对私权利进行限制，法律追求的最终目标是以人为本，尊重和保护人类正常的生活秩序。“人是目的”的哲学信条同样适用行政法，在公共利益与私人利益发生冲突时，应在充分尊重和保障人权的前提下依法行政。

本章是在实证法的层面上考察住宅权。在我国，住宅问题是个备受关注的社会焦点，但住宅权作为一项权利却是新兴的。我国至今没

---

〔1〕 参见胡锦光主编：《2007年中国典型宪法事例评析》，中国人民大学出版社2008年版，第10页。

有像英国、美国、日本等国家那样制定专门的《住宅法》，也没有像南非那样在宪法中明确规定作为人权的住宅权，但住宅权包含的具体权利却在我国现有的法律中有所规定。前文重点在公法领域审视住宅权，在私法领域除了对住宅的“保有”方面有明确的规定外，住宅隐私权、住宅文化权等住宅权的子权利都有少许的涉及。《物权法》用了专门一章规定相邻关系，明确了通风、采光和日照等相邻权，这就意味着住宅权这个权利束之下的具体权利正在逐步法制化。随着人民生活水平的提高，满足居住的住宅权的底线标准也会随之提高，住宅权的具体权利还会不断出现，需要我国法律进行不断完善。

第五章　当代中国公民住宅权

住宅是公民私人生活最隐蔽、最安全的空间，住宅对一个家庭而言是不可任意闯入的城堡。在理解以住宅为物质载体的住宅权时，不能把住宅权仅仅理解为拥有能够遮风避雨的建筑物，住宅权还是一种有尊严地生活的权利。所以，住宅权是人的物质利益与精神利益的统一体。当然，对住宅内的隐私、安全的享有，要以“获得住宅”这个核心权利为前提。住宅权是与现实生活密切相关的权利，所以考察公民住宅权的现状是住宅权研究的必要组成部分。理论研究在高于现实的同时，也要面向现实，法学理论的研究更是如此。离开法的现实基础，抽象地、形式地探讨法律问题，即在现实的经济基础之外探讨法律问题的方式，早已被马克思所批判。作为新兴权利的住宅权，其研究思路已经不能求助于传统的思辨式推理，而必须面向活生生的现实世界。

在中国，住宅权是项新兴权利，但是它所包含的一些深层价值理念是中国自古有之的。本章要阐述的中国最近 10 余年的住宅权情况。如此表述有两个原因:一是因为“当代”一词现在通常解释为“当前,现在”,是距离“当下”比较近的时期[1];二是因为在中国住房市场化改革以后,我国公民的住宅状况才发生了巨大的变化。基于以上的考虑,把本章的讨论限定在住宅商品化开始至今的时间里。

第一节　当代中国公民住宅权的现状

1998 年是中国住房制度改革的重要一年,新中国成立以来所设立的住房福利分配制度宣告结束,随之而来的是住房商品化、市场化。房地产业成为国家经济建设的支柱产业,房地产市场的繁荣,也改善了中国居民的住房条件。我国人均住房面积在 2007 年已经达到了 28 平方米[2],很多城市的住房自有率已经超过了国际水平。人们的住宅种类也多样化,豪华公寓、高档别墅、成排的住宅楼群、低矮平房、棚户区、帐篷、船屋,甚至宾馆、学生宿舍都是中国人不同的居住场所。它们在物理结构上有好坏差别,但其背后的住宅权内涵却是相同的。

一、作为综合性权利的中国公民住宅权

住宅权的最终目的是维护人固有的尊严,舒适、安全、体面的居住是充分实现住宅权的表现。人权中强调的公民有权获得可负担得起、适宜人类居住、有良好物质设备和基础服务设施,具有安全、健康、尊严和不受歧视的特点同样适合于当代中国公民的住宅权。住宅权在国际人权文件中是适当生活水准权的下位概念,但是基于中国社会现

---

〔1〕 关于“近代、现代、当代”有不同的分类。在中国文学史上认为近代史是 1840—1919 年,现代史是 1919—1949 年,当代是从 1949 年开始至今。必须说明的是,历史是向前发展的,现在的最新提法是把 1949 年新中国成立之前算作近代史的下限,新中国成立后算作现代史,而“当代”指距离我们比较近的时期。参见王岩云:《当代中国权利问题研究检视》,吉林大学 2008 年学位论文,第 3—4 页。

〔2〕 数据来自国务院新闻办公室举行的新闻发布会。http://news3.xinhuanet.com/house/2007-08/30/co ntent_6630975.htm,访问时间:2013 年 8 月 30 日。

实的需要,有必要把住宅权作为一项单独且迫切的权利予以强调。住宅权不是孤立的,它与其他人权不可分割:如住宅权与妇女、儿童的权利,与土地、食物权利,与享受卫生保健的权利密切相关;同时,住宅权还与某些公民权利和政治权利之间相互渗透,如免受歧视权、自由迁徙权、人身保障权等。这里列举了各种权利,不免有泛权利化之嫌,但是,作为人基本需求之一的住宅权的确与人的诸多权利紧密相连,因而有人大胆地说,“住宅权包含了人的所有权利”[1],这个命题具有一定的合理性,人在住宅这个城堡中可以自由地行使各项不违法的权利。

住宅权是综合性的权利,基于人对住宅的不同需求和住宅本身的多重属性,它包含了多项子权利的权利束。住宅权与当代中国公民直接关联的分类是财产权和人身权意义上的分类。住宅是公民的重要财产,对于一个普通家庭而言,住宅是家庭成员经济价值很大的不动产。我国现有法律对财产性住宅权的规定和保护机制相对完善,依据法律的规定,权利人有权通过买卖、租赁、继承等形式获得住宅,对合法享有的住宅,权利人可以行使占有、使用、收益和处分的权利。作为财产性权利的住宅权得到了我国现有法律的充分确认和保护,而人身性住宅权的确认和保护则严重滞后于财产性住宅权。随着社会的进步,住宅的价值不应仅体现在供人居住的层面,住宅内的安全、自由、隐私及居住环境的便利等,是新时代赋予住宅的更高要求,住宅权的人身性、人文关怀的特性也应得到彰显。所以在理解住宅权时,一定要尊重住宅之内居住者的精神性权利。住宅权中的人身权利除了我国民法和刑法的些许规定外,大部分还处于萌芽期,甚至缺少理论上的系统求证。

---

〔1〕 曹吴清:《自由的堡垒——在非法侵入住宅罪中探析住宅权的价值》,载《贵州警官职业学校学报》2007 年第 4 期,第 38 页。

尽管我国的法律制度对上述住宅权包含的子权利还未完全确认，但是现实生活中却频繁出现要求相关权利的呼声。媒体上报道的相关侵权案件，引起了公众的强烈反应，也迫使学者们“以案说法”。[1] 法律的进步需要公众的推动，严重者要以付出生命为代价。[2] 近年来，中国经济发展水平不断提高，人们对生活的要求也不断增多，这是社会的进步，也是人自我意识的进一步觉醒。同时，中国人的法律意识和权利观念也在不断增强。当代中国没有像美国那样，把权利话语当做一种语言习惯，但也在逐渐向权利话语迈进。当国家和各级政府为中低收入者建造保障性住房时，有人担心集中地点建造廉租房和经济适用房，日后会造成新的贫民窟，不利于维护公民的居住尊严。这样的担心是必要的，这样的担心也是源于对综合性住宅权的考虑。类似的质疑还有保障性住房建造的地点偏远，不利于居民的生活和工作等。

住宅是私人生活的城堡，住宅权就是尊重和保护这座城堡的武器。住宅权的综合性和整体性特点，正被当代的中国公民所注意和重视，这是对住宅权的准确定位，更是对人本身的深层关怀。在当代中国，作为综合性权利的住宅权还需要在理念和制度上不断发展和完善。

二、作为核心性权利的中国公民住宅权

张文显先生在论证“权利本位论”时，从法理学中包含的最基本的“权利和义务”概念中寻找更根本的概念，最后得出“权利是法理学的

---

〔1〕 如出现陕西“黄碟案”之后，学者苏力作了题为“当代中国法理学的普性及不足”的讲演，学者林莱梵写了“卧室里的宪法权利——简评‘延安黄碟案’”。见网址：http://pkucriminallaw.fyfz.cn/blog/pkucriminallaw/index.aspx? blogdate = 2006-8-7，访问时间：2013年7月1日。

〔2〕 如孙志刚“以生命为代价推动中国法治进程”，因他的死亡而引发国务院出台了新的《城市生活无着的流浪乞讨人员救助管理办法》，废止了《城市流浪乞讨人员收容遣送办法》。

基石范畴”的结论。[1] 笔者借鉴此思路在住宅权的诸多子权利中寻找更根本的住宅权利。笔者认为的住宅权是一个包含多项子权利的权利束，在诸多子权利中存在核心性权利，即住宅获得权。它实际上强调的是对“住宅”本身的权利，是因人的生存需要而获得住宅的权利。“基本的生活需要”不同于“消费需求”，前者具有必需性和紧迫性。这里析出住宅权的核心性权利是因为：获得住宅的权利是住宅权中其他子权利的前提和基础，离开用于居住的住宅，而去谈论住宅内的安全、住宅隐私、住宅周边健康的居住环境等只能是“海市蜃楼”。所以，对住宅权的狭义理解即是对住宅权核心权利的理解。“住有所居”是党的十七大提出的工作目标，也是当代中国人的美好愿望。

1. 住房市场化与当代公民住宅权

经历了30年的改革开放，中国人民的温饱问题已经基本解决，居住问题成为重要的民生问题。居者有其屋、健康的周边环境、安宁的居住空间等诉求标志着中国社会的进步和居民生活水平的提高。我国的住宅问题分为农村和城市两个领域。农村采取村民在自己的宅基地上建造住宅的方式以满足居住的需要；城市主要通过在市场上购买商品房来实现城市居民的住宅权，这是由我国实行不同的土地制度决定的。农村的土地实行集体所有制，不允许在市场上流通，为每个家庭配备宅基地，实行自主建房制度。城市的土地属于国家所有，在符合法定的条件下才可以流通，城市住宅主要由专门的组织（房地产开发商）建造并出售，居民个人没有自建住宅的权利。

住房市场化改革后，国家的指导思想是大力发展房地产业，强调发展房地产业是扩大内需、拉动就业的有力措施，房地产业被视为是经济增长点和国民经济的支柱产业。于是，背负着保持中国经济健康

---

〔1〕 参见张文显主编：《马克思主义法理学——理论、方法和前沿》，高等教育出版社2003年版，第116—123页。

快速发展使命的房地产业迅速发展起来。短短几年时间里，中国的各大城市从古城变为现代都市。在新的体制下，个人也从福利分房期间国家和单位包揽一切中逐渐退出，依靠自己的经济能力购买商品房，住房商品化发展迅速。2013 年社科院发表的调研结果显示：目前家庭住房自有率为 93.5%，较 2011 年提高了 1.9 个百分点；其中城镇家庭住房自有率为 89.6%，较 2011 年提高了 1.7 个百分点，18.6% 的家庭拥有两套以上住房[1]，可见住房自有产权的形式已成主流。居住的品质也有很大的提高，从原来的住得下，已向现在的舒适、健康、环保迈进。市场经济使一部分人迅速富裕起来，对高收入群体来说，住宅不仅仅是用于居住的生活消费品，而且是能够获利的投资品，炒房成为新兴的投资渠道。拥有多套住宅，对一部分居民来说已经不是难事。根据官方的统计，我国人均居住面积逐年提高，这说明，当代中国的大部分公民正在享受着作为现实权利的住宅权。

市场经济模式改变着中国，也改变着中国的房地产市场，在市场经济和住房制度改革进一步推进的同时，中国的住宅问题也凸显出来[2]：

第一，房地产的投资与价格失控。房地产业成为中国重要的支柱产业，房地产行业也成为通向巨富的行业，所以我国房地产在最近十年的投资出现失控局面。按照国际经验，房地产开发投资占全社会固定资产投资的比重应该维持在 10% 以下，而我国 2004 年房地产开发投资所占的这一比重为 18.78%，2005 年为 20.98%，2006 年更具有上升的势头，仅第一季度就增至 22.93%，远远超过国际警戒线。国际公认的房地产开发投资占 GDP 比重应为 5% 以下，而我国在 2004 年这

〔1〕 数据来自：《社科院：目前家庭住房自有率达到 93.5%》。http://finance.chinanews.com/house/2013/12-25/5660491.shtml，访问时间：2014 年 3 月 4 日。

〔2〕 参见魏杰、王韧：《我国住房制度改革的路径：基于住房商品的特殊性质》，载《经济体制改革》2007 年第 2 期，第 5—6 页。

一比重就达到了9.6%，有些城市甚至高达50%以上。[1] 商品房的价格不断飙升，在北京、上海等大城市，住房价格高到几万元一平方米，普通居民一年的收入甚至难买一平方米的商品房。据调查，目前中国70%的居民无力承受高昂的房价。"按照世界银行的标准，发达国家的房价收入比一般在1.8—5.5之间，发展中国家房价收入比应控制在3—6倍之间。……我国房价收入比已超过8倍。"[2] 在上海、北京、杭州等地这个比例竟高达20:1，只有少数高收入群体能够承受这个价格。一系列数据显示出中国房地产业在最近几年的超速、畸形发展，由此产生的社会问题可想而知。

第二，政府职能转变不够彻底，政府成为房地产业的获利主体之一。市场经济是市场主体自由贸易的经济。政府的职能是协调管理和服务，而不是作为竞争主体去从中获益，我国的房地产业却反其道而行之，这也是我国特有的土地制度导致的结果。欧美国家政府的地价和税费收入大约占了住房价格的20%，而我国土地费用占房地产价格的20%—40%，政府税费收入占房地产价格的30%—40%，实际上政府在房地产上的收入占房地产价格的50%—80%，是房地产市场的主要获利者。[3] 自1993年税费改革以后，土地出让的资产性收益和大部分税费基本归地方政府所有，出卖土地已经成为地方政府的主要收入方式。2005年全国土地出让价款高达5505亿元，占同期地方财政收入的1/3，土地收益已经成为一些地区的"第二财政"，甚至有些地方政府的70%以上的预算外收入是从土地上获得的。城市土地属

---

〔1〕 数据来源参见魏杰、王韧：《我国住房制度改革的路径：基于住房商品的特殊性质》，载《经济体制改革》2007年第2期，第5页。

〔2〕 许经勇：《论房地产价格运行的特殊规律性》，载《中共长春市委党校学报》2006年第4期，第26页。

〔3〕 数据来自巴曙松：《政府介入房地产的三条边界》，载《发展》2005年第10期，第16页。

于国家所有，而地方政府则把“公民权利”变为“暴利工具”。[1] 据财政部最新数据显示，2013 年全国国有土地使用权出让收入高达 41250 亿元，创出了土地市场有史以来的新高。以北京为例，2013 年北京共出让土地建筑面积达 2380 万平方米，总地价 1822 亿元，创北京土地市场新高。而在杭州，2013 年土地成交 200 多宗，入账 1300 多亿元，同比增长 110% 以上，比 2009 年高出近 300 亿元；其中主城区成交 100 宗，出让收入为 840.77 亿元，同比增 98%。从数据中不难看出，地方政府对于土地财政的依赖仍然没有减弱。[2]

第三，住房供应结构不合理。中国住房市场上 94% 是商品房，而商品房的高昂价格，对于中低收入者而言是无法承受的。市场经济是竞争的经济，也是贫富差距悬殊的经济模式，高房价顺应中国当前的经济发展形势需要。富裕群体依靠自己的能力购买住房居住，而对于贫困群体而言，单纯依靠自己的经济实力无法通过市场购买住宅。住宅作为生活必需品，是人之为人应该享有的基本生活资料，所以，贫困群体的住宅问题就成了国家和政府义不容辞的责任。

2. 城市化与当代公民住宅权

“城市化是指人类生活方式、社会结构的一种变化，即随着社会生产力的发展，人口逐渐由农村向城市转移，农业人口逐渐转变成非农业人口，城市和城镇的数量不断增加，城市规模不断扩大，人们的生活方式、居住方式、出行方式不断改善，城市基础设施不断完备，城市文化不断提升，市民观念不断更新等。”[3] 从 20 世纪 90 年代起，我国城市人口占总人口的比例平均每年以 1 个百分点的速度提高，这意味着

---

〔1〕 参见沈晓杰：《是谁盗取和倒卖了我们的基本居住权》，[2008—03—08] http://finance.sina.com.cn。

〔2〕 参见《土地财政依赖难改：去年土地收入超 4 万亿元》。http://www.cb.com.cn/index.php? m = content&c = index&a = show&catid = 20&id = 1037745&all，访问时间：2014 年 2 月 26 日。

〔3〕 李锡海：《工业化、城市化与犯罪》，载《法学论坛》2009 年第 1 期，第 39 页。

每年大约有1000万人从农村涌向城市。按照有关部门的规划，在21世纪初的一段时间，我国的城市化仍然会保持这个速度，到2020年我国将有一半左右的人口居住在城市中。[1] 近年来，中国城市化速度加快，广大农村人口涌入城市，使城市原本就不多的住宅资源更加稀缺。“工业化——城市化——人口膨胀——‘房荒’，这几乎成为世界各国城市发展过程中的必然现象。”[2] 住宅问题是世界问题，同时更是拥有世界1/5人口的中国的大问题。研究当代中国的公民住宅权，最不可忽视的就是社会弱势群体的住宅情况。

社会弱势群体是指那些由于某些障碍及缺乏经济、政治和社会机会而在社会上处于不利地位的人群。这部分人群的共同特征是：达不到社会认可的最基本的生活标准，且依赖自己的力量无法改变目前的弱势地位，需要国家和社会力量给予帮助和支持。[3] “弱势群体”不仅是经济、政治方面的弱势群体，更是权利方面的弱势群体，他们的权利缺失，受法律保护的利益相对较小，是导致这部分人群成为社会弱者的直接因素。在住宅权方面，弱势群体应该受保护的法益没有受到同等对待，是导致一部分群体住宅权缺乏的直接原因。比如，我国当下城市农民工的居住问题。

随着城市化进程的加快，农民工成为城市劳动大军的主体，也是城市中外来人口数量最多的群体。农民工为城市的发展和建设做出了巨大的贡献，然而，他们在城市中的生活状况和居住条件却与付出不成正比。一直以来，农民工的住房状况普遍较差。有半数左右从事建筑业和制造业，这些人主要居住在工地的工棚和集体宿舍中。城乡结合部、城中村、居民楼地下室、经营场所是农民工自己租房的主要居

---

〔1〕 参见刘茂林、范电勤：《论我国城镇住房保障制度的发展与完善——以基本权利为视角》，载《宁波大学学报》（社会科学版）2008年第6期，第113期。

〔2〕 金俭：《中国住宅法研究》，法律出版社2004年版，第7页。

〔3〕 参见金俭：《中国住宅法研究》法律出版社2004年版，第67页。

住地，只有极少部分农民工购买或租住了条件良好的城镇住房。而在农民工自租的住房中，有80%以上是临建房或简易房，这些房子位置偏远、建筑密度大、卫生条件差，安全隐患高。[1] 城市农民工人均居住面积不足4平方米，室内卫生设施严重缺乏，室外环境脏乱。农民工的居住状况与城市居民的居住环境形成强烈的反差。同时，农民工的居住模式是以集体群居为主的居住形态。长期的家庭分居逐渐导致农民工家庭出现新的社会问题，留守儿童、留守老人、留守妇女成为新的农村问题。我国农民工人数超过1.8亿，他们为城市的发展做出了巨大的贡献，而在城市最紧缺的住房资源上，农民工群体却被排斥在城市住房保障体系之外，城市住房保障制度没有把农民工群体纳入其中。作为社会主体，应该有一个与社会其他人一样平等的人格地位和权利资格，但现实中他们却遭受歧视性对待。[2] 同样为这个城市的发展建设付出劳动的农民工，却得不到同等对待，这是中国城市住宅保障政策出现的奇怪现象。

以农民工为代表的城市特殊弱势群体，他们被排斥在现有的城市住房保障制度之外，最重要的原因是他们不具有城镇户口，不具有城市居民的合法身份。社会分层的户口等级制，使资源在城乡之间分布不均，户口仍然是获得重要资源的依据。[3] 户籍制度是中国特有的，他曾经为新中国的管理起到了重要作用，但是，现在户籍制度也成为造成弱势群体权利缺失的根源。我国城乡二元户籍制度不是从来就有的，它是建国后为阻止农村居民涌入城市制定的制度。1949年通过的《中国人民政治协商会议共同纲领》这是个临时性宪法性质的文件，

---

〔1〕 参见《农民工居住情况调查：多为临建简易房 卫生条件差》，http://old.chinacourt.org/html/article/201110/27/467902.shtml，访问时间：2014年，3月6日。

〔2〕 参见刘作翔：《公平问题和权利的平等保护》，载《中国社会科学院研究生院学报》2008年第1期，第79页。

〔3〕 参见陆益龙：《户口还起作用吗？——户籍制度与社会分层和流动》，载《中国社会科学》2008年第1期，第161页。

其中规定了“公民的居住和迁徙自由权”。1951 年公安部颁布了《城市户口管理暂行条例》,第一次把户口与城市管理联系起来。但在城市加强户口管制的情形下,农民依然踊跃的流向城市。1953 年 4 月政务院发布《关于劝阻农民盲目流入城市的指示》,把农民的自由迁徙行为称之为“盲流”。但是 1954 年通过的新中国第一部宪法《中华人民共和国宪法》还是承认了农民的居住和迁徙自由权,其中第 90 条规定了“中华人民共和国的公民有居住和迁徙的自由”。1956 年国务院先后 3 次发布了《关于防止农村人口盲目外流的指示》,1957 年发布《关于制止农村人口盲目外流的指示》。1953 年到 1957 年几年时间里对农民居住自由和迁徙自由的约束用词从“劝阻”、“防止”到行政手段“制止”的层层递进关系,可以看出国家对制止农村人口流向城市的决心。1958 年第一届全国人大常委会 91 次会议上通过了《中华人民共和国户口登记条例》,标志着中国城乡分离的二元户籍制度的正式确立。农业户口向非农业户口转变有严格的限制,公民由农村迁往城市,必须持有城市劳动部门的录用证明,学校的录取证明或者城市户口登记机关准予迁入的证明,向常驻户口登记机关申请办理迁出手续。随着改革开放的深入,户籍制度的弊端日益暴露出来,其间全国户籍制度也进行了相应的改革,但只是为了城市经济的发展和引进高端人才的需要,并没有真正把户籍制度改革普及到进城务工的农民身上。[1] 有些城市为了繁荣该城市的商品房市场,推出外地人在该城市购买符合条件的商品房可以解决该户家庭成员的城市户口。问题是,城市住宅市场房价高昂,能在此置业安家的毕竟是少数。直到现在,各城市户籍制度改革也没有取得实质性进展,户籍制度导致的不公正现象依然严重。城市农民工在城市中缺少与拥有城市户籍的低

〔1〕 关于户籍制度的梳理,参见周作翰、张英洪:《当代中国农民的居住和迁徙自由权》,载《湖南人文科技学院学报》2006 年第 1 期,第 31—33 页。

收入者同样的被保障权。在住房方面，由于农村户籍的限制，尽管农民工的居住条件很差，甚至低于城市中符合申请廉租房条件的最低收入者，农民工被现有的城镇住房保障制度排除在外。不公平的制度设计严重侵犯了农民工的住宅权。

住宅权的人权地位，不以城市户籍和农村户籍为标准；住宅本身的地域性决定了住宅权保障的地域性，建议中国住宅权的保障以居住地点为依据，而不是以居民的户籍身份为依据。这样，弱势群体的住宅权才会得到基本的保障，他们最低限度的人权才能与城市人一样得到国家和政府的关注。在法律上确立住宅权的权利地位，人人都应该享有适宜的居住条件。那么，最直接获益的群体就是那些被边缘化的非城市户籍的弱势群体。从“住”的方面尊重弱者的权利，是尊重弱者一切权利的开始，因为住宅权本身就是诸多权利的集结，是人的权利的大本营。

第二节　当代中国城镇住房保障制度及不足

随着城镇住房制度改革步伐（或进程）的加快，商品房的价格不断飙升，城市中低收入者凭借自己的经济实力无法购买商品住宅。而住宅的社会保障体系起步较晚，这样，城市中出现了大量的住宅弱势群体。住宅弱势群体是指在现实生活中的居住水平处于社会平均水平以下，且通过自己及家庭的努力在短期内无法改变居住现状的人群，他们需要依靠政府和社会等外界的帮助才能解决居住问题。[1] 住宅弱势群体除了传统意义上的城乡贫困人口以外，还包括无法承受高昂房价的城镇低收入人群、进城务工者等新的人群。

国家为此实行城镇住房保障制度，以解决城市居民的住房困难问

---

〔1〕 参见金俭：《中国住宅法研究》，法律出版社2004年版，第68—69页。

题。我国推出的住房保障制度主要包括经济适用房制度、廉租房制度、公共租赁住房制度和促进工薪阶层住宅消费的住房公积金制度。而且自2014年起,各地公共租赁住房和廉租住房并轨运行,并轨后统称为公共租赁住房。

一、经济适用房制度分析

我国的经济适用房制度最早出现在1994年12月5日由建设部、国务院住房改革领导小组和财政部联合发布的《城镇经济适用住房建设管理办法》中,这也是新中国成立以来第一部专门规定经济适用住房的法定文件。1995年《国家安居工程实施方案》出台,“安居工程”正式启动。安居工程的任务是:在1995年到2000年的5年时间里,新建1.5亿平方米住宅,用于解决中低收入者的住房困难问题,建立起住房保障供应体系。安居工程要求每套住宅面积不超过55平方米,直接以成本价向中低收入家庭出售,首先考虑无房、危房等住房困难群体。可见,“安居工程”恰如其名,希望解决中国百姓的民生问题。1998年后,“安居工程”的术语被“经济适用房”取代,明确经济适用房的性质是社会保障性质,不遵循市场规律,服务对象是中低收入人群。政府对经济适用房的开发给予政策支持,政府免征土地出让金,其他各项应该征收的费用减半,政府也对经济适用房的价格、购买对象、房屋面积、开发商利润等项目进行了限制。以上两个文件只是从宏观层面出发,规定得较为宽泛,缺乏可操作性。于是,在1998年由建设部、国家计委和国土资源部联合下发了《关于大力发展经济适用住房的若干意见》(建房[1998]154号)(以下简称《意见》)进一步落实经济适用房的政策。《意见》指出了经济适用房的价格构成要素,经济适用房的住房价格为政府指导价,具体定价由地方政府根据本《意见》最终确定。该《意见》的亮点是规范经济适用房的价格问题,经济适用房的价格一直是该措施的瓶颈。2002年11月7日,国家发展改革计划委员会和建设部联合发布了《经济适用住房价格管理办法》(以下简称《办法》)。《办法》中明确了经济适用住房的基准价由开发成本、税金和利润三部分构成,其他费用如住宅小区内经营性建设设施的建设费用、各种与住房开放无关的集资、赞助、捐助费用、各种赔偿金、违约金、罚款等费用不得计入经济适用房的住房价格之中。价格由有定价权的政府部门会同建设部门在项目开工之前确定,并向社会公布。2004 年,国家发改委、建设部、国土资源部和中国人民银行联合发布了新的《经济适用住房管理办法》(建住房[2004]77 号),进一步明确经济适用住房是指政府提供政策优惠、限定建设标准、供应对象和销售价格,具有保障性质的政策性商品住房。新《办法》规定了申购经济适用住房的条件、申购后转让的限制等。随着城市住房问题的快速发展变化,2007 年 11 月 19 日建设部、发展改革委、监察部、财政部、国土资源部、人民银行、税务总局联合印发《经济适用住房管理办法》(建住房[2007]258 号),废止了 2004 年出台的《经济适用住房管理办法》。各级地方政府也相应出台了适用于本区域的政策。经济适用房作为重要的住房保障措施之一,被一系列的文件逐步明晰下来。

经济适用房是指"以行政划拨土地,享受政府优惠政策,以保本微利为原则、面向中低收入职工家庭的普通商品住房"[1]。修订后的《经济适用住房管理办法》(建住房[2007]258 号)所称经济适用住房,是指政府提供政策优惠,限定套型面积和销售价格,按照合理标准建设,面向城市低收入住房困难家庭供应,具有保障性质的政策性住房。可见,"经济适用住房"的概念进一步明确。经济适用住房是在房改中,为适应新的经济环境而由政府推出的新的住房类型。从构词上来看,经济适用房至少具有"经济性"和"适用性"双重属性。经济性指

[1] 陈伯庚等:《城镇住房制度改革的理论与实践》,上海人民出版社 2003 年版,第 205 页。

在价格上不同于完全商品性的住宅，它能够适应中低收入家庭的承受能力；适用性指住房设计和建设标准上具有适宜居住的基本价值，并不会因为其经济性而降低使用价值。经济适用房实质上是兼有福利性、商品性、计划性和市场性的特点，它由政府主导，采取统一划拨土地、统一规划、减免费用、限制利润的房屋供应模式。经济适用房设立的初衷是弥补房地产市场化的不足，让更多的中低收入群体实现住宅权，尽快实现居者有其屋。经济适用房对启动内需、平抑房价、完善住房供应体系发挥了重要作用。部分中等收入人群也因为国家推行的经济适用房制度拥有了自主产权的住宅。但是，随着经济适用房制度的推行，现实中经济适用房在实施过程中却出现了不少问题。

经济适用房存在的突出问题很多。其一，空间配置不当，缺失既经济又适用的功能。经济适用房多建在郊区，周边配套设施不健全，导致大量的保障对象面临工作地和居住地相隔遥远，进而造成了居住者生活成本的提高。这违背了经济适用房的本意，而真正既经济又适用的住房，房地产开发投资的却较少。投资不足加之政府监管不力，使经济适用房没能充分发挥它的功用。其二，收入审核机制不完善，保障对象异化。在北京曾出现过这样的情况，一些不具备购买安居工程住房条件的人（经济条件略好者），他们用不正当手段取得“购买安居工程住房的资格”，最后购买了经济适用房。这一现象说明了住宅保障制度审核监督机制的不完善，让该受益的群体没能受益，不需要政府扶助的群体却享受了好处。在住宅资源有限的情况下，有人受益就意味着有人受损。浙江省杭州市有明文规定高学历及特殊人才具有优先购买经济适用房的权利，即在排队遥号选房时享有“特权”。在经济适用房的分配环节中享有“特权”的现象普遍存在，经济适用房无法实现社会保障的效用，形成了富人与穷人抢房子的局面。其三，缺少退出机制，违规出租和另外购房现象大量存在。当前政策上的退出机制是政府回购和上市交易补溢价，但这两种方式明显不利于经济适用房的持有者。所以，尽管政府明令禁止出租，在利益的驱使下隐性出租大有人在。同样，在经济适用房退出前禁止购买普通商品房的政策也没有很好的执行。遗憾的是在这些违规现象面前，缺乏切实可行的退出机制和行之有效的惩罚措施。以上乱象无不拷问经济适用房政策的合理性。

二、廉租房制度分析

廉租房制度也是住房保障制度之一。1998 年出台的《国务院进一步深化城镇住房制度改革、加快住房建设的通知》中明确指出："建立和完善以经济适用住房为主的住房供应体系。最低收入家庭租赁由政府或单位提供的廉租住房；中低收入家庭购买经济适用住房；其他收入高的家庭购买、租赁市场价商品住房。"廉租房制度开始成为经济适用住房制度的补充，与经济适用房一起承担城市中低收入群体实现"住有所居"愿望的责任。1999 年现以失效的《城镇廉租住房管理办法》出台，其中规定政府（单位）在住房领域实施社会保障职能，向本市非农业常住人口中最低收入家庭和其他需要保障的特殊家庭提供租金补贴或者以低廉租金配租普通住宅，以此解决城市最贫困群体的居住问题。2003 年，建设部、财政部、国土资源部、国家税务总局共同签发了《城镇最低收入家庭廉租住房管理办法》，规定了城镇最低收入家庭人均廉租住房保障面积标准，原则上不超过当地平均住房面积的 60%；城镇最低收入家庭廉租住房的保障方式是以发放租赁住房补贴为主，实物配租、租赁核减为辅；资金来源实行财政预算安排为主、多种渠道筹措为辅的原则，主要包括市县财政预算安排的资金、住房公积金增至收益中按规定提取的城市廉租住房补助资金、社会捐赠资金等；实物配租的廉租住房房源包括政府出资收购及投资兴建的住房、社会捐赠的住房和腾空的公有住房等。该办法自 2004 年 3 月 1 日起实施。为了使廉租住房制度在现实中更具有可操作性，2005 年，建设部与民政部联合印发了《城镇最低收入家庭廉租住房申请、审核及退出管理办法》。2007 年 12 月 1 日施行的《廉租住房保障办法》取代 2003 年 12 月 31 日发布的《城镇最低收入家庭廉租住房管理办法》。有关廉租房的规范性文件随着中国城镇最低收入人群面临的住房困境不断推陈出新,政策的灵活性与政策的不稳定性决定了住房保障政策的多变性。

廉租房制度是世界各国解决国民居住问题通行的做法。狭义的廉租房指国家出资建设规格适当、设备齐全的住房,以低廉的可以接受的方式向住房弱势群体提供,保证住房达到社会最低居住标准。廉租房制度的目的是使社会最不利者实现底限居住权,即作为人本应该具有的居住尊严。廉租房保障的对象是最低生活保障的对象,包括低保户和城市贫困人口。它充分体现了政府对最弱势群体的关注。《世界银行发展报告》提出了新时代划分国家发展水平的新标准,国家的贫富不再单纯地以国内生产总值或国民生产总值来衡量,国家中贫困人口的生活状况也被纳入其中,贫困问题也是衡量发展水平的指标之一。廉租住房模式的设立具有重要的现实意义,让住房弱势群体安居乐业。对一个不断走向富裕、走向公正的社会而言,人人享有适当的住房是人的基本人权,也是社会和谐发展的安全阀。

我国的国情决定了廉租房的保障力度首先是城市居民的最底层,在经济适用房出现混乱的情况下,作为完全的社会保障性质的廉租房制度的优势体现出来。当时有人主张停止经济适用房建设而大力发展廉租房制度,部分政协委员也据此观点提交了政府议案。主张停止经济适用房建设主要有以下两点原因:

原因之一是为了节约资源。[1] 住宅建设主要需要土地成本和大

---

〔1〕 参见刘正才:《廉租房将终结经济适用房》,载《中国社会导刊》2006 年第 9 期,第 43 页。

量的人力物力投资，而我国的状况是居住条件恶劣，城市化进程加快，需要住宅的人口众多，住宅需求远大于住宅供应。经济适用房与廉租房都是政府投资、直接干预的住房保障措施，判断经济适用房与廉租房优劣的标准就是资源节约原则，在有限的资源内，让更多的住宅弱势群体获益。廉租房是以出租的形式为最低收入群体提供住房，往往一次性建造就可以了。从长期的战略角度来看，在地价和租金上涨较快的中心城市，廉租房比经济适用房更能节约资源，是解决低收入住房问题的最佳途径。在廉租房制度中，政府始终处于主动地位，有利于规避和减少地价带来的损失，减轻国家财政负担。权利的实现需要成本，用尽量小的成本实现更多人的住宅权，这是主张用廉租房制度终结经济适用房制度的基本逻辑。

原因之二是经济适用房出现种种弊端。国家规定土地一级市场掌握在政府手中，二级市场必须实行拍卖。但是，经济适用房并没有按照此种方式运作，而是政府直接给予开发商优惠政策，由开发商按照政府的限价销售经济适用房。这种缺少竞争的机制显失公平，而且缺少拍卖环节，容易滋生官员腐败。加之政府对经济适用房价格控制不严，开发商从经济适用房的开发建设中获得的不是微利而是暴利。经济适用房在销售环节不是落入富人的腰包，就是大量房源闲置而无人购买。[1] 只有取消经济适用房的保障措施，才能避免社会上奇怪现象的发生。

支持经济适用房继续存在的观点认为：经济适用房是我国住房保障体系的重要组成部分，不能因为现在出现问题就用取消经济适用房制度的方式逃避问题，进一步完善经济适用房制度，加强监督力度，扶

[1] 最近媒体报道广州部分经济适用房闲置状况严重，无人购买的主要原因是价格远远超出了有资格购买经济适用房的家庭的经济承受能力。http://news.dayoo.com/finance/200811/27/53869_4751555.htm，访问时间：2014年1月1日。

持该制度走上正轨才是解决问题的正确思路。[1] 如果停止经济适用房建设，势必会使住房保障制度缺乏层次性，那些不具备购买商品房，又不符合廉租房的阶层势必无法实现住宅权。

受人瞩目的廉租房也不容乐观，虽然政策出台近10年时间，但是政策落实不尽如人意。进展缓慢的原因是资金不到位和房源不配套。针对保障不足的问题，中央决定健全廉租房制度。2007年发布的《国务院关于解决城市低收入家庭住房困难的若干意见》指出，扩大廉租住房制度保障范围，逐步由城市最低收入住房困难家庭扩大到低收入住房困难家庭。保障对象和保障标准实行国家统一政策，地方根据经济发展和住房水平因地制宜；在加大廉租住房建设力度、增加廉租住房房源的基础上，住房保障方式实行租赁补贴和实物配租相结合的方式，以发放租赁补贴为主；廉租房保障资金纳入各级财政预算。对中西部财政困难地区，2007年中央财政首次通过预算内投资专项补助和廉租住房专项补助资金，给予51亿元的支持。以后国家财政还要继续加强廉租住房的财政支持，同时，完善廉租住房的监管机制，实现廉租住房准入、准出的灵活管理。我国目前廉租房建设刚刚起步，大多数地方是在2007年之后才开始廉租房的规划和建设，近几年，“廉租房建设发展迅速，2010年以来，中央加大了对中西部地区廉租住房建设的补助力度，将廉租住房建设补助标准由每平方米400元提高到每平方米500元。同时，还将安排167亿元廉租住房专项补助资金”[2]。2013年12月，住房城乡建设部、财政部、国家发展改革委联合印发《关于公共租赁住房和廉租住房并轨运行的通知》，从2014年起，各地公共租赁住房和廉租住房将并轨运行。

---

〔1〕 对经济适用房的去留问题有不同的意见，具体参见蒋晓岚、孔令刚：《经济适用房制度：主要缺陷、产生原因及其改革取向》，载《合肥学院学报》（社会科学版）2007年第2期，第33页。

〔2〕 郭凡礼、马遥、韩长吉：《2014—2018年中国廉租房建设投资分析及前景预测报告》，http://www.ocn.com.cn/reports/2009922lianzufang.htm，访问时间：2014年3月1日。

三、公共租赁住房制度分析

公共租赁住房是为解决“夹心层”住房困难而推出的新的产品。公共租赁住房，是指限定建设标准和租金水平，面向符合规定条件的城镇中等偏下收入住房困难家庭、新就业无房职工和在城镇稳定就业的外来务工人员出租的保障性住房。近年来，随着廉租住房、经济适用住房建设和棚户区改造力度的逐步加大，城市低收入家庭的住房条件得到较大改善。但是，由于有的地区住房保障政策覆盖范围比较小，部分大中城市商品住房价格较高、上涨过快、可供出租的小户型住房供应不足等原因，一些中等偏下收入住房困难家庭无力通过市场租赁或购买住房的问题比较突出。同时，随着城镇化快速推进，新职工的阶段性住房支付能力不足的矛盾日益显现，外来务工人员居住条件也亟须改善。

“夹心层”群体的居住问题成为住房保障的又一热点，在这样的背景下，2010 年 6 月 8 日，住建部联合相关部门出台了《关于加快发展公共租赁住房的指导意见》。浙江省也积极响应，出台《浙江省人民政府办公厅转发省建设厅等部门关于加快发展公共租赁住房实施意见的通知》(浙政办发〔2010〕92 号)、《杭州市人民政府办公厅关于印发杭州市公共租赁住房建设租赁管理暂行办法的通知》(杭政办〔2011〕20 号)，杭州市出台了可操作的《杭州市区公共租赁住房租赁管理实施细则》，于 2012 年 1 月 1 日起试行。该文件早于国家 2012 年 7 月 15 日施行的《公共租赁住房管理办法》。二者有很多共同之处，但申请公共租赁住房的主体略有不同。《公共租赁住房管理办法》中的申请主体包括：城镇中等偏下收入住房困难家庭、新就业无房职工和在城镇稳定就业的外来务工人员；《杭州市区公共租赁住房租赁管理实施细则》的申请主体包括：城市中等偏下收入住房困难家庭、新就业大学毕业生和创业人员。很明显创业人员有别于外来务工人员，且不是任何的创业人员都可以在杭州申请公共租赁住房，要求创业人员具有中级或高级以上职称。创业人员申请杭州市的公共租赁住房的门槛比较高，那么普通的外来务工人员享有杭州市的公共租赁住房资源的机会可想而知。以浙江省为例，保障房体系中的经济适用房、廉租房、公共租赁住房均未把外来务工人员纳入其中。从全国来看，外来务工人员这个城市新的建设者几乎被现有的住房保障体系所遗忘。而城市化进程中，必然有大量的外来务工人员涌入城市，这一城市群体的住宅权急需保障。我国城镇居民住房保障事业任重而道远。

四、住房公积金制度分析

我国的住房公积金制度是借鉴新加坡的中央公积金制度设立的。中央公积金制度于 1955 年在新加坡建立起来，用于为工人们在退休和无能力工作时提供稳定的经济来源。中央公积金计划由政府、单位和雇员三方共同支持：雇主和雇员按比例向中央缴纳公积金，政府负责该公积金的管理和运作，对中央公积金的收入实行免税政策。在雇员 55 岁以后，可以适用自己的部分中央公积金。中央公积金通常包括三个账户：普通账户、医疗账户和特别账户，其中普通账户的储蓄可用于购买住房。中央公积金由专门的机构管理、投资，由国家为其提供担保，投资稳定行业，所获收益继续用于保障职工的基本需求。[1]新加坡的公积金模式是一种行之有效的社会保障方式，为新加坡经济增长和社会稳定提供了有力的制度支持，实现了社会保障的目的。各国纷纷效仿之，我国的住房公积金制度也由此诞生。

我国的住房公积金制度在上海率先发展起来。1991 年上海市通过了《上海市住房制度改革实施方案》，方案包括五项内容，推行公积

---

〔1〕 参见陈伯庚等：《城镇住房制度改革的理论与实践》，上海人民出版社 2003 年版，第 110 页。

金、提租发补贴、配房买债券、买房给优惠、建立房委会，其中住房公积金制度是这次住房制度改革的核心内容，住房公积金的缴存也模仿新加坡的设计。按照 1991 年的《上海市公积金暂行办法》的规定，凡是在本市工作并具有本市常住人口的职工及其所在的单位都必须按照规定缴存住房公积金。单位包括机关、企业、事业单位和社会团体，单位和职工分别缴存的额度为职工本人上一年度的月平均工资的 5%，有经济条件的单位还可以为本单位职工缴存补充公积金。无论是单位缴存的部分，还是个人缴存的部分，都是职工个人的长期住房基金，所有权归属于个人，且只能用于住房方面的开支，是专门的住房公积金，是保障广大职工居住的经济基础。公积金制度是个新鲜事物，上海市在住房公积金制度的建立、管理和运作方面为全国住房公积金制度的建立起到了示范作用。

国家层面最先规定住房公积金制度的规范文件是 1994 年发布的《国务院关于深化城镇住房制度改革的决定》（以下简称《决定》），从此，国家开始全面推行住房公积金制度。《决定》规定了"个人储蓄、单位资助、统一管理、专项使用"住房公积金制度的基本原则。所有行政和企事业单位及职工都应该按比例逐月缴存到职工个人住房公积金账户。公积金账户专款专用，只有购、建、大修住房职工离退休时才可适用，各县级地方政府设立专门的住房公积金管理机构，住房公积金的金融业务由当地政府制定的专业银行代理。该《决定》初步囊括了公积金制度的全部内容，经过 5 年的探索，1999 年《住房公积金管理条例》出台。同年 5 月 26 日，财政部发布了《住房公积金财务管理办法》，规定了住房公积金的预算管理、资产和负债、业务收入和支出。财政部的规定主要针对住房公积金管理中心，因为公积金能否真正地保障居民有经济能力自我改善居住条件，公积金的管理投资是个关键环节。随着中国社会的发展，原有的住房公积金制度已经不适应社会的发展需要。2002 年，国务院发布了《国务院关于修改〈住房公积金管理条例〉的决定》，对1999年推行的《住房公积金管理条例》做了大量修改，其中对监督机制做了规定，由省、自治区人民政府建设行政主管部门，会同同级财政部门和中国人民银行分支机构，共同负责本行政区域内住房公积金管理法规、政策和执行情况的监督；明确住房公积金的定义，住房公积金是指国家机关、国有企业、城镇集体企业、外商投资企业、城镇私营企业及其他私营企业、事业单位、民办非企业单位、社会团体及其在职职工缴存的长期住房储备金。可见，这次扩大了住房公积金的单位缴存范围，随着改革开放的不断深入，企业性质多样化，住房公积金尽量包括所有的单位，动用社会的力量解决职工的住房问题。现在，我国基本上建立了健全的住房公积金制度，它是由住房公积金管理委员会决定、住房公积金管理中心运作、银行专户储蓄、财政监督的住房公积金制度。

住房公积金是一种强制性的储蓄，目的是保障城镇居民购买、租赁住房的实现。其保障性体现在增强了职工住房的自我保障能力。职工和单位按照职工工资的一定比例向职工的住房公积金账户存款，经过多年的累积，住房公积金数额增加，职工购房的经济能力增强，使职工个人有能力购买住宅居住。交存的公积金用于为缴存者提供利益优惠的购房贷款。如此循环利用，更进一步加大了职工住宅的保障力度。住房公积金制度也体现了国家住宅体制改革的趋势，即从实物分房到货币分房，从建设资金到消费资金，从主要由单位负担住房到单位和个人分别负担。1998年住房制度改革以前，城市居民的住宅问题主要靠单位解决，由单位负责建房，而单位职工运用“等、靠、要”获得住房，且住房的维修管理费用也由单位负责，实施完全的单位负责的福利住房模式。住房公积金制度改变了这一模式，把职工也纳入到承担自己住房的主体之中，职工和单位共同按比例缴存住房公积金，公积金在职工个人购买住宅时使用，既减轻单位全权为职工提供住房的负担，又能最大限度地保障广大工薪阶层的居住。

我国建立住房公积金制度的10多年来，特别是最近房地产市场繁荣的几年里，住房公积金制度有了很大的发展。住房公积金的缴存比例不断提升、缴存覆盖面也在扩大，为中低收入家庭解决住房困难问题发挥了积极的作用。住房公积金的积累，持续稳定地提高了职工的住房资金储备，低成本的政策性购房贷款优惠也加大了职工自主购房的积极性。住房公积金制度推动了住房市场化的改革，职工逐渐摆脱了福利分房体制下的传统观念，主动寻找市场、自行筹措资金解决住房问题已经是职工解决居住的主要途径。

住房公积金制度的保障性质不同于经济适用房制度和公共租赁住房制度，后两者是在住房供应体系上为中低收入者提供住房，而住房公积金制度是在促进住房需求体系上保障职工有经济能力购房，实际上是具有保障性质的金融政策。住房公积金兼顾了住房的商品性和保障性，它不是我国房改制度的临时措施，是一个长期的资金支持体系，直接促进住房商品化的同时，肩负着保障职工实现住有所居的重任。

住房公积金制度的设计和运作在实践中也存在缺陷。其一，住房公积金的覆盖率偏低，尽管《住房公积金管理条例》中明确规定了所有机关和各类企事业单位都应该按照规定为本单位职工缴存住房公积金，但是在实践中并非如此。一些效益差的企业和非国有企业不按照《条例》的规定为职工缴存，工作机会的难求也使企业免除被举报的危险。全国在岗职工中大约有40%，即4430万名的职工还没有享受到住房公积金的待遇。2/5的应该享有住房公积金政策的职工被边缘化，其单位的违规行为包括：拒绝缴存、迟延缴存或与职工签订合同单位自行停止缴存等情况，严重侵害这部分职工的切身利益。住房公积金在制度设计上只考虑单位在岗职工，对于城市中没有固定单位的人则被排除在外，农村户籍进城务工的农民工无缘住房公积金。住房公积金的受益群体只存在于效益好且按规定缴存公积金的单位，除此之外的群体都没有真正享有住房公积金待遇。中国城市的贫困群体基本上集中在被公积金制度边缘化的人群中。其二，住房公积金的缴存和使用方面存在不合理现象。住房公积金的缴存状况存在地区差异、单位体制差异。我国东部沿海地区经济相对发达，企业效益好政府财政充足，住房公积金的缴存情况相对顺利，而经济欠发达地区的企业不按规定缴存住房公积金的现象严重。单位之间不同性质的单位缴存状况也不相同，从整体上看，全国缴存住房公积金的主力军是国家机关和事业单位，非公有制企业只占很小的部分。住房公积金的使用包括提取账户资金购房和在购房时公积金贷款两种，通常后一种成为主要的使用形式。近年来住房公积金被闲置的情况凸显，住房公积金贷款审批手续繁琐且与商业贷款相比其优惠度不高等原因造成了住房公积金使用效率低。住房公积金的本意是保障大部分人有经济实力自购住房，而在运作中却适得其反，从某一方面讲，实际上是削弱了部分群体的购买力。

我国现有的解决城市中低收入群体居住问题的举措主要包括经济适用房、廉租房制度、公共租赁住房制度和促进工薪阶层住宅消费的住房公积金制度，住宅本身具有地域性，个别城市推出新的住房措施暂不讨论。总的来说，住房保障制度在解决住宅弱势群体的住房问题方面发挥了积极的作用。2008 年，面对金融风暴，中国的住宅问题也出现波澜，一时间“政府是否救楼市”引起国人的大讨论。广大中低收入者希望房价下降到他们能够承受的价位，以此尽快实现住宅产权。但是住宅问题已经是个社会问题，是多链条下的一环，政府要全盘考虑，明确当前深化住房市场化的基本方向，促进房地产市场健康发展。同时坚持对低收入家庭提供住房保障制度的原则，加快保障性住房建设，争取用 3 年时间，解决近 750 万户城市低收入住房困难家庭和 240 万户林区、垦区、煤矿等棚户区居民的住房问题，并积极推动农村危房改造。[1] 中央继续加大廉租住房建设和棚户区改造投资支持力度,适当提高中西部地区补助标准。选择部分有条件的地区试点,将本地区部分住房公积金闲置资金补充到经济适用住房的建设上来。

从政策属性上看,房地产政策是一种经济政策,它归根到底主要着眼于市场效率;住房政策则属于社会政策范畴,更注重社会公平和居民的基本住房诉求,它要解决的问题是用什么手段,使不同收入状况的市民居者有其屋。多数国家的经验证明,解决住房问题既要靠市场手段,也要依靠大量的公共政策手段。住房政策的根本目标是让人们各得其所。它努力的方向包括:一是建立"便于进入"的市场;二是帮助中低收入者获得"能够支付"的住房,后者对当下的中国尤为重要。

住房保障水平的标准,即住房保障的支出总额占国内生产总值(GDP)的比重。根据研究,我国目前的住房保障水平,即住房保障支出总额占国内生产总值的比重为 1.71—4.59 之间,这一保障水平基本与我国的经济发展现状相适应。适度保障住房支出的最低比重为 1.7%,低于这个数字,证明国家财政有经济实力为更多的中低收入者提供住房保障,但是国家财政却没有为之提供,一部分应该享受政府住房保障的群体没能得到此项权益;如果住房保障支出超过我国国内生产总值(GDP)的 4.59%,会造成住房资金的不合理利用,加大政府的财政负担。衡量我国目前的住房保障力度以"住房保障水平"这一区间为标准,那么衡量一个城市的住房保障程度也可以根据这个公式推算出来。2001—2004 年,北京平均每年的住房保障水平为 0.64%,

[1] 参见《保障房建设:3 年解决 750 万户城市困难家庭住房难》。http://news.xinhuanet.com/house/2008-12/18/content_10521791.htm,访问时间:2013 年 12 月 20 日。

严重低于相应的住房保障力度。[1] 随着保障房投入力度的加大，2011 年—2013 年，北京的住房保障水平略低于 3%。[2] 在全国居于领先地位。“十二五”期间，我国保障性住房规划为 3600 万套，2011 年开工 1000 万套，所需资金 1.3—1.4 亿元，占当年 GDP 的 2.9%，2012 年开工 770 万套，保障房支出 2.38 亿，占当年 GDP 的 4.7%，2013 年开工 630 万套，2014 年计划开工 700 万套以上。总的来说，我国的住房保障水平均存在明显偏低的现象，社会弱势群体的住宅权没有得到应有的保障。

“当一个古老的文明国家这样从工厂手工业和小生产向大工业过渡，并且这个过渡还由于情况极其顺利而加速的时期，多半也就是‘住宅缺乏’的时期。一方面，大批农村工人突然被吸引到发展为工业中心的大城市里来；另一方面，这些旧城市的布局已经不适合新的大工业的条件和与此相应的交通；……于是就突然出现了工人以及以工人为主顾的小商人和小手工业者的住宅缺乏现象”。[3] 我国现在城市住宅问题的复杂性不亚于恩格斯所处的时代。具有中国特色的农民工群体还没有成为住房保障的受益主体，住房保障的人群还应该进一步地扩大。最近几年住房保障制度又出现新的问题。经济适用房引发的争议从最初的执行上的制度缺位、分配不公，发展到目前的郊区化、边缘化。2008 年，北京朝阳区的一个限价房项目在选房签约过程中，首批 14000 多户限价房配售家庭中就有 2000 多户家庭放弃了选

〔1〕 我国“住房保障水平的标准”，需要社会调查和实证研究才能得出具体的数据，对此中国人民大学的李娜的学位论文：《中国城镇适度住房保障水平研究——以北京为例》专门对此做了详细的数字推理研究，本部分的数据均来自此文章，见第 52 页和第 63 页。

〔2〕 数据参见欧阳华生、裴育、余宇新：《我国住房保障适度性水平测算与分析——一个理论框架》，载《上海金融学报》，2012 年第 6 期，第 59 页。

〔3〕 〔德〕恩格斯：《论住宅问题》，载《马克思恩格斯选集》（第 3 卷），人民出版社 1995 版，第 131—132 页。

房，弃选的原因是限价房地理位置偏远、交通不便。[1] 这再次说明公民的住宅权不只是获得“可负担得起”的住宅，还必须是“适宜居住”的住宅，忽视住宅权的整体性和综合性，是对生存权的蔑视。我国现有的住房保障举措也如房地产市场一样，可以称之为“政策混乱之地、舆论沸腾之所”。我国目前的住宅情况是：房地产市场非常规发展，房价奇高；社会保障性住房刚刚起步。二者均不同程度地存在诸多问题，结果是部分低收入者“居者有其屋”难以实现，加之相关法律制度不健全，导致广大群体住宅权缺乏保护机制。所以，住宅权观念的确立及制度设计是当务之急。

第三节　实现公民住宅权的建议

住宅权是公民的基本权利，是人的基本生存权之一，只有建立住宅权的法律制度，才能为居民住宅权的实现提供既可操作又可落实的制度保障，才能给人们安居乐业的现实要求和美好愿望奠定法律基础。[2] 同时，住宅权的实现需要财政的巨大支持，所以实现住宅权要以国家和政府的重视为前提。在当代中国，实现公民的住宅权必须做好以下方面：

一、完善住宅权的相关立法

反对住房歧视、提供中低收入者可负担的住房供应、保障居住环境的健康和隐私、解决无家可归问题等方面，都是人权文件所倡导的，也是我国法律和现实应该关注的内容。2003 年，国务院出台了《城市

〔1〕 数据来源《保障住房何去何从 多建经适房还是多建廉租房》。http://house.focus.cn/newshtml/635593.html，访问时间：2013 年 3 月 11 日。

〔2〕 参见陈信勇、宋巧仙：《论我国住房保障立法的必要性和可行性》，载《浙江工商大学学报》2007 年第 6 期。第 11 页。

生活无着的流浪乞讨人员救助管理办法》及其《实施细则》,这是我国关注无家可归者唯一的一部制度性文件。但是这部行政法规对救助对象限定的条件十分严格,不能确保所有无家可归者都能得到政府提供的救助。在中国,还存在对女性的住宅歧视问题,单位的集体分房存在男职工和女职工不同的分配制度,就连高校招聘教师的住房待遇条款中也存在男女不同的标准。[1] 提供可负担得起的住宅更是法律未曾涉及的内容。目前,我国制定的与中低收入者的住宅有关的文件有《国务院关于进一步深化城镇住房制度改革加快住房建设的通知》、《城镇最低收入家庭廉租住房管理办法》、《经济适用住房管理办法》等。政策的不稳定性和非强制性制约着社会弱势群体住宅权的实现,建议及时制定住房保障的相关法律,明确保障水平、标准、对象、相关配套设施和相关部门的法律权限等。用法律的确定性[2]、权威性、强制性确保住房保障制度的落实,最终用法律来保护公民的住宅权。我国制定相应的保障住宅权的法律条件已经具备,表现为:思想理论方面,社会主义法治理念和党的十七大提出的“住有所居”的思想;经济发展方面,改革开放以来我国经济快速发展,国家经济实力不断增强,具有经济能力解决人民的住宅权利;制度探索方面,我国已经进行了20多年的住宅制度改革,积累了丰富的经验。所以,我国制定住宅权的相关法律制度的时机已经成熟。在完善住宅权的立法方面要做到以下几点:

第一,立法要尊重社会弱势群体的住宅权。在法律制度上设立住宅权,以此保障弱势群体的基本人权,是尊重弱者权利的最好方式。

---

〔1〕 该招聘信息规定:毕业的博士或博士后的购房补贴不低于8万元,女博士入校5年内每月800元提供房补(即女博士没有8万元的购房补贴,只有不到5万元的住房补助,那至少3万多元的差价存在的合理性何在?是因为“女子不如男”吗?真是荒谬之极)。资料来自东北师范大学人才招聘网。http://zhaopin.nenu.edu.cn/sub/top.php? lk = xgdy&long = 600,访问时间:2009年1月20日。

〔2〕 法律的确定性具体化为两个基本属性:立法上的明确性和法律适用上的普遍性。参见白建军:《论法的确定性与公正的可检验性》,载《中国法学》2008年第2期,第55页。

解决好中国最底层人群的居住问题,“安居”之后必然“乐业”,有利于社会整体的和谐稳定。良好的法律状态即在法治环境下,个人的人格得到尊重、个人的利益得到保护。在构建和谐社会的过程中,必须协调好各种利益关系,保护社会弱者,促进社会公平,维护社会正义。强调“和谐社会”意味着社会本身的“不和谐”,差异性、多元性是社会的基本特点。法律是和谐社会的制度保障,它可以保证社会对于差异的尊重,并在此基础上形成文明有序的和谐社会。确立弱势群体享有住宅权的法律地位,是对人的基本权利的尊重,也有利于社会的和谐发展。

第二,设立公开的监督程序。我国住房保障制度在实施过程中出现问题,一个重要的原因是缺乏透明的监管机制。所以在申请、审批和退出等环节上要坚持严格的公平公开原则。这样才能接受社会各界的监督,防止歧视和寻租现象的发生。社会保障制度的出发点是维护社会的公平正义,设立监督程序,有利于保障住宅权的公平实现。

第三,立法应体现住宅权的人权属性。人权中的住宅权是复合性质的,“尊严性”、“宜居性”是住宅权追寻的最终价值,所以要加强相关的立法,使住宅权这个权利束的具体权利有法可依,这也是人权的法定化和现实化。

二、明确国家和政府的住宅权义务

《经济、社会和文化权利国际公约》第2条第1款规定:“本公约每一缔约国承担最大限度地利用其现有资源,个别采取步骤或经由国际援助与合作,特别是经济和技术方面的援助与合作,采取步骤,使用一切适当方法,尤其是采取立法措施,逐渐达到本公约所承认的权利的充分实现。”其中值得注意的关键词有“最大限度”、“国际援助与合作”、“采取步骤”、“逐渐达到”,从字面意义上理解,国际人权文件中对国家必须承担的义务不是统一的标准,而是对不同的国家有不同的要求。这实际上规定了国家义务的一般原则,这些原则的共性是给国家以很大的自由裁量空间。“最大限度地利用现有资源”的原则要求国家竭尽全力利用一切资源实现住宅权。“现有资源”的标准常常被用来作为无法实现住宅权的借口。然而,这项要求规定“最大限度”代表理想主义,“现有”代表国家的现实情况,这是理想与现实的对撞。“最大限度”是人权修辞之剑,“现有资源”是国家自由裁量的砝码。[1] 可以感受到《经济、社会和文化权利国际公约》中国家义务的特殊性。国家有义务确保人人获得最起码的生存权利,无论其经济发展如何。资源短缺不能免除各国在落实经济、社会和文化权利方面某些基本的义务,有些问题不单单是资源短缺、经济能否承受的问题,关键是国家是否重视,是否认识到这是国家应尽的义务。

我国目前很多的住宅问题,都与政府在住宅权的国家义务上缺乏明确的认识有关。中国大力发展房地产业,只是认识到住房的政治性和经济性,而忽视了住房是人基本的生存权。从中国现在的人权发展需要来看,住宅权的实现和满足需要政府干预商品房的价格,调整社会的分配不公,为建设和谐、人道的社会而进行制度调整。[2] 国家要承担起实现公民住宅权的积极义务,尤其要尽到“最大限度”的义务。

权利的享有和实现并不是自动的,“而是必须以必要的甚至是大量的公共资源的投入——表现为公共财政对于权利的支出——为条件的”。[3] 如果国库是空的,那么任何有价值的权利都不能很好地实现。“福利权利得到保护的水平是由政治而不是由司法来决定的,不论这些权利是否被正式宪法化”。[4] 权利的实现需要成本,住宅权这

---

〔1〕 王宏哲:《适足住房权的国家义务》,载郑永流主编:《法哲学与法社会学论丛》,北京大学出版社2008年版,第259页。

〔2〕 参见刘茂林、范电勤:《论我国城镇住房保障制度的发展与完善——以基本权利为视角》,载《宁波大学学报》(社会科学版)2008年第6期,第114页。

〔3〕 姚建宗:《权利思维的另一面》,载《法制与社会发展》2005年第6期,第40页。

〔4〕 同上书,第44页。转引自 Holmes S., Sunstein C. R., The Cost of Rights, Why Liberty Depends on Taxes? W. W. Norton & Company, 2000, p. 121.

个需要国家力推的权利需要具有丰富的公共资源，而公共资源的分配大权掌握在国家和政府手里，所以政府对住宅权的投资力度大小也就决定了住宅权的实现程度。我国住房制度以国家不干预的市场化为主，结果在市场化过度繁荣的同时出现了大批住宅弱势群体。国家也注意到了这一点，自 20 世纪 90 年代中期开始，就逐步实行住房保障制度。十几年过去了，大量低收入者的基本居住问题还是没有得到有效的解决，根本的原因是中央政府和地方各级政府对住房保障的财政投入过少，没有把住宅权视为人的一项人权，从而严重影响了行政决策。1998 年中央政府就提出了廉租房制度，可是直到 2007 年，有些城市还没有开始建设廉租房。各级政府对保护公民基本生存权方面的财政投入过少。如果把人民的税收公开，建立监督机制，使国家的公共资源首先最大限度地满足公民的最基本需要，那么对住宅建设的投资必定会是另一番景象。“最大限度”的原则是国家和各级政府在解决住宅问题上应该坚持的。

结语

住宅，是一种与民生密切相关的特殊产品。近年来，国内房价不断飙升，住宅问题演化为一个关乎社会稳定发展的社会问题。这就要求政府要从保障社会公平、促进社会和谐的高度看待复杂的住宅问题。因为对住宅的需求关系到现代人生存和发展的基本问题，国际人权法中已经确立了住宅权的人权地位，而我国法律还没有对这项人权作出明确规定，现有法律中与住宅权相关的内容规定得也不够完善，“住宅权”的研究在当代中国是新兴且迫切的。

“权利是现代法理学的基石范畴”[1]，权利问题的研究一直是法学界的主题之一。并且，随着社会的发展变化，一些利益主张随之产生，出现了旧的利益形态日益消亡和新的利益形态不断涌现的局面。居住是人类的基本需求之一，而在住宅异常市场化和最低人群基本居住保障不到位的情况下，人们对住宅的渴望成为现代人新的利益主

〔1〕 张文显主编：《马克思主义法理学——理论、方法和前沿》，高等教育出版社2003年版，第124页。

张。人们希望住宅价格下降,希望政府多关注公民基本的民生问题,住宅权的利益性和民众的意志性不言而喻。而住宅权还没有上升为国家的意志层面,缺少国家的确认和保护,住宅权的正当性问题也缺少系统的论证。以往有限的对住宅问题的研究,要么是在人权的范围内对住宅权进行应然性的阐释,要么是在法律制度范围内揭示住宅权保障的缺乏或进行具体的制度设计。本书以“权利”为主线,结合中国公民对住宅权的具体需求,在把住宅权作为社会权的权利性质的前提下尝试地构建了住宅权体系。

法律滞后于社会现实的“时间差”是不可弥合的,因此,制定法不可能将一切的权利都包含其中。这就决定了在制定法所确认的权利(法律权利)之外,必然还存在着尚未被立法者发现的、或虽被发现但尚未纳入制定法中的大量“法外权利”,即应有权利。立法者一方面应大力探寻和发掘现实生活中人们在从事经济、政治和文化等各项社会活动中所出现的诸种“应有权利”,以扩大“法律权利”的范围,另一方面又应加强立法工作,以科学地确认这些“应有权利”,使之上升为“法律权利”。住宅权在不同的国家具有不同的权利形态。在我国,住宅权的应有权利、法律权利和现实权利的层面都刚刚兴起,解决百姓的住房问题只是文人政客的理想,用权利来规定人的居住需求还很少见到。本书在不同的权利形态上探讨住宅权成为权利的理由及其制度缺陷。

住宅问题一直是一个世界性的问题,需要依靠国家和政府的帮助才能够逐步解决。住宅问题与国家的福利联系紧密,“福利起于住宅而终于住宅”的说法在北欧甚为流行。福利制度的根本目的是保证人的最低生活标准,其中食物、住所是首先需要保证的生活资料。这也就是说,低收入者的居住问题更需要国家的福利政策予以支持。对于住宅权的探讨,对那些在现实中缺失此项权利的人才更有意义。所以住宅权的研究要从福利权利发展中寻找历史。在中国背景下研究住宅权问题，必须面对中国公民的住宅现状，关注现实的理论才是有价值的理论。从法学的角度看，中国的住宅问题主要存在两个方面：一方面是没有认清住宅权在人生活中的不可侵犯性，住宅这座私人领域的城堡时而遭到不同程度的侵犯，住宅内的隐私和安全等权利急需得到保护；另一方面，也是最重要的方面，即中低收入者获得住房的权利。后者是住宅权的核心，也是我国社会保障制度要迫切解决的问题。面对中国现在依然存在的问题，笔者从法学的角度提出两点建议：完善住宅的相关立法和明确国家及政府对实现公民住宅权所负有的义务。

当代中国公民住宅权的研究离不开中国的具体国情，因为住宅权与人的生活习惯和国家的经济实力紧密相连。思考住宅权问题，一定要抛开关于权利的理想主义的思维方式。在现实生活中，人们由于更多地对权利采取一种理想主义的态度，过多地关注权利正当性或者可欲性，因此，往往对现实生活的某些权利论争采取要么全有要么全无的立场，总是把权利视为绝对的。但是这种观点存在明显的逻辑缺陷，没有什么要花费金钱的东西是一种绝对的东西，权利本身就是相对的，因为权利需要成本。[1] 在住宅权的实现问题上要考虑其实现成本，但是国家不能以此为借口，因为作为人权的住宅权，国家负有最大限度地利用其现有资源，提供最低住宅保障的义务。

尊严性地居住是人的基本权利，实现住宅权是人对尊严性存在的表征。但是，法律是具体的，不同于道德的理想性，把住宅权转化为法律权利不得不考虑增加一项法律权利需要配套的法律制度予以保障，所以，本书强调“住有所居”，这是住宅权的基本内容，按照国际人权公约的规定，住宅权实际上是包含多项具体子权利的权利束。综合性

---

〔1〕 参见姚建宗：《权利思维的另一面》，载《法制与社会发展》2005 年第 6 期，第 42—43 页。

的住宅权及其与之配套的法律制度有待以后进一步地研究。权利的成本性和法律的现实性,使得住宅权的确立与保护的适时性受到质疑。我们认为,立法需要条件,但不是唯条件论,而是有条件论,中国有条件把关涉人的适当生活水准的住宅权转化为国内法,完善已有法律中与住宅有关的权利,建立住宅保障法,最终实现体现人的尊严性居住的权利。

最后,以徐显明先生的名言结束全文:

一切政治运作的最终表现,都是实现人的权利。

一切政治制度的最终内容,都是展示人的权利。

一切政治文明的最终标准,都判断于现实中的人的权利。

一切政治上的判断,都应转化为法律上的判断,

并且,只有转化为法律上的判断,才是有意义的判断。[1]

---

〔1〕 徐显明主编:《人权研究》(第3卷),山东人民出版社2003年版,序言。

参考文献

一、经典原著

[1] 马克思恩格斯选集(第1卷)[M].北京:人民出版社,1995.

[2] 马克思恩格斯选集(第2卷)[M].北京:人民出版社,1995.

[3] 马克思恩格斯选集(第3卷)[M].北京:人民出版社,1995.

[4] 马克思恩格斯全集(第18卷)[M].北京:人民出版社,1964.

[5] 马克思恩格斯全集(第2卷)[M].北京:人民出版社,1957.

二、中文原著

[1] 白桂梅.法治视野下的人权问题[M].北京:北京大学出版社,2003.

[2] 白桂梅,等.国际法上的人权[M].北京:北京大学出版社,1996.

[3] 包宗华.住宅与房地产[M].北京:中国建筑工业出版社,2002.

[4] 常健.当代中国权利规范的转型[M].天津:天津人民出版社,2000.

[5] 陈伯庚,等.城镇住房制度改革的理论与实践[M].上海:上海人民出版社,2003.

[6] 陈成文. 社会弱者论——体制转换时期社会弱者的生活状况与社会支持[M]. 北京:时事出版社,2000.

[7] 陈光庭. 外国城市住宅问题研究[M]. 北京:北京科学技术出版社,1991.

[8] 陈云生. 权利相对论:权利和义务价值模式的建构[M]. 北京:人民出版社,1994.

[9] 成思危. 中国城镇住房制度改革——目标模式与实施难点[M]. 北京:民主与建设出版社,1999.

[10] 程燎原,王人博. 赢得神圣:权利及其救济通论[M]. 济南:山东人民出版社,1998.

[11] 褚超孚. 城镇住房保障模式研究[M]. 北京:经济科学出版社,2005.

[12] 董云虎,刘武萍. 世界人权约法总览[M]. 成都:四川人民出版社,1991.

[13] 杜宴林. 法律的人文主义解释[M]. 北京:人民法院出版社,2005.

[14] 葛明珍.《经济、社会和文化权利国际公约》及其实施[M]. 北京:中国社会科学出版社,2003.

[15] 公丕祥. 权利现象的逻辑[M]. 济南:山东人民出版社,2002.

[16] 谷春德,郑杭生. 人权:从世界到中国——当代中国人权的理论与实践[M]. 北京:党建读物出版社,1999.

[17] 顾俊礼. 福利国家论析——以欧洲为背景的比较研究[M]. 北京:经济管理出版社,2002.

[18] 国际人权法教程项目组. 国际人权法教程(第一卷)[M]. 北京:中国政法大学出版社,2002.

[19] 胡彬. 制度变迁中的中国房地产业[M]. 上海:上海财经大学出版社,2002.

[20] 金俭. 房地产法研究[M]. 北京:科学出版社,2004.

[21] 金俭. 中国住宅法研究[M]. 北京:法律出版社,2004.

[22] 旧题黄帝撰. 宅经[A]. 四库数术类丛书(六)[C]. 上海:上海古籍出版社,1991.

[23] 李梅. 权利与正义:康德政治哲学研究[M]. 北京:社会科学文献出版社,2000.

［24］林来梵.法律与人文［M］.北京:法律书版社,2007.

［25］刘敦桢.中国住宅概说［M］.天津:百花文艺出版社,2004.

［26］刘海年.《经济、社会和文化权利国际公约》研究［M］.北京:中国法制出版社,2000.

［27］刘军宁.自由与社群［M］.北京:三联书店,1998.

［28］刘志峰.城镇住房制度改革［M］.北京:改革出版社,1994.

［29］刘作翔.多向度的法理学研究［M］.北京:北京大学出版社,2006.

［30］柳华文.论国家在〈经济、社会和文化权利国际公约〉下义务的不对称性［M］.北京:北京大学出版社,2005.

［31］陆介雄,等.住宅合作社立法研究［M］.北京:法律出版社,2006.

［32］罗玉中,等.人权与法制［M］.北京:北京大学出版社,2001.

［33］莫纪宏.国际人权公约与中国［M］.北京:世界知识出版社,2005.

［34］钱宁.现代社会福利思想［M］.北京:高等教育出版社,2006.

［35］任剑涛.权利的召唤［M］.北京:中央编译出版社,2005.

［36］沈宗灵.现代西方法理学［M］.北京大学出版社,2000.

［37］沈宗灵,黄枬森.世界人权学说(上、下)［M］.成都:四川人民出版社,1994.

［38］苏景文.住宅法概论［M］.武汉:华中师范大学出版社,1992.

［39］眭鸿明.权利确认与民法机理［M］.北京:法律出版社,2003.

［40］孙炳耀,常宗虎.中国社会福利概论［M］.北京:中国社会出版社,2002.

［41］孙金楼,柳林.住宅社会学［M］.济南:山东人民出版社,1985.

［42］孙清华,等.住房制度改革与住房心理［M］.北京:中国建筑工业出版社,1991.

［43］孙月平,等.应用福利经济学［M］.北京:经济管理出版社,2004.

［44］田东海,等.住房政策:国际经验借鉴和中国现实选择［M］.北京:清华大学出版社,1998.

［45］童悦仲,等.中外住宅产业对比［M］.北京:中国建筑工业出版社,2005.

［46］万鄂湘.欧洲人权法院判例评述［M］.北京:湖北人民出版社,1999.

［47］汪行福.分配正义于社会保障［M］.上海:上海财经大学出版社,2003.

[48] 王家福,刘海年,李林. 人权与 21 世纪[M]. 北京:中国法制出版社,2000.

[49] 王立红,等. 绿色住宅概论[M]. 北京:中国环境科学出版社,2003.

[50] 王微. 住房制度改革[M]. 北京:中国人民大学出版社,1999.

[51] 吴玉章. 论自由主义权利观[M]. 北京:中国人民公安大学出版社,1997.

[52] 夏勇. 人权概念起源——权利的历史哲学[M]. 北京:中国政法大学出版社,2001.

[53] 夏勇. 中国民权哲学[M]. 北京:生活·读书·新知三联书店,2004.

[54] 夏勇. 走向权利的时代:中国公民权利发展研究[M]. 北京:中国政法大学出版社,1995.

[55] 夏正林. 社会权规范研究[M]. 济南:山东人民出版社,2007.

[56] 徐显明. 人权研究第 6 卷[M]. 济南:山东人民出版社,2007.

[57] 许慎. 说文解字校订本[M]. 南京:凤凰出版社,2004.

[58] 杨春福. 权利法哲学研究导论[M]. 南京:南京大学出版社,2000.

[59] 杨大文. 婚姻法学[M]. 北京:中国人民大学出版社,1989.

[60] 姚建宗. 法理学一般法律科学[M]. 北京:中国政法大学出版社,2006.

[61] 姚建宗. 美国法律与发展研究运动述评[M]. 北京:法律出版社,2006.

[62] 姚洋. 转轨中国:审视社会公正和平等[M]. 北京:中国人民大学出版社,2004.

[63] 俞可平. 权利政治与公益政治[M]. 北京:社会科学文献出版社,2005.

[64] 张鸿铭. 住宅经济学[M]. 上海:上海财经大学出版社,1998.

[65] 张文显. 法理学[M]. 北京:法律出版社,1997.

[66] 张文显. 法哲学范畴研究[M]. 北京:中国政法大学出版社,2001.

[67] 张文显. 二十世纪西方法哲学思潮研究[M]. 北京:法律出版社,1996.

[68] 张文显. 马克思主义法理学——理论、方法和前沿[M]. 北京:高等教育出版社,2003.

[69] 张永和. 权利的由来:人类迁徙自由的研究报告[M]. 北京:中国检察出版社,2001.

[70] 赵立人.各国经济福利制度[M].成都:四川人民出版社,1986.

[71] 郑杭生.中国大百科全书·社会学卷[M].北京:中国大百科全书出版社,1991.

[72] 郑永流.法哲学与法社会学论丛[M].北京:北京大学出版社,2008.

[73] 中国城市住宅问题研究会住宅社会学学术委员会编.住宅社会学导论[M].合肥:安徽人民出版社,1991.

[74] 周宏.福利国家向何处去[M].北京:社会文献出版社,2006.

[75] 周楠.罗马法原论(上册)[M].北京:商务印书馆,1994.

[76] 周伟.人权法评论(第二卷)[M].北京:北京大学出版社,2007.

[77] 周伟.宪法基本权利司法救济研究[M].北京:中国人民公安大学出版社,2003.

[78] 朱剑红,王国诤.住房·住房[M].沈阳:辽宁人民出版社,1988.

[79] 朱亚鹏.住房制度改革政策创新与住房公平[M].广州:中山大学出版社,2007.

[80] 邹明武,郭建波.人居风暴:探索国际文明居住标准[M].深圳:海天出版社,1999.

[81] 李步云.人权法学[M].北京:高等教育出版社,2005.

[82] 李步云.论法治[M].北京:中国社会科学文献出版社,2008.

[83] 胡锦光.2007年中国典型宪法事例评析[M].北京:中国人民大学出版社,2008.

[84] 关今华.人权保障法学研究[M].北京:人民法院出版社,2006.

[84] 周世中.法的合理性研究[M].济南:山东人民出版社,2004.

[85] 刘海年等.依法治国与精神文明建设[M].北京:中国社会科学文献出版社,2008.

[86] 孙笑侠.法理学[M].北京:中国政法大学出版社,2008.

三、中文译著

[1] [爱尔兰]凯利著,王笑红译.西方法律思想简史[M].北京:法律出版社,2002.

[2]〔奥〕凯尔森著,沈宗灵译.法与国家的一般理论[M].北京:中国大百科全书出版社,1995.

[3]〔奥〕曼弗雷德·诺瓦克著,毕小青,孙世彦译.民权公约评注(上、下)[M].北京:生活·读书·新知三联出版社,2003.

[4]〔德〕康德著,沈叔平译.法的形而上学原理——权利的科学[M].北京:商务印书馆,1991.

[5]〔德〕鲁道夫·冯·耶林著,郑永流译.为权利而斗争[M].北京:法律出版社,2007.

[6]〔法〕让—欧仁·阿韦尔著,齐淑琴译.居住与住房[M].北京:商务印书馆,1996.

[7]〔美〕本杰明·N.卡多佐著,董炯,彭冰译.法律的成长 法律科学的悖论[M].北京:中国法制出版社,2002.

[8]〔美〕R.J.文森特著,凌迪,黄列译.人权与国际关系[M].北京:知识出版社,1998.

[9]〔美〕博登海默著,邓正来译.法理学:法律哲学与法律方法[M].北京:中国政法大学出版社,1998.

[10]〔美〕范伯格著,王守昌,戴栩译.自由、权利与社会正义:现代社会哲学[M].贵州:贵州人民出版社,1998.

[11]〔美〕杰克·唐纳利著,王浦劬等译.普遍人权的理论与实践[M].北京:中国社会科学出版社,2001.

[12]〔美〕卡尔·J.费里德里希著,周勇,王丽芝译.超验正义——宪政的宗教之维[M].北京:生活·读书·新知三联书店,1997.

[13]〔美〕科斯塔斯·杜兹纳著,郭春发译.人权的终结[M].南京:江苏人民出版社,2002.

[14]〔美〕路易斯·亨金著,信春鹰,吴玉章,李林译.权利的时代[M].北京:知识出版社,1997.

[15]〔美〕罗纳德·德沃金著,信春鹰,吴玉章译.认真对待权利[M].北京:中国大百科出版社,1998.

[16]〔美〕约翰·罗尔斯著,何怀宏,何包钢,廖申白译.正义论[M].北京:中

国社会科学出版社,1988.

[17]〔挪〕A. 艾德等著,黄烈译. 经济、社会和文化权利[M]. 北京:中国社会科学出版社,2003.

[18]〔美〕迈克尔·J. 桑德尔著,万俊人等译. 自由主义与正义的局限[M]. 南京:译林出版社,2001.

[19]〔日〕大须贺明著,林浩译. 生存权论[M]. 北京:法律出版社,2001.

[20]〔日〕早川和男著,李桓译. 居住福利论——居住环境在社会福利和人类幸福中的意义[M]. 北京:中国建筑工业出版社,2005.

[21]〔瑞士〕托马斯·弗莱纳著,谢鹏程译. 人权是什么?[M]. 北京:中国社会科学出版社,2000.

[22]〔印〕阿马蒂亚·森等著,徐大健译. 生活水准[M]. 上海:上海财经大学出版社,2007.

[23]〔印〕阿马蒂亚·森著,王宇,王文玉译. 伦理学与经济学[M]. 北京:商务印书馆,2000.

[24]〔印〕阿马蒂亚·森著,王宇,王文玉译. 贫困与饥荒:论权利与剥夺[M]. 北京:商务印书馆,2001.

[25]〔印〕阿马蒂亚·森著,任赜,于真译. 以自由看待发展[M]. 北京:中国人民大学出版社,2003.

[26]〔英〕A. L. A. 哈特著,支振锋译. 法律、自由与道德[M]. 北京:法律出版社,2006.

[27]〔英〕A. J. M. 米尔恩著,夏勇,张志铭译. 人的权利与人的多样性——人权哲学[M]. 北京:中国大百科全书出版社,1995.

[28]〔英〕R. J. 文森特著,凌迪,黄列译. 人权与国际关系[M]. 北京:知识出版社,1998.

[29]〔英〕安东尼·吉登斯著,郑戈译. 第三条道路 社会民主主义的复兴[M]. 北京:北京大学出版社,2000.

[30]〔英〕哈耶克著,王明毅等译. 通往奴役之路[M]. 北京:中国社会科学出版社,1997.

[31]〔英〕哈耶克著,邓正来译. 自由秩序原理(上)[M]. 北京:生活·读书

·新知三联书店,1997.

[32]〔英〕哈耶克著,冯克利译.经济、科学与政治——哈耶克思想精粹[M].南京:江苏人民出版社,2000.

[33]〔英〕柯林·威尔森著,杜新宇译.心理学的新道路——马斯洛和后弗洛伊德主义[M].北京:华文出版社,2001.

[34]〔英〕诺曼·巴里著,储建国译.福利[M].吉林:吉林人民出版社,2005.

四、中文期刊

[1] Hague C.伊斯坦布尔之路:“人居Ⅱ”大会对规划师和建筑师的挑战[J].刘宛译.国外城市规划,1998,(2).

[2] 巴曙松.政府介入房地产的三条边界[J].发展,2005,(10).

[3] 陈文殊.国外住房保障制度比较分析及其对我国的启示[J].中共福建省委党校学报,2006,(10).

[4] 陈信勇,宋巧仙.论我国住房保障立法的必要性和可行性[J].浙江工商大学学报,2007,(6).

[5] 邓海娟.住宅权之行政法保护[J].特区经济,2007,(7).

[6] 邓正来.中国人权利发展研究的理想与现实——评《走向权利的时代——中国公民权利发展研究》[J].中国法学,1996,(1).

[7] 冯玉军.公平还是福利?这是一个问题[J].西部法学评论,2008,(1).

[8] 甘绍平.作为一项权利的人的尊严[J].哲学研究,2008,(6).

[9] 高扬文.福利与权利[J].松辽学刊(人文社会科学版),2002,(1).

[10] 龚向和.社会权的概念[J].河北法学,2007,(9).

[11] 龚向和.社会权的历史演变[J].时代法学,2005,(3).

[12] 顾敏康.宪法权利的深层保护——从垃圾袋的处理说起[J].法学,2006,(7).

[13] 郭强.论马克思市民社会理论及其现代意义[J].燕山大学学报(哲学社会科学版),2008(4).

[14] 郝铁川.权利实现的差序格局[J].中国社会科学,2002,(5).

[15] 胡鸿高.论公共利益的法律界定——从要素解释的路径[J].中国法学,

2008,(4).

[16] 胡玉鸿."人的尊严"的法理疏释[J].法学评论,2007,(6).

[17] 黄声雄.试论住宅市场价格均衡机制[J].福建论坛(经济社会版),2003,(8).

[18] 贾少鑫.我国人权观念的嬗变与人权进步的理论和现实表现[J].河南社会科学,2004,(3).

[19] 蒋承菘,楚道文.居住权的法律与政策保障研究:论住宅权利社会保障立法的若干问题——基于《物权法》对住宅权利保障不足的分析[J].政治与法律,2008,(2).

[20] 蒋勤.公民资格与全民福利——马歇尔公民资格理论评述[J].社会福利,2003,(1).

[21] 拉金达·萨查尔.适足住房权[J].人权研究丛刊,1996,(7).

[22] 李常青,冯小琴.少数人权利及其保护的平等性[J].现代法学,2001,(5).

[23] 李鸿翔.从经济适用房政策的实施看我国的住房保障制度[J].中国行政管理,2007,(5).

[24] 李巧波.农民工住房保障制度探讨[J].北方经贸,2007,(7).

[25] 李蕊,丛晓峰.历史视角下的社会法范畴[J].北京科技大学学报(社会科学版),2007,(6).

[26] 李阎岩.城市房屋拆迁中公共利益的界定[J].辽宁行政学院学报,2008,(2).

[27] 李忠.论少数人权利——兼评《公民权利和政治权利国际公约》第27条[J].法律科学,1999,(5).

[28] 廖永生.规矩与广厦——《住宅法》框架论证会综述[J].中外房地产导报,2001,(8).

[29] 刘茂林,范电勤.论我国城市住房保障制度的发展与完善——以基本权利为视角[J].宁波大学学报(人文科学版),2008,(6).

[30] 刘正才.廉租房将终结经济适用房?[J].中国社会导刊,2006,(9).

[31] 麻宝斌.公共利益与公共悖论[J].江苏社会科学,2002,(1).

[32] 欧阳景根. 作为一种法律权利的社会福利权及其限度——公民身份理论视野下的社会公平正义之省察[J]. 浙江学刊,2007,(4).

[33] 庞凌,缪岚. 安全、自由、自主——住宅不受侵犯的价值蕴含[J]. 法律科学(西北政法学院学报),2005,(6).

[34] 彭晓梅. 格努特姆诉南非政府案[J]. 中国审判,2008,(12).

[35] 钱宁. 社会福利中的政治道德问题与集体主义价值观[J]. 思想战线,2003,(4).

[36] 尚晓援. “社会福利”与“社会保障”再认识[J]. 中国社会科学,2001,(3).

[37] 沈宗灵. 人权是什么意义上的权利[J]. 中国法学,1991,(5).

[38] 尤雪云. 经济、社会、文化权利在中国[J]. 人权,2005,(1).

[39] 孙正聿. 辩证法:黑格尔、马克思与后形而上学[J]. 中国社会科学,2008,(3).

[40] 王海明. 权利义务类型论[J]. 首都师范大学学报(社会科学版),2007,(4).

[41] 王宏哲,石雁. “适当的”:住房人权的概念解读[J]. 北京科技大学学报(社会科学版),2007,(4).

[42] 魏杰,王韧. 我国住房制度改革的路径:基于住房商品的特殊性质[J]. 经济体制改革,2007,(2).

[43] 吴慧.《欧洲人权公约》实施机制的发展[J]. 国际关系学院学报,2001,(1).

[44] 肖泽晟. 我国住宅权行政法保护缺失分析[J]. 行政法学研究,2006,(1).

[45] 谢晖. 民间规范与习惯权利[J]. 现代法学,2005,(2).

[46] 徐显明,齐延平. 中国人权制度建设的五大主题[J]. 文史哲,2002,(4).

[47] 徐显明. 人权的体系与分类[J]. 中国社会科学,2000,(6).

[48] 徐显明. 生存权论[J]. 中国社会科学,1992,(5).

[49] 姚建宗. 权利思维的另一面[J]. 法制与社会发展,2005,(6).

[50] 姚晓茹，刘建华. 从延安“黄碟案”看公权力与私权利的行使界限[J]. 辽宁师范大学学报(社会科学版)，2007，(5).

[51] 叶传星. 在私权利、公权力和社会权力的错落处——“黄碟案”的一个解读[J]. 法学家，2003，(3).

[52] 张群. 住宅权及其立法文献[J]. 法律文献信息与研究，2008，(1).

[53] 张文显，姚建宗. 权利时代的理论景象[J]. 法制与社会发展，2005，(5).

[54] 张文显. 论人权的主体与主体的人权[J]. 中国法学，1991，(5).

[55] 张新宝. 延安“黄碟案”引发的法学思考——从隐私权的民法保护看“黄碟案”[J]. 法学家，2003，(3).

[56] 邹德依，等. 中国地域性建筑的成就、局限和前瞻[J]. 建筑学报，2002，(5).

[57] 左传卫. 经济和社会权利保障的理想与现实[J]. 法商研究，2004，(6).

五、外文原著

[1] Aggarwal A. ,Women's Right to Adequate Housing: Overview of the Reports of the Special Rapporteur on Adequate Housing, August 2004.

[2] Bratt R. G. , Stone M. E. , Hartman C. , A right to Housing: Foundations for a New Social Agenda[M]. Philadelphia, PA: Temple University Press, 2006.

[3] Chamberlain C. , McKenzie D. , Counting the Homeless 2001[M]. Australian Bureau of Statistics. 2003.

[4] Fischer P. J. , Criminal Behavior and Victimization among Homeless People [C]. In Jahiel, R. I. (Ed.), Homelessness: A Prevention-oriented Approach. Baltimore: Johns Hopkins University Press, 1992.

[5] Holmes S, Sunstein C. R. ,The Cost of Rights, Why Liberty Depends on Taxes[M]. W. W. Norton & Company, 2000.

[6] Hwang I. C. , Yoo N. Y. ,The Poor's Rights to Their Houses: Redevelopment and Squatter Tenants' Rights[C]. In Kim, H. K. , ed. , Squatter Areas and Redevelopment. Nanam, Seoul, Korea. 1989.

[7] Morse G. A. , Causes of Homelessness[C]. In M. J. Robertson and M. Greenblatt (Eds). Homelessness: A national Perspective. New York: Plenum Press, 1992.

[8] Olds K. , Canada—hallmark Events, Evictions, and Housing Rights[C]. In A. Azuela et al (Eds), Evictions and the Right to Housing: Experience from Canada, Chile, the Dominican Republic, South Africa, and South Korea, Ottawa: International Development Research Centre. 1998.

[9] United Nations Human Settlements Programme (UN-HABITAT). Monitoring Housing Rights. 2003, http://www.unhabitat.org/unhrp/pub.

六、外文期刊

[1] Banyard V. L. , A Taking Another Route: Daily Survival Narratives from Mothers Who Are Homeless [J]. American Journal of Community Psychology, 1995, 23(6):pp. 871—891.

[2] Barber R. J. , Protecting the Right to Housing in the Aftermath of Natural Disaster: Standards in International Human Rights Law [J]. International Journal of Refugee Law, 2008, 20(3):pp. 432—468.

[3] Bengtsson B. Housing as a Social Right: Implications for Welfare State Theory [J]. Scandinavian Political Studies, 2001, 24(4):pp. 255—275.

[4] Bengtsson B. Politics and Housing Markets: Four Normative Arguments [J]. Scandinavian Housing and Planning Research, 1995, 12:pp. 123—140.

[5] Calsyn R. J. , Morse G. A. , Predicting Psychiatric Symptoms among Homeless People [J]. Community Mental Health Journal, 1992, 28(5):pp. 385—395.

[6] Freeman L. America's Affordable Housing Crisis: A Contract Unfulfilled [J]. American Journal of Public Health, 2002, 92(5):pp. 709—712.

[7] Gómez M. , Thiele B. , Tegeler P. , Housing Rights Are Human Rights [J]. Human Rights: Journal of the Section of Individual Rights & Responsibilities, 2005, 32(3):p. 23.

[8] Goodman L. A. , Duiton M. A. , Harris M. Episodically Homeless Women

with Serious Mental Illness: Prevalence of Physical and Sexual Assault [J]. American Journal of Orthopsychiatry, 1995, 65(4):pp.468—478.

[9] Greenberg M., Should Housing Be Built on Former Brownfield Sites? [J]. American Journal of Public Health, 2002, 92(5):pp.703—705.

[10] Hafetz J. L., Homeless Legal Advocacy: New Challenges and Directions for the Future [J]. Fordham Urban Law Journal, 2003,(30):pp.1215—1265.

[11] Hulchanski J. D., Do All Canadians Have a Right to Housing? [J]. Canadian Housing, 1989, 6(1):pp.5—10.

[12] Kabir A. H. M., Development and Human Rights: Litigating the Right to Adequate Housing [J]. Asia Pacific Journal on Human Rights and the Law, 2002, 1: pp.97—119.

[13] Krueger B., How to Match an Older Adult with the Right Housing [J]. Generations, 2006, 29(4):pp.73—74.

[14] Leckie S., Housing as a Human Right. Environment and Urbanization, 1989,(12):pp.90—108.

[15] Lynch P., Begging for Change: Homelessness and the Law [J]. Melbourne University Law Review, 2002, 26(3): pp.690—706.

[16] Lynch P., Cole J. Homelessness and Human Rights: Regarding and Responding to Homelessness as a Human Rights Violation [J]. Melbourne Journal of International Law, 2003, (4):pp.147—149.

[17] Otto D., Lynch P., Housing, Homelessness and Human Rights [J]. Australian Journal of Human Rights, 2004, (10):pp.1—10.

[18] Paglione G., Domestic Violence and Housing Rights: A Reinterpretation of the Right to Housing[J]. Human Rights Quarterly, 2006, 28(1):pp.120—147.

[19] Pugh C., The Theory and Practice of Housing Sector Development for Developing Countries, 1950—99 [J]. Housing Studies, 2001, 16(4):pp.399—423.

[20] Rachel G. B., A Right to Housing redux [J]. Journal of Housing and Community Development, 2004,(2):pp.1—3.

[21] Medford R., Housing Discrimination in U. S. Suburbs: A Bibliography

[J]. Journal of Planning Literature, 2004, 18(4):pp. 399—457.

[22] Sackville R., Homelessness, Human Rights and the Law [J]. Australian Journal of Human Rights, 2005, 10(2):pp. 11—26.

[23] Scott S., Mullen T., Fitzpatrick S., Goodlad R., Rights and Security in Housing: The Repossession Process in the Social Rented Sector[J]. Modern Law Review, 1999, 62(1):pp. 11—31.

[24] Stearns J. E., Voluntary Bonds: The Impact of Habitat II on U. S Housing Policy[C]. Saint Louis University Public Law Review [J]. St. Louis University, St. Louis, Missouri 1997, p. 419.

[25] Thiele B., The Human Right to Adequate Housing: A Tool for Promoting and Protecting Individual and Community Health [J]. American Journal of Public Health, 2002, 92(5):pp. 712—715.

[26] Verhetsel A., Witlox F. Children and Housing: "Only the Best is Good Enough" [J]. Childhood, 2006, 13(2):pp. 205—224.

[27] King P., Housing as a Freedom Right [J]. Housing Studies, 2003, 18(5):pp. 661—672.

七、硕士、博士学位论文

[1] 孙晓臣.论公民住宅权[D].济南:山东大学,2007.

[2] 黄音.论公民住宅权的刑法特别保护[D].上海:华东政法学院,2007.

[3] 欧阳晓晴.城市中低收入居民住房保障制度研究[D].武汉:华中科技大学,2006.

[4] 王世联.中国城镇住房保障制度思想变迁研究(1949—2005)[D].上海:复旦大学,2006.

[5] 李娜.中国城镇适度住房保障水平研究——以北京为例[D].北京:中国人民大学,2006.

[6] 刘佳卉.资产建设——解决低收入群体住房问题的重要途径[D].长春:吉林大学,2008.

[7] 刘晓夏.人权两公约确认的个人权利的国内司法救济措施[D].北京:中

国政法大学 2005.

[8] 赵永成.人权保护的国际机制研究[D].北京:中共中央党校,2006.

[9] 王岩云.当代中国权利问题研究检视[D].长春:吉林大学,2008.

[10] 王元华.社会公民资格权利研究[D].苏州:苏州大学,2006.

八、网络文献

[1] 中国不动产网:http://www.chinahouse.info/

[2] 北大法意:http://www.lawyee.net/

[3] 联合国人权网站:http://www.un.org/chinese/hr/

附录　国家和浙江省保障房法律法规政策性文件选编

经济适用房类

经济适用住房管理办法

关于加强经济适用住房管理有关问题的通知

浙江省经济适用住房管理办法

杭州市区经济适用住房管理办法

廉租住房类

廉租住房保障办法

关于加强廉租住房管理有关问题的通知

浙江省城镇廉租住房保障办法

杭州市城镇廉租住房保障管理办法

公共租赁住房类

关于加快发展公共租赁住房的指导意见

公共租赁住房管理办法

杭州市区公共租赁住房租赁管理实施细则(试行)

杭州市区公共租赁住房租金管理暂行办法

建设部 发展改革委 监察部 财政部 国土资源部 人民银行 税务总局关于印发《经济适用住房管理办法》的通知

建住房[2007]258号

各省、自治区、直辖市人民政府，国务院各部委、各直属机构：

根据《国务院关于解决城市低收入家庭住房困难的若干意见》(国发[2007]24号)，经国务院同意，现将修订后的《经济适用住房管理办法》印发给你们，请认真贯彻执行。

中华人民共和国建设部

中华人民共和国国家发展和改革委员会

中华人民共和国监察部

中华人民共和国财政部

中华人民共和国国土资源部

中国人民银行

国家税务总局

二〇〇七年十一月十九日

经济适用住房管理办法

第一章 总 则

第一条 为改进和规范经济适用住房制度，保护当事人合法权益，制定本办法。

第二条 本办法所称经济适用住房，是指政府提供政策优惠，限定套型面积和销售价格，按照合理标准建设，面向城市低收入住房困难家庭供应，具有保障性质的政策性住房。

本办法所称城市低收入住房困难家庭，是指城市和县人民政府所在地镇的范围内，家庭收入、住房状况等符合市、县人民政府规定条件的家庭。

第三条 经济适用住房制度是解决城市低收入家庭住房困难政策体系的组成部分。经济适用住房供应对象要与廉租住房保障对象相衔接。经济适用住房的建设、供应、使用及监督管理，应当遵守本办法。

第四条 发展经济适用住房应当在国家统一政策指导下，各地区因地制宜，政府主导、社会参与。市、县人民政府要根据当地经济社会发展水平、居民住房状况和收入水平等因素，合理确定经济适用住房的政策目标、建设标准、供应范围和供应对象等，并组织实施。省、自治区、直辖市人民政府对本行政区域经济适用住房工作负总责，对所辖市、县人民政府实行目标责任制管理。

第五条 国务院建设行政主管部门负责对全国经济适用住房工作的指导和实施监督。县级以上地方人民政府建设或房地产行政主管部门（以下简称“经济适用住房主管部门”）负责本行政区域内经济适用住房管理工作。

县级以上人民政府发展改革（价格）、监察、财政、国土资源、税务及金融管理等部门根据职责分工，负责经济适用住房有关工作。

第六条 市、县人民政府应当在解决城市低收入家庭住房困难发展规划和年度计划中，明确经济适用住房建设规模、项目布局和用地安排等内容，并纳入本级国民经济与社会发展规划和住房建设规划，及时向社会公布。

第二章 优惠和支持政策

第七条 经济适用住房建设用地以划拨方式供应。经济适用住房建设用地应纳入当地年度土地供应计划，在申报年度用地指标时单独列出，确保优先供应。

第八条 经济适用住房建设项目免收城市基础设施配套费等各种行政事业性收费和政府性基金。经济适用住房项目外基础设施建设费用，由政府负担。经济适用住房建设单位可以以在建项目作抵押向商业银行申请住房开发贷款。

第九条 购买经济适用住房的个人向商业银行申请贷款，除符合《个人住房贷款管理办法》规定外，还应当出具市、县人民政府经济适用住房主管部门准予购房的核准通知。

购买经济适用住房可提取个人住房公积金和优先办理住房公积金贷款。

第十条 经济适用住房的贷款利率按有关规定执行。

第十一条 经济适用住房的建设和供应要严格执行国家规定的各项税费优惠政策。

第十二条 严禁以经济适用住房名义取得划拨土地后，以补交土地出让金等方式，变相进行商品房开发。

第三章　建 设 管 理

第十三条　经济适用住房要统筹规划、合理布局、配套建设，充分考虑城市低收入住房困难家庭对交通等基础设施条件的要求，合理安排区位布局。

第十四条　在商品住房小区中配套建设经济适用住房的，应当在项目出让条件中，明确配套建设的经济适用住房的建设总面积、单套建筑面积、套数、套型比例、建设标准以及建成后移交或者回购等事项，并以合同方式约定。

第十五条　经济适用住房单套的建筑面积控制在60平方米左右。市、县人民政府应当根据当地经济发展水平、群众生活水平、住房状况、家庭结构和人口等因素，合理确定经济适用住房建设规模和各种套型的比例，并进行严格管理。

第十六条　经济适用住房建设按照政府组织协调、市场运作的原则，可以采取项目法人招标的方式，选择具有相应资质和良好社会责任的房地产开发企业实施；也可以由市、县人民政府确定的经济适用住房管理实施机构直接组织建设。在经济适用住房建设中，应注重发挥国有大型骨干建筑企业的积极作用。

第十七条　经济适用住房的规划设计和建设必须按照发展节能省地环保型住宅的要求，严格执行《住宅建筑规范》等国家有关住房建设的强制性标准，采取竞标方式优选规划设计方案，做到在较小的套型内实现基本的使用功能。积极推广应用先进、成熟、适用、安全的新技术、新工艺、新材料、新设备。

第十八条　经济适用住房建设单位对其建设的经济适用住房工程质量负最终责任，向买受人出具《住宅质量保证书》和《住宅使用说明书》，并承担保修责任，确保工程质量和使用安全。有关住房质量和性能等方面的要求，应在建设合同中予以明确。

经济适用住房的施工和监理,应当采取招标方式,选择具有资质和良好社会责任的建筑企业和监理公司实施。

第十九条 经济适用住房项目可采取招标方式选择物业服务企业实施前期物业服务,也可以在社区居委会等机构的指导下,由居民自我管理,提供符合居住区居民基本生活需要的物业服务。

第四章 价格管理

第二十条 确定经济适用住房的价格应当以保本微利为原则。其销售基准价格及浮动幅度,由有定价权的价格主管部门会同经济适用住房主管部门,依据经济适用住房价格管理的有关规定,在综合考虑建设、管理成本和利润的基础上确定并向社会公布。房地产开发企业实施的经济适用住房项目利润率按不高于3%核定;市、县人民政府直接组织建设的经济适用住房只能按成本价销售,不得有利润。

第二十一条 经济适用住房销售应当实行明码标价,销售价格不得高于基准价格及上浮幅度,不得在标价之外收取任何未予标明的费用。经济适用住房价格确定后应当向社会公布。价格主管部门应依法进行监督管理。

第二十二条 经济适用住房实行收费卡制度,各有关部门收取费用时,必须填写价格主管部门核发的交费登记卡。任何单位不得以押金、保证金等名义,变相向经济适用住房建设单位收取费用。

第二十三条 价格主管部门要加强成本监审,全面掌握经济适用住房成本及利润变动情况,确保经济适用住房做到质价相符。

第五章 准入和退出管理

第二十四条 经济适用住房管理应建立严格的准入和退出机制。经济适用住房由市、县人民政府按限定的价格,统一组织向符合购房条件的低收入家庭出售。经济适用住房供应实行申请、审核、公示和轮候制度。市、县人民政府应当制定经济适用住房申请、审核、公示和轮候的具体办法,并向社会公布。

第二十五条 城市低收入家庭申请购买经济适用住房应同时符合下列条件:

（一）具有当地城镇户口;

（二）家庭收入符合市、县人民政府划定的低收入家庭收入标准;

（三）无房或现住房面积低于市、县人民政府规定的住房困难标准。

经济适用住房供应对象的家庭收入标准和住房困难标准,由市、县人民政府根据当地商品住房价格、居民家庭可支配收入、居住水平和家庭人口结构等因素确定,实行动态管理,每年向社会公布一次。

第二十六条 经济适用住房资格申请采取街道办事处(镇人民政府)、市(区)、县人民政府逐级审核并公示的方式认定。审核单位应当通过入户调查、邻里访问以及信函索证等方式对申请人的家庭收入和住房状况等情况进行核实。申请人及有关单位、组织或者个人应当予以配合,如实提供有关情况。

第二十七条 经审核公示通过的家庭,由市、县人民政府经济适用住房主管部门发放准予购买经济适用住房的核准通知,注明可以购买的面积标准。然后按照收入水平、住房困难程度和申请顺序等因素进行轮候。

第二十八条 符合条件的家庭,可以持核准通知购买一套与核准面积相对应的经济适用住房。购买面积原则上不得超过核准面积。购买面积在核准面积以内的,按核准的价格购买;超过核准面积的部分,不得享受政府优惠,由购房人按照同地段同类普通商品住房的价格补交差价。

第二十九条 居民个人购买经济适用住房后,应当按照规定办理权属登记。房屋、土地登记部门在办理权属登记时,应当分别注明经济适用住房、划拨土地。

第三十条 经济适用住房购房人拥有有限产权。

购买经济适用住房不满5年，不得直接上市交易，购房人因特殊原因确需转让经济适用住房的，由政府按照原价格并考虑折旧和物价水平等因素进行回购。

购买经济适用住房满5年，购房人上市转让经济适用住房的，应按照届时同地段普通商品住房与经济适用住房差价的一定比例向政府交纳土地收益等相关价款，具体交纳比例由市、县人民政府确定，政府可优先回购；购房人也可以按照政府所定的标准向政府交纳土地收益等相关价款后，取得完全产权。

上述规定应在经济适用住房购买合同中予以载明，并明确相关违约责任。

第三十一条 已经购买经济适用住房的家庭又购买其他住房的，原经济适用住房由政府按规定及合同约定回购。政府回购的经济适用住房，仍应用于解决低收入家庭的住房困难。

第三十二条 已参加福利分房的家庭在退回所分房屋前不得购买经济适用住房，已购买经济适用住房的家庭不得再购买经济适用住房。

第三十三条 个人购买的经济适用住房在取得完全产权以前不得用于出租经营。

第六章 单位集资合作建房

第三十四条 距离城区较远的独立工矿企业和住房困难户较多的企业，在符合土地利用总体规划、城市规划、住房建设规划的前提下，经市、县人民政府批准，可以利用单位自用土地进行集资合作建房。参加单位集资合作建房的对象，必须限定在本单位符合市、县人民政府规定的低收入住房困难家庭。

第三十五条 单位集资合作建房是经济适用住房的组成部分，其建设标准、优惠政策、供应对象、产权关系等均按照经济适用住房的有关规定严格执行。单位集资合作建房应当纳入当地经济适用住房建设计划和用地计划管理。

第三十六条 任何单位不得利用新征用或新购买土地组织集资合作建房；各级国家机关一律不得搞单位集资合作建房。单位集资合作建房不得向不符合经济适用住房供应条件的家庭出售。

第三十七条 单位集资合作建房在满足本单位低收入住房困难家庭购买后，房源仍有少量剩余的，由市、县人民政府统一组织向符合经济适用住房购房条件的家庭出售，或由市、县人民政府以成本价收购后用作廉租住房。

第三十八条 向职工收取的单位集资合作建房款项实行专款管理、专项使用，并接受当地财政和经济适用住房主管部门的监督。

第三十九条 已参加福利分房、购买经济适用住房或参加单位集资合作建房的人员，不得再次参加单位集资合作建房。严禁任何单位借集资合作建房名义，变相实施住房实物分配或商品房开发。

第四十条 单位集资合作建房原则上不收取管理费用，不得有利润。

第七章 监督管理

第四十一条 市、县人民政府要加强对已购经济适用住房的后续管理，经济适用住房主管部门要切实履行职责，对已购经济适用住房家庭的居住人员、房屋的使用等情况进行定期检查，发现违规行为及时纠正。

第四十二条 市、县人民政府及其有关部门应当加强对经济适用住房建设、交易中违纪违法行为的查处。

（一）擅自改变经济适用住房或集资合作建房用地性质的，由国土资源主管部门按有关规定处罚。

（二）擅自提高经济适用住房或集资合作建房销售价格等价格违法行为的，由价格主管部门依法进行处罚。

（三）未取得资格的家庭购买经济适用住房或参加集资合作建房的，其所购买或集资建设的住房由经济适用住房主管部门限期按原价格并考虑折旧等因素作价收购；不能收购的，由经济适用住房主管部门责成其补缴经济适用住房或单位集资合作建房与同地段同类普通商品住房价格差，并对相关责任单位和责任人依法予以处罚。

第四十三条　对弄虚作假、隐瞒家庭收入和住房条件，骗购经济适用住房或单位集资合作建房的个人，由市、县人民政府经济适用住房主管部门限期按原价格并考虑折旧等因素作价收回所购住房，并依法和有关规定追究责任。对出具虚假证明的，依法追究相关责任人的责任。

第四十四条　国家机关工作人员在经济适用住房建设、管理过程中滥用职权、玩忽职守、徇私舞弊的，依法依纪追究责任；涉嫌犯罪的，移送司法机关处理。

第四十五条　任何单位和个人有权对违反本办法规定的行为进行检举和控告。

第八章　附　　则

第四十六条　省、自治区、直辖市人民政府经济适用住房主管部门会同发展改革（价格）、监察、财政、国土资源、金融管理、税务主管部门根据本办法，可以制定具体实施办法。

第四十七条　本办法由建设部会同发展改革委、监察部、财政部、国土资源部、人民银行、税务总局负责解释。

第四十八条　本办法下发后尚未销售的经济适用住房，执行本办法有关准入和退出管理、价格管理、监督管理等规定；已销售的经济适用住房仍按原有规定执行。此前已审批但尚未开工的经济适用住房项目,凡不符合本办法规定内容的事项,应按本办法做相应调整。

第四十九条 建设部、发展改革委、国土资源部、人民银行《关于印发〈经济适用住房管理办法〉的通知》(建住房[2004]77 号)同时废止。

关于加强经济适用住房管理有关问题的通知

建保[2010]59号

各省、自治区住房城乡建设厅，直辖市建委（住房保障和房屋管理局、房地局），新疆生产建设兵团建设局：

根据《国务院关于解决城市低收入家庭住房困难的若干意见》（国发[2007]24号）、《国务院办公厅关于促进房地产市场平稳健康发展的通知》（国办发[2010]4号）、《国务院关于坚决遏制部分城市房价过快上涨的通知》（国发[2010]10号）和《经济适用住房管理办法》（建住房[2007]258号）的有关规定，为加强经济适用住房管理，现就有关问题通知如下：

一、严格建设管理

（一）经济适用住房建设项目必须严格按照有关规划建设管理的规定程序报批、建设，不得变更批准的项目规模、套型结构和用途。要严格执行施工图审查、工程招标、施工许可、质量监督、工程监理、竣工验收备案等建设程序，严格执行国家有关保障性住房建设的技术标准和强制性条文。

（二）严格执行经济适用住房单套建筑面积标准控制在60平方米左右的要求。住房供需矛盾突出的城市，可适当减小套型建筑面积，以增加供应套数。委托房地产开发企业建设的经济适用住房项目，住房保障部门要明确套型面积等控制性要求，作为项目法人招标的前置条件。

（三）各地可结合当地居民收入、住房状况等实际情况，自行确定经济适用住房的建设规模。商品住房价格过高、上涨过快的城市，要大幅度增加经济适用住房供应。

二、规范准入审核

（四）经济适用住房供应对象为城市低收入住房困难家庭。商品住房价格较高的城市，可以适当扩大经济适用住房的供应范围。

（五）经济适用住房申请人应当如实申报家庭收入、财产和住房状况，并对申报信息的真实性负责。

（六）市、县住房保障部门要会同有关部门建立健全经济适用住房申请、审核、公示、轮候制度和工作机制，认真履行审核责任，确保配售过程公开透明，配售结果公平公正，主动接受社会监督。严禁委托开发企业、中介机构和其他组织、个人代理购房资格审核和房源分配等政府职责。

三、强化使用监督

（七）市、县住房保障部门应当定期或不定期对经济适用住房使用情况（包括自住、闲置、出租、出借、出售以及住房用途等）进行检查，也可委托经济适用住房管理单位定期对上述情况进行调查。新建经济适用住房小区（包括配建经济适用住房）进行前期物业管理招投标时，可以将相关委托内容作为招标条件，并在临时管理规约和前期物业服务合同中明示。

（八）在取得完全产权前，经济适用住房购房人只能用于自住，不得出售、出租、闲置、出借，也不得擅自改变住房用途。

（九）在取得完全产权前，经济适用住房购房人有与其申报收入明显不符的高消费行为时，应当主动向住房保障部门作出说明，并配合对其资产进行核查、公示。

（十）已购买经济适用住房的家庭，再购买其他住房的，必须办理经济适用住房退出手续，或者通过补交土地收益等价款取得已购经济适用住房的完全产权。

四、加强交易管理

（十一）经济适用住房上市交易，必须符合有关政策规定并取得完全产权。住房保障部门应当对个人是否已缴纳相应土地收益等价款取得完全产权、成交价格是否符合正常交易、政府是否行使优先购买权等情况出具书面意见。

房屋登记、租赁管理机构办理房屋权属登记、租赁备案登记时，要比对住房保障部门提供的有关信息。对已购经济适用住房的家庭，不能提供住房保障部门出具的书面意见的，任何中介机构不得代理买卖、出租其经济适用住房；房屋租赁备案管理机构应当暂停办理其经济适用住房的租赁备案，房屋登记机构应当暂停办理该家庭购买其他房屋的权属登记，并及时通报住房保障部门。

（十二）住房保障部门应当会同有关部门结合各地段普通商品住房交易指导价格，定期制订经济适用住房上市补交土地收益等价款的标准，报经市、县人民政府同意后公布实施。

经济适用住房交易价格低于政府公布的同地段、同类普通商品住房交易指导价格的，依指导价格缴纳相应的土地收益等价款。

（十三）各地要结合实际情况完善经济适用住房上市交易分配机制，健全上市交易管理办法。要按照配售经济适用住房时承购人与政府的出资比例，确定上市所得价款的分配比例、政府优先购买权等管理事项。其中，政府出资额为土地出让金减让、税费减免等政策优惠额之和。

五、完善监督机制

（十四）市、县住房保障部门要依法履行监督管理职责，建立经济适用住房管理信息系统，积极推动建立住房保障、房地产、民政、公安、金融等部门的信息共享机制，增强审核工作的准确性，提高监管工作效率。同时，要设立并公布举报电话、信箱、电子邮箱等，采取多种方式接受群众举报、投诉，加强社会监督。

（十五）经济适用住房管理的相关内容纳入住房保障规范化管理考核范围。省级住房城乡建设部门要督促各市、县完善经济适用住房管理制度，健全住房保障实施机构，配备专门力量负责经济适用住房使用情况的监督检查，并对市、县经济适用住房管理情况进行定期检查。

（十六）购房人违反本通知第（五）条规定，以虚假资料骗购经济适用住房的，一经查实，立即责令退还；违反本通知第（八）条规定，违规出售、出租、闲置、出借经济适用住房，或者擅自改变住房用途且拒不整改的，按照有关规定或者合同约定收回；违反本通知第（九）条规定，对其高消费行为不作出说明，不配合资产核查、公示，或不能作出合理解释的，视同以虚假资料骗购经济适用住房。

对有上述情形的购房人，取消其在 5 年内再次申请购买或租赁各类政策性、保障性住房的资格。

（十七）经济适用住房建设单位、中介机构和其他组织、个人有违法违规行为的，要依法依规予以处理，并记入诚信档案。

国家机关工作人员在经济适用住房建设、管理过程中滥用职权、玩忽职守、徇私舞弊的，依法依纪追究责任；涉嫌犯罪的，移送司法机关处理。

（十八）各地要根据本通知要求，完善经济适用住房管理办法，并制订经济适用住房配售合同示范文本。

（十九）本通知自印发之日起施行。

中华人民共和国住房和城乡建设部

二〇一〇年四月二十二日

浙江省经济适用住房管理办法

（2005年4月18日浙江省人民政府令第191号发布根据2010年12月17日浙江省人民政府令第283号公布的《浙江省人民政府关于修改〈浙江省经济适用住房管理办法〉的决定》修正）

第一章　总　　则

第一条　为了保障城镇低收入家庭的基本住房需求，规范经济适用住房建设、交易和管理行为，根据国家有关规定，结合本省实际，制定本办法。

第二条　本办法所称的经济适用住房，是指政府提供优惠条件，限定建设标准、供应对象和销售价格，具有保障性质的政策性商品住房。

第三条　本省行政区域内经济适用住房的建设、交易和管理，适用本办法。

第四条　县级以上人民政府应当加强对经济适用住房工作的领导，并根据经济社会发展水平、居民住房状况和收入水平等因素，合理确定经济适用住房的建设计划、建设标准、供应范围和对象以及销售价格等。

经济适用住房供应对象的住房困难标准及家庭的收入标准，由设区的市、县（市）（以下简称市、县）人民政府制定并公布。

第五条　省住房和城乡建设行政主管部门负责对全省经济适用住房的建设指导和监督管理。

市、县住房和城乡建设或者房产行政主管部门(以下统称经济适用住房主管部门)负责本行政区域内经济适用住房的建设指导和管理。

发展和改革、财政、国土资源、城乡规划、民政、价格、金融等行政主管部门和机构按照各自职责,负责本行政区域内经济适用住房的有关工作。

第六条 经济适用住房的建设、交易和管理,应当坚持公开、公正、公平原则。

任何单位和个人都有权对经济适用住房的建设、交易和管理活动中的违法行为进行投诉举报。经济适用住房主管部门应当设立投诉举报电话,接受公众监督。

第二章 开发建设

第七条 市、县人民政府应当编制本行政区域经济适用住房建设规划,并报省发展和改革、住房和城乡建设、国土资源行政主管部门备案。

市、县发展和改革行政主管部门应当会同经济适用住房、城乡规划、国土资源等行政主管部门,根据经济适用住房建设规划,编制经济适用住房建设年度计划和用地计划。

经济适用住房建设年度计划和用地计划应当在本行政区域内公告。

第八条 经济适用住房建设用地应当符合土地利用总体规划,实行行政划拨方式供应。经济适用住房建设用地应当纳入当地土地供应年度计划,在申报年度用地指标时单独列出,确保优先供应。

禁止以经济适用住房名义取得行政划拨土地,变相开发商品住房。

第九条 城市房屋拆迁安置用房以及引进人才用房等专门用房,

不属于经济适用住房,不得占用经济适用住房建设项目计划。

第十条 经济适用住房建设应当布局合理,基础设施、公共设施配套完善,方便群众生活。

第十一条 经济适用住房建设项目由市、县人民政府确定的机构负责立项申报。

市、县发展和改革行政主管部门应当会同经济适用住房、国土资源行政主管部门对申报的项目进行审查,经审查符合规定条件的,报经省发展和改革、住房和城乡建设、国土资源行政主管部门批准后列入经济适用住房建设年度计划,并组织实施。

第十二条 经济适用住房建设项目开发单位(以下简称开发单位),由项目立项申报机构依法通过招标投标等方式择优选定。

开发单位应当具有相应的房地产开发企业资质和资本金,并有良好的开发业绩和信誉。

第十三条 开发单位对其开发建设的经济适用住房工程质量负最终责任。

开发单位应当向经济适用住房购买人出具《住宅质量保证书》和《使用说明书》,并按照合同约定承担保修责任。

第十四条 经济适用住房套型建筑面积控制在60平方米左右,高层、小高层可以适当增加建筑面积,但增加的建筑面积一般不超过10平方米。

市、县人民政府根据本行政区域居民的家庭收入、居住水平和家庭人口结构等,在前款规定的建筑面积标准范围内确定经济适用住房的户型面积和各类户型的比例。

第十五条 经济适用住房小区的规划设计应当符合城市居住区规划设计规范。

经济适用住房小区的配套基础设施、公共设施应当与主体工程同时设计、同步建设和同期交付使用。

经济适用住房小区以外的基础设施和公共设施建设由市、县人民政府负责。

经济适用住房小区按照国家和省有关规定实行物业管理。

第十六条 经济适用住房建设项目免收城市基础设施配套费等各种行政事业性收费和政府性基金。经济适用住房项目以外的基础设施建设费用，由市、县人民政府承担。

开发单位可以按照国家规定以在建的经济适用住房项目作抵押，向商业银行申请住房开发贷款。

购买经济适用住房的个人向商业银行申请贷款，除符合《个人住房贷款管理办法》规定外，还应当出具市、县经济适用住房主管部门准予购房的核准文件（以下简称准购证）。购买经济适用住房的个人可以提取个人住房公积金，优先办理住房公积金贷款。

第十七条 地处边远、住房困难家庭较多的工矿区和企业，经市、县人民政府批准，可以利用单位自用土地进行集资、合作建房。

集资、合作建房应当符合土地利用总体规划和城乡规划，纳入市、县经济适用住房建设计划和用地计划，并报上一级人民政府备案。

参加集资、合作建房的对象，必须符合本办法第十八条规定的条件。禁止任何单位借集资、合作建房名义，变相进行住房实物分配或者商品房开发。

第三章 供给、买受和管理

第十八条 符合下列条件的家庭可以申请购买或者承租一套经济适用住房：

（一）具有本市、县城镇居民户口（含符合本地安置条件的军人）；

（二）无房或者现住房面积低于市、县人民政府规定的住房困难标准；

（三）家庭收入符合市、县人民政府规定的收入标准。

年龄在35周岁及以上的单身者符合前款规定条件的，可以申请购买或者承租一套经济适用住房。

申请者已享受实物分房，或者通过市场方式购买商品房，以及因赠与、继承、自建等方式取得的所有住房，其建筑面积均纳入申请人家庭住房建筑面积的核定范围。

第十九条 经济适用住房主管部门应当制订销售方案，并提前15日在本行政区域内的主要传播媒介上公示。销售方案包括住房地址、数量、建筑面积、套型、销售价格、销售方式等内容。

第二十条 申请购买经济适用住房，由家庭户主向户籍所在地的街道办事处或者镇人民政府提出书面申请，并提交下列材料：

（一）户口簿、家庭成员身份证明；

（二）家庭收入状况的证明材料；

（三）现有住房情况证明；

（四）县级以上人民政府规定的其他材料。

申请人提出申请时，应当同时提出核定其家庭收入状况的申请。

第二十一条 县（市、区）民政部门以及街道办事处或者镇人民政府应当通过书面审查、入户调查、信息查证、邻里访问以及信函索证等方式，对申请人家庭收入状况进行调查核实。具体程序按照国家和省有关规定办理。

经调查核实，申请人符合市、县人民政府规定的低收入家庭收入标准的，县（市、区）民政部门应当为其出具家庭收入核定证明。

第二十二条 街道办事处或者镇人民政府应当自受理申请之日起15日内完成对申请人住房状况的初审，并将初审意见和申请材料一并报送市、县经济适用住房主管部门。

第二十三条 市、县经济适用住房主管部门收到街道办事处或者镇人民政府报送的初审意见和申请材料后，应当通过查阅房产登记资料等方式，对申请人的住房等情况进行核查。核查期限为20日。

对符合条件的申请人，市、县经济适用住房主管部门应当在申请人现户籍地及居住地社区予以公示，公示内容包括申请人姓名、家庭收入及住房情况。公示期限为10日。

公示后有投诉举报的，市、县经济适用住房主管部门应当会同有关部门进行调查核实；对不符合规定条件的申请人，不予核发准购证并以书面形式告知；无投诉举报或者投诉举报经调查核实不属实的，核发准购证。

第二十四条 经济适用住房的购买价款，在面积控制标准以内的，按照核定的经济适用住房销售价格计算；超过面积控制标准的，超过部分的销售价格由市、县价格行政主管部门会同经济适用住房主管部门参照同地段商品住房平均价格核定。

经济适用住房超过面积控制标准部分的差价收入，应当上缴财政。

第二十五条 经济适用住房销售价格应当与城镇低收入家庭的经济承受能力相适应，按照保本微利原则，实行政府定价。价格行政主管部门应当采取座谈会、征询会、听证会等形式听取各有关方面和公众意见，在经济适用住房销售之前核定销售价格，并向社会公布。

销售经济适用住房应当实行明码标价，不得在明码标价之外收取任何未经公布的费用。

第二十六条 经济适用住房销售供不应求时，可以采取轮候等方式确定购买者。具体销售办法由市、县人民政府规定。

申请人凭准购证购买经济适用住房。经济适用住房不得销售给未取得准购证的申请人。

第二十七条 申请人购买经济适用住房后，应当依法办理权属登记。房屋和土地登记机构在办理权属登记时，应当在登记证书上注明房屋种类属经济适用住房，土地性质属行政划拨等内容。

第二十八条 省住房和城乡建设行政主管部门应当会同省工商

行政管理部门制订经济适用住房销售合同示范文本，指导和规范经济适用住房的建设、交易和管理。

第二十九条 购房人对经济适用住房拥有有限产权。购买的经济适用住房不满5年的，不得直接上市交易；确需转让的，由市、县人民政府予以回购。具体回购办法由市、县人民政府规定。

购买的经济适用住房满5年的，购房人可以转让，但应当按照届时同地段普通商品住房价格或者经济适用住房转让成交价与原购买价格差价的一定比例向市、县人民政府交纳土地收益等价款，具体交纳比例由县级以上人民政府确定。同等条件下，市、县人民政府可以优先回购上市交易的经济适用住房。

市、县人民政府回购的经济适用住房，应当向符合条件的城镇低收入住房困难家庭出售或者出租。

购房人可以按照县级以上人民政府规定的标准交纳土地收益等价款后，取得完全产权。购房人未取得完全产权前，不得将经济适用住房用于出租。

经济适用住房未满本条第一款规定限制年限上市出售的，有关部门不予以办理房地产权属变更登记手续。

第三十条 县级以上人民政府应当安排专项计划建设用于出租的经济适用住房，供具有经济适用住房购买资格但无经济能力购买的家庭承租，也可以先租后买。租金以成本价计算，由市、县价格行政主管部门核定。

鼓励房地产开发企业建设用于出租的经济适用住房，向符合条件的家庭出租，租金标准由市、县价格行政主管部门核定。

经济适用住房的承租对象、租金及面积标准等具体规定，由市、县人民政府制定并向社会公布。

第三十一条 经济适用住房购买人符合本办法规定的上市交易限制年限，以市场价转让经济适用住房后，不得再申请购买经济适用用住房；如需换购，应当按照市、县人民政府的规定，以原购买交易时该经济适用住房的价格，出售给取得经济适用住房购买资格的家庭后，方可再次申请购买。

第四章　法律责任

第三十二条　违反本办法规定，有下列情形之一的，由有权机关按照管理权限对直接负责的主管人员和其他直接责任人员给予处分：

（一）违反本办法第十一条规定，将不符合规定要求的项目列入经济适用住房年度建设计划的；

（二）对符合规定条件的申请人不予办理经济适用住房购买手续的；

（三）违反本办法规定的程序和期限的；

（四）违反本办法第二十六条第二款规定，将经济适用住房销售给未取得准购证的申请人的；

（五）有其他玩忽职守、徇私舞弊、滥用职权行为的。

第三十三条　违反本办法第九条规定，占用经济适用住房建设项目计划的，由有权机关按照管理权限对直接负责的主管人员和其他直接责任人员给予处分。

第三十四条　违反本办法第八条第二款和第十七条第三款规定，开发单位将经济适用住房建设用地用于普通商品住房建设等其他房地产开发，或者擅自改变土地用途的，依照土地管理法律、法规规定处理。

第三十五条　开发单位违反本办法第十三条规定的，依照建设工程质量管理法律、法规规定处理。

第三十六条　违反本办法第二十五条第二款规定，开发单位在明码标价之外收取其他费用的，依照价格管理有关法律、法规规定处理。

第三十七条　申请人采取编造、伪造住房状况证明及隐瞒家庭收入状况，或者采取其他手段骗取经济适用住房准购证的，由市、县经济适用住房主管部门注销其准购证，并可以处2000元以上2万元以下的罚款；对已经骗得购买经济适用住房的，收回其所购买的经济适用住房或者责令其补交与同地段商品住房平均价格的差价款，并处1万元以上5万元以下的罚款。

第三十八条 违反本办法第二十九条规定，未满规定的限制年限和未补交土地收益等价款擅自上市转让的，由市、县经济适用住房主管部门责令其补交土地收益等价款，并可以处5000元以上3万元以下的罚款。

第五章 附 则

第三十九条 本办法自2005年6月1日起施行。本办法生效之前已经购买和签订买卖合同的经济适用住房，仍按原有规定办理。

杭州市区经济适用住房管理办法

为保障杭州市区低收入家庭的基本住房需求,规范经济适用住房建设和管理行为,加快推进住房保障体系建设进程,根据《国务院关于解决城市低收入家庭住房困难的若干意见》(国发[2007]24 号),建设部、国家发展改革委、国土资源部、人民银行《关于印发〈经济适用住房管理办法〉的通知》(建住房[2004]77 号)和《浙江省经济适用住房管理办法》(省政府令第 191 号)的规定,结合本市实际,特制定本办法。

一、本办法所称的经济适用住房,是指政府提供优惠政策,限定建设标准、供应对象和销售价格,具有保障性质、购房人拥有有限产权的政策性住房。

二、本办法适用于本市的上城区、下城区、江干区、拱墅区、西湖区、杭州高新开发区(滨江)、杭州经济开发区、杭州之江度假区范围内经济适用住房的建设、交易和管理。

萧山区、余杭区及各县(市)可参照本办法执行,也可结合当地实际制定实施办法。

三、市建设行政主管部门负责经济适用住房的建设管理工作。市房产行政主管部门负责经济适用住房的销售交易管理和实施工作。

市发改、规划、国土资源、价格、财政、公安等行政主管部门以及各区人民政府根据各自职责,负责经济适用住房的相关工作。

四、经济适用住房的建设和管理工作应遵循公开、公平、公正的原则。各相关管理部门应当设立投诉举报电话,接受公众监督。任何单位和个人都有权对经济适用住房建设、交易和管理活动中的违法、违规行为进行投诉举报。

五、严格经济适用住房准入条件审核，加大廉租住房保障制度实施力度，逐步扩大覆盖面，实现经济适用住房供应对象与廉租住房保障对象的衔接。

六、禁止任何单位借自建经济适用住房名义，变相进行实物分房或普通商品房开发。

七、市政府定期编制经济适用住房发展规划。市建设行政主管部门会同发改、规划、国土资源等行政主管部门根据城市总体规划、土地利用总体规划和经济适用住房发展规划，编制经济适用住房年度建设投资计划和用地计划，其中建设用地计划应当列入全市年度土地供应计划。

八、经济适用住房建设用地实行行政划拨方式供应。禁止以经济适用住房名义取得行政划拨土地，变相开发普通商品房。

九、市建设行政主管部门根据经济适用住房发展规划，确定经济适用住房用地前期开发实施主体，经济适用住房项目建设应以集中供地、集中建设、集中配套建设模式为主。

十、经济适用住房开发建设原则上应当按照政府组织协调、企业市场运作的原则，由市建设行政主管部门依法通过招投标方式择优确定项目建设主体。参与招投标的开发企业必须具备相应的房地产开发企业资质、资本金，并有良好的开发业绩和社会信誉。

招投标的具体办法按照市政府有关规定执行。

十一、市建设行政主管部门根据年度全市经济适用住房建设和销售计划，定期将同时符合下列条件的经济适用住房房源划拨给市房产行政主管部门组织选房销售：

（一）已取得施工许可证；

（二）已正式开工；

（三）已取得经济适用住房价格批复。

十二、经济适用住房严格控制在中小套型，建筑面积一般控制在

60 平方米左右。

为保证家庭成员 4 人(含)以上申请家庭的保障面积,部分经济适用住房的建筑面积控制在 80 平方米左右。

十三、经济适用住房建设必须严格执行国家有关技术规范和标准,坚持标准适度、功能齐全、经济适用、便利节能的原则,优选规划设计方案。

十四、经济适用住房建设一律免收城市基础设施配套费等各种行政事业性收费和政府性基金。经济适用住房项目规划红线外的基础设施建设费用由政府承担。

十五、经市建设行政主管部门同意,经济适用住房建设单位可以在建项目作抵押向商业银行申请住房开发贷款,贷款资金专项用于经济适用住房建设。

十六、经济适用住房的价格实行政府定价,其价格确定以保本微利为原则。

十七、经济适用住房销售应当实行明码标价,除物业维修基金等规定代收代缴的费用以外,不得在标价之外收取任何未予公布的费用。

十八、经济适用住房实行交费登记卡制度。有关部门收费时,必须填写市价格主管部门核发的交费登记卡。任何单位不得以押金、保证金等名义,变相向经济适用住房建设单位收取费用。

十九、购买面积在核准保障面积以内的部分,按经济适用住房价格购买。购买面积超过核准保障面积的部分,不得享受政府优惠,其价格由市价格主管部门予以核定。

超面积部分差价款由市财政部门按规定及时收取。

二十、经济适用住房保障面积标准为建筑面积 60 平方米。家庭成员 4 人(含)以上的,保障面积标准为建筑面积 80 平方米。

二十一、购买经济适用住房必须同时具备下列条件:

（一）家庭成员至少有一人具有本市市区常住城镇居民户口（不包括学生户口）5年以上（含符合杭州市安置条件的军队人员）；

（二）已婚〔含离异（或丧偶）带未成年子女且拥有监护权〕或年龄在35周岁及以上的单身无房户；

（三）申请家庭房产建筑面积小于48平方米（含）；

（四）家庭人均年收入低于市统计局每年向社会公布的上年度城镇居民人均可支配收入的60%（审核时市统计局尚未公布上年度城镇居民人均可支配收入的，按照其公布的前一年度数据确定）。

二十二、经济适用住房以一对夫妻为一户申请家庭，属同一户籍内的直系血亲可作为申请家庭成员。除未成年子女外，已作为申请家庭成员的以后不得再申请经济适用住房。

离异（或丧偶）带未成年子女且拥有监护权，或年龄在35周岁及以上的单身无房户视作一户申请家庭。

一户申请家庭只能购买一套经济适用住房。

二十三、家庭房产面积是指申请家庭已享受实物分房和批地建房，现有或已有过的通过购买、赠与、继承等途径取得的所有房产面积。

二十四、申请购买经济适用住房的家庭需填写《杭州市区经济适用住房申请表》，并提交以下材料原件及复印件：

（一）家庭成员身份证明、户籍证明和婚姻状况证明。

（二）家庭成员收入证明。设有劳动人事部门的单位职工，由单位劳动人事部门出具收入证明，其他就业人员和离退休人员由街道出具收入证明，失业人员出具由市劳动保障部门发放的《失业证》。

（三）家庭成员房产情况证明。提供户籍所在地房产产权证明或公有住房承租证明；如属集体户口的由单位出具有无分房证明；配偶户口属外地城镇户口的，由当地房产管理部门出具房产情况证明。

二十五、经济适用住房公开销售实行轮候制，并建立街道（或设有劳动人事部门的单位）公示、区建设（房管）局初审、市房产管理部门复审公示的多级审核制度。

二十六、经济适用住房的准购证按照以下程序申请受理：

（一）采取确定受理周期、限定可受理的申请人年龄段的方法进行受理。具体受理周期及年龄段由市房产管理部门在《杭州日报》和杭州房产信息网上公告明确。

（二）申请家庭经街道（或设有劳动人事部门的单位）在其户口所在社区（或设有劳动人事部门的单位）公示无异议并盖章后，将《杭州市区经济适用住房申请表》及相关资料交户口所在区建设（房管）局，并领取受理单。

（三）区建设（房管）局将初审后的申请家庭资料交市房产管理部门复核。

（四）市房产管理部门复核后，将不符合购买条件的申请家庭的资料退回区建设（房管）局，并附退件单；符合购买条件的申请家庭按照受理先后顺序进入轮候。

二十七、经济适用住房销售时，按照以下程序进行公开选房：

（一）根据房源数和受理人数，按1∶1的比例确定参加选房人员名单，并将公开销售的经济适用住房的基本情况在《杭州日报》上公告，公告内容主要包括房源数量、单套建筑面积、地段、价格、开发建设单位、选房人员名单、选房时间和地点等。

（二）在公告规定期限内，经市房产管理部门复核并公示后符合条件的申请家庭凭受理单到指定地点换领《杭州市区经济适用住房准购证》（以下简称《准购证》）。《准购证》号码顺序按照原受理先后顺序确定，并按照该顺序参加选房。

（三）申购家庭凭市房产管理部门出具的《杭州市区购买经济适用住房选房联系单》和《准购证》，与开发建设单位办理购房手续。

（四）选房结果在《杭州日报》和杭州房产信息网上公告。

二十八、列入选房公告范围的申请家庭，如未参加当期选房或选房后放弃购买的，其《准购证》作废，且自当期选房开始之日起两年内不得重新申请购买经济适用住房。

二十九、购买经济适用住房的个人向商业银行申请贷款，除符合《个人住房贷款管理办法》规定外，还应当提供购买经济适用住房的《准购证》。个人住房贷款利率执行中国人民银行公布的贷款利率，不得上浮。用于个人购房贷款的住房公积金，可优先向购买经济适用住房的个人发放。

三十、经济适用住房建设单位在房屋建成后，应当按规定办理房屋产权初始登记，在缴纳契税后领取房屋所有权证、土地使用证。房屋、土地权属登记部门在房屋所有权证、土地使用证“附记”栏中注明“经济适用住房”。

申请家庭购买经济适用住房，应当按规定办理权属登记，房屋权属登记部门在房屋所有权证“附记”栏中注明“经济适用住房”、保障面积及相关内容，土地权属登记部门在土地使用证中注明划拨土地。

三十一、经济适用住房未满限制交易年限不得交易。限制交易年限期满后，房屋所有权人可对房屋采取以下处置方式：

（一）经济适用住房所有权人在取得房屋所有权证之日起，满5年后允许上市交易；上市交易时，按照届时的销售价与当时经济适用住房购买价（包括超过享受面积部分的经济适用商品房）差价的55%向政府交纳土地收益等价款。

（二）经济适用住房所有权人在取得房屋所有权证之日起，满3年后可将房屋转让给符合经济适用住房购买条件的家庭。买受人无房产的，交易时可减免相关税费。

经济适用住房上市交易的具体办法，由市房产行政主管部门会同市价格、财政等主管部门另行制定。

三十二、已经购买经济适用住房的家庭，如购买其他住房，原经济适用住房由政府按规定回购。购买经济适用住房未满5年因各种原因确需转让的,经批准可向政府申请经济适用住房回购。回购价格由市价格主管部门按照原经济适用住房的价格并结合折旧和物价水平等因素确定。政府回购的经济适用住房继续出售给符合经济适用住房购买条件的家庭。

经济适用住房政府回购的具体办法,由市房产行政主管部门会同市价格、财政等主管部门另行制定。

第三十三、在限制交易期限内,因继承、离婚析产而发生房屋所有权转移的,经市房产行政主管部门核准后,可办理交易过户手续。办理交易过户手续后,房产性质仍为经济适用住房,限制上市交易期限从原房屋所有权证办理之日起计算。房屋权属登记部门应在房屋所有权证"附记"栏中注明"经济适用住房继承"或"经济适用住房离婚析产"、所占面积、准予上市交易日期及其他相关内容。

因法院裁定、判决、调解等发生房屋所有权转移的,经向市房产行政主管部门提交相关法律文书,可提前办理过户手续,但经济适用住房性质不变,并按本办法第三十一条、第三十二条和第三十三条执行。

三十四、经济适用住房不得出租,不得改变其使用性质。公民、法人或其他组织将经济适用住房作为营业或办公场所的,工商行政主管部门不得核发营业执照。

除购房按揭外,经济适用住房不得进行任何抵押。

三十五、市建设、房产、国土资源、价格等相关行政主管部门应当加强对经济适用住房建设、交易中违法违纪行为的查处,对以下行为依据各自职责,分别进行处罚或处理:

(一)对未经批准,擅自改变经济适用住房土地用途的,由市国土资源行政主管部门依法进行处罚。

(二)擅自提高经济适用住房销售价格的,由市价格主管部门依法进行处罚。

（三）在依法领取商品房预售证前，收取房款以及任何预订款性质费用的，由市 建设、价格行政主管部门依法进行处罚。

（四）擅自向未取得资格的家庭出售经济适用住房的，由市房产行政主管部门责令建设单位限期收回住房。

（五）擅自将经济适用住房改为普通商品房建设及销售的，由市建设行政主管部门按相关规定予以处罚。

（六）擅自将经济适用住房出租的，应当根据有关规定予以处罚。情节严重的，市房产行政主管部门可收回其住房。

三十六、对弄虚作假，隐瞒家庭收入、住房及其他相关情况，骗购经济适用住房的，除市房产等行政主管部门依据《浙江省经济适用住房管理办法》进行处罚外，并可采取以下措施追回已购住房：

（一）由市房产行政主管部门责令购房人在规定期限内退回已购住房。购房人拒不退回的，市房产行政主管部门可申请人民法院强制执行。

（二）由建设单位按照市房产行政主管部门的处理意见，并根据购房合同中的相关内容解除合同，购房人退回已购住房。

三十七、未满规定的限制年限和未补交收益擅自转让的，依据《浙江省经济适用住房管理办法》进行处罚。

三十八、对行政监察对象在经济适用住房建设和销售交易管理工作中的违规、违纪行为，由行政监察部门依法追究责任人员的相关责任。

三十九、本办法自公布之日起施行。原有文件规定与本办法不一致的，以本办法为准。

四十、本办法施行前已实施招投标的经济适用住房项目，其建设仍按照招标文件和土地开发补偿协议、建设项目合同的规定执行。

廉租住房保障办法

第一章 总 则

第一条 为促进廉租住房制度建设，逐步解决城市低收入家庭的住房困难，制定本办法。

第二条 城市低收入住房困难家庭的廉租住房保障及其监督管理，适用本办法。

本办法所称城市低收入住房困难家庭，是指城市和县人民政府所在地的镇范围内，家庭收入、住房状况等符合市、县人民政府规定条件的家庭。

第三条 市、县人民政府应当在解决城市低收入家庭住房困难的发展规划及年度计划中，明确廉租住房保障工作目标、措施，并纳入本级国民经济与社会发展规划和住房建设规划。

第四条 国务院建设主管部门指导和监督全国廉租住房保障工作。县级以上地方人民政府建设（住房保障）主管部门负责本行政区域内廉租住房保障管理工作。廉租住房保障的具体工作可以由市、县人民政府确定的实施机构承担。

县级以上人民政府发展改革（价格）、监察、民政、财政、国土资源、金融管理、税务、统计等部门按照职责分工，负责廉租住房保障的相关工作。

第二章 保 障 方 式

第五条 廉租住房保障方式实行货币补贴和实物配租等相结合。

货币补贴是指县级以上地方人民政府向申请廉租住房保障的城市低收入住房困难家庭发放租赁住房补贴,由其自行承租住房。实物配租是指县级以上地方人民政府向申请廉租住房保障的城市低收入住房困难家庭提供住房,并按照规定标准收取租金。

实施廉租住房保障,主要通过发放租赁补贴,增强城市低收入住房困难家庭承租住房的能力。廉租住房紧缺的城市,应当通过新建和收购等方式,增加廉租住房实物配租的房源。

第六条 市、县人民政府应当根据当地家庭平均住房水平、财政承受能力以及城市低收入住房困难家庭的人口数量、结构等因素,以户为单位确定廉租住房保障面积标准。

第七条 采取货币补贴方式的,补贴额度按照城市低收入住房困难家庭现住房面积与保障面积标准的差额、每平方米租赁住房补贴标准确定。

每平方米租赁住房补贴标准由市、县人民政府根据当地经济发展水平、市场平均租金、城市低收入住房困难家庭的经济承受能力等因素确定。其中对城市居民最低生活保障家庭,可以按照当地市场平均租金确定租赁住房补贴标准;对其他城市低收入住房困难家庭,可以根据收入情况等分类确定租赁住房补贴标准。

第八条 采取实物配租方式的,配租面积为城市低收入住房困难家庭现住房面积与保障面积标准的差额。

实物配租的住房租金标准实行政府定价。实物配租住房的租金,按照配租面积和市、县人民政府规定的租金标准确定。有条件的地区,对城市居民最低生活保障家庭,可以免收实物配租住房中住房保障面积标准内的租金。

第三章　保障资金及房屋来源

第九条 廉租住房保障资金采取多种渠道筹措。

廉租住房保障资金来源包括：

（一）年度财政预算安排的廉租住房保障资金；

（二）提取贷款风险准备金和管理费用后的住房公积金增值收益余额；

（三）土地出让净收益中安排的廉租住房保障资金；

（四）政府的廉租住房租金收入；

（五）社会捐赠及其他方式筹集的资金。

第十条 提取贷款风险准备金和管理费用后的住房公积金增值收益余额，应当全部用于廉租住房建设。

土地出让净收益用于廉租住房保障资金的比例，不得低于10%。

政府的廉租住房租金收入应当按照国家财政预算支出和财务制度的有关规定，实行收支两条线管理，专项用于廉租住房的维护和管理。

第十一条 对中西部财政困难地区，按照中央预算内投资补助和中央财政廉租住房保障专项补助资金的有关规定给予支持。

第十二条 实物配租的廉租住房来源主要包括：

（一）政府新建、收购的住房；

（二）腾退的公有住房；

（三）社会捐赠的住房；

（四）其他渠道筹集的住房。

第十三条 廉租住房建设用地，应当在土地供应计划中优先安排，并在申报年度用地指标时单独列出，采取划拨方式，保证供应。

廉租住房建设用地的规划布局，应当考虑城市低收入住房困难家庭居住和就业的便利。

廉租住房建设应当坚持经济、适用原则，提高规划设计水平，满足基本使用功能，应当按照发展节能省地环保型住宅的要求，推广新材料、新技术、新工艺。廉租住房应当符合国家质量安全标准。

第十四条 新建廉租住房，应当采取配套建设与相对集中建设相结合的方式，主要在经济适用住房、普通商品住房项目中配套建设。

新建廉租住房，应当将单套的建筑面积控制在50平方米以内，并根据城市低收入住房困难家庭的居住需要，合理确定套型结构。

配套建设廉租住房的经济适用住房或者普通商品住房项目，应当在用地规划、国有土地划拨决定书或者国有土地使用权出让合同中，明确配套建设的廉租住房总建筑面积、套数、布局、套型以及建成后的移交或回购等事项。

第十五条 廉租住房建设免征行政事业性收费和政府性基金。

鼓励社会捐赠住房作为廉租住房房源或捐赠用于廉租住房的资金。

政府或经政府认定的单位新建、购买、改建住房作为廉租住房，社会捐赠廉租住房房源、资金，按照国家规定的有关税收政策执行。

第四章 申请与核准

第十六条 申请廉租住房保障，应当提供下列材料：

（一）家庭收入情况的证明材料；

（二）家庭住房状况的证明材料；

（三）家庭成员身份证和户口簿；

（四）市、县人民政府规定的其他证明材料。

第十七条 申请廉租住房保障，按照下列程序办理：

（一）申请廉租住房保障的家庭，应当由户主向户口所在地街道办事处或者镇人民政府提出书面申请；

（二）街道办事处或者镇人民政府应当自受理申请之日起30日内，就申请人的家庭收入、家庭住房状况是否符合规定条件进行审核，提出初审意见并张榜公布，将初审意见和申请材料一并报送市（区）、县人民政府建设（住房保障）主管部门；

（三）建设（住房保障）主管部门应当自收到申请材料之日起15日内，就申请人的家庭住房状况是否符合规定条件提出审核意见，并将符合条件的申请人的申请材料转同级民政部门；

（四）民政部门应当自收到申请材料之日起15日内，就申请人的家庭收入是否符合规定条件提出审核意见，并反馈同级建设（住房保障）主管部门；

（五）经审核，家庭收入、家庭住房状况符合规定条件的，由建设（住房保障）主管部门予以公示，公示期限为15日；对经公示无异议或者异议不成立的，作为廉租住房保障对象予以登记，书面通知申请人，并向社会公开登记结果。

经审核，不符合规定条件的，建设（住房保障）主管部门应当书面通知申请人，说明理由。申请人对审核结果有异议的，可以向建设（住房保障）主管部门申诉。

第十八条 建设（住房保障）主管部门、民政等有关部门以及街道办事处、镇人民政府，可以通过入户调查、邻里访问以及信函索证等方式对申请人的家庭收入和住房状况等进行核实。申请人及有关单位和个人应当予以配合，如实提供有关情况。

第十九条 建设（住房保障）主管部门应当综合考虑登记的城市低收入住房困难家庭的收入水平、住房困难程度和申请顺序以及个人申请的保障方式等，确定相应的保障方式及轮候顺序，并向社会公开。

对已经登记为廉租住房保障对象的城市居民最低生活保障家庭，凡申请租赁住房货币补贴的，要优先安排发放补贴，基本做到应保尽保。

实物配租应当优先面向已经登记为廉租住房保障对象的孤、老、病、残等特殊困难家庭，城市居民最低生活保障家庭以及其他急需救助的家庭。

第二十条 对轮候到位的城市低收入住房困难家庭，建设（住房保障）主管部门或者具体实施机构应当按照已确定的保障方式，与其签订租赁住房补贴协议或者廉租住房租赁合同，予以发放租赁住房补贴或者配租廉租住房。

发放租赁住房补贴和配租廉租住房的结果，应当予以公布。

第二十一条　租赁住房补贴协议应当明确租赁住房补贴额度、停止发放租赁住房补贴的情形等内容。

廉租住房租赁合同应当明确下列内容：

（一）房屋的位置、朝向、面积、结构、附属设施和设备状况；

（二）租金及其支付方式；

（三）房屋用途和使用要求；

（四）租赁期限；

（五）房屋维修责任；

（六）停止实物配租的情形，包括承租人已不符合规定条件的，将所承租的廉租住房转借、转租或者改变用途，无正当理由连续6个月以上未在所承租的廉租住房居住或者未交纳廉租住房租金等；

（七）违约责任及争议解决办法，包括退回廉租住房、调整租金、依照有关法律法规规定处理等；

（八）其他约定。

第五章　监督管理

第二十二条　国务院建设主管部门、省级建设（住房保障）主管部门应当会同有关部门，加强对廉租住房保障工作的监督检查，并公布监督检查结果。

市、县人民政府应当定期向社会公布城市低收入住房困难家庭廉租住房保障情况。

第二十三条　市（区）、县人民政府建设（住房保障）主管部门应当按户建立廉租住房档案，并采取定期走访、抽查等方式，及时掌握城市低收入住房困难家庭的人口、收入及住房变动等有关情况。

第二十四条 已领取租赁住房补贴或者配租廉租住房的城市低收入住房困难家庭，应当按年度向所在地街道办事处或者镇人民政府如实申报家庭人口、收入及住房等变动情况。

街道办事处或者镇人民政府可以对申报情况进行核实、张榜公布，并将申报情况及核实结果报建设（住房保障）主管部门。

建设（住房保障）主管部门应当根据城市低收入住房困难家庭人口、收入、住房等变化情况，调整租赁住房补贴额度或实物配租面积、租金等；对不再符合规定条件的，应当停止发放租赁住房补贴，或者由承租人按照合同约定退回廉租住房。

第二十五条 城市低收入住房困难家庭不得将所承租的廉租住房转借、转租或者改变用途。

城市低收入住房困难家庭违反前款规定或者有下列行为之一的，应当按照合同约定退回廉租住房：

（一）无正当理由连续6个月以上未在所承租的廉租住房居住的；

（二）无正当理由累计6个月以上未交纳廉租住房租金的。

第二十六条 城市低收入住房困难家庭未按照合同约定退回廉租住房的，建设（住房保障）主管部门应当责令其限期退回；逾期未退回的，可以按照合同约定，采取调整租金等方式处理。

城市低收入住房困难家庭拒绝接受前款规定的处理方式的，由建设（住房保障）主管部门或者具体实施机构依照有关法律法规规定处理。

第二十七条 城市低收入住房困难家庭的收入标准、住房困难标准等以及住房保障面积标准，实行动态管理，由市、县人民政府每年向社会公布一次。

第二十八条 任何单位和个人有权对违反本办法规定的行为进

行检举和控告。

第六章　法 律 责 任

第二十九条　城市低收入住房困难家庭隐瞒有关情况或者提供虚假材料申请廉租住房保障的，建设（住房保障）主管部门不予受理，并给予警告。

第三十条　对以欺骗等不正当手段，取得审核同意或者获得廉租住房保障的，由建设（住房保障）主管部门给予警告；对已经登记但尚未获得廉租住房保障的，取消其登记；对已经获得廉租住房保障的，责令其退还已领取的租赁住房补贴，或者退出实物配租的住房并按市场价格补交以前房租。

第三十一条　廉租住房保障实施机构违反本办法规定，不执行政府规定的廉租住房租金标准的，由价格主管部门依法查处。

第三十二条　违反本办法规定，建设（住房保障）主管部门及有关部门的工作人员或者市、县人民政府确定的实施机构的工作人员，在廉租住房保障工作中滥用职权、玩忽职守、徇私舞弊的，依法给予处分；构成犯罪的，依法追究刑事责任。

第七章　附　　则

第三十三条　对承租直管公房的城市低收入家庭，可以参照本办法有关规定，对住房保障面积标准范围内的租金予以适当减免。

第三十四条　本办法自 2007 年 12 月 1 日起施行。2003 年 12 月 31 日发布的《城镇最低收入家庭廉租住房管理办法》（建设部、财政部、民政部、国土资源部、国家税务总局令第 120 号）同时废止。

关于加强廉租住房管理有关问题的通知

各省、自治区住房和城乡建设厅、民政厅、财政厅，直辖市建委（房地局、住房保障房屋管理局）、民政局、财政局，新疆生产建设兵团建设局、民政局、财务局：

为加强廉租住房管理，确保廉租住房公平配租和有效使用，根据《国务院关于解决城镇低收入家庭住房困难的若干意见》（国发[2007]24号）和住房城乡建设部等九部委《廉租住房保障办法》（建设部令第162号）等有关规定，现就有关问题通知如下：

一、严格建设和准入管理

（一）各地区要通过新建、改建、购置、租赁等方式多渠道筹集廉租住房房源。新建廉租住房坚持集中建设和在经济适用住房、商品住房、棚户区改造项目中配建相结合，以配建为主。新建廉租住房项目要尽可能安排在交通便利、公共设施较为齐全的区域，同步做好小区内外市政配套设施建设，方便低收入家庭生活、就业、就医和子女入学。

（二）严格执行廉租住房单套建筑面积控制在50平方米以内的规定。要根据低收入家庭人口结构情况，合理安排不同套型面积住房的比例。对房地产开发企业承建的配建廉租住房，住房保障部门要提出套型面积等控制要求，作为项目法人招标的前置条件。

（三）优化廉租住房户型设计，加大建筑节能技术的推广应用，力求在较小的户型内满足基本居住需要，努力做到功能齐全、布局合理、节能环保和经济适用。

（四）各市、县人民政府要落实经国务院同意印发的《城市低收入家庭认定办法》（民发[2008]156 号）的有关规定，明确廉租住房保障申请人的收入和资产申报义务，抓紧建立住房保障、公安（车辆和户籍管理）、人力资源和社会保障（社会保险）、房地产、金融、工商、税务、住房公积金等部门和机构的信息共享机制，着力提高廉租住房保障资格审核工作的准确性。

（五）各市、县住房保障部门要会同有关部门完善廉租住房申请、审核、公示、轮候、配租程序，确保廉租住房配租过程公开透明，配租结果公平公正。

二、强化租赁管理和服务

（六）各市、县住房保障部门要切实履行廉租住房产权人的权利和义务，加强廉租住房合同管理，明确承租对象的权利和义务，载明租金水平、租赁期限、转借或转租的处罚以及其他违反使用规定的责任等事项。

（七）集中建设的廉租住房小区的管理和服务，可由租户自我管理、自我服务，也可以选择专业化的物业服务企业或原公有住房管理机构承担。在其他项目中配建的廉租住房管理和服务，要纳入项目统一的物业管理。

（八）强化廉租住房租金管理，提高廉租住房租金和服务收费的缴交率。对不按合同约定缴纳租金并经催交无效的，可以通报承租人所在单位并从承租人工资收入中直接划扣。

（九）廉租住房租金要严格执行"收支两条线"管理，全额用于廉租住房及配套设施的维修养护和管理，不足部分由市、县财政预算安排。按规定落实对低保家庭的供暖费补贴、水电气开户费减免政策。

（十）完善廉租住房租赁补贴发放和管理制度，确保补贴资金专款用于改善居住条件。

（十一）正在享受实物配租廉租住房或领取廉租住房租赁补贴的家庭，再购买其他住房的，应当办理廉租住房保障退出手续。

（十二）房屋登记机构办理房屋权属登记时，应根据住房保障部门提供的信息，比对申请登记人家庭成员是否正在享受廉租住房保障的信息。

三、切实落实监管责任

（十三）解决城市低收入家庭住房困难是政府公共服务的重要职责，市、县人民政府住房保障部门是廉租住房管理的责任主体。要健全管理机制和实施机构，充实人员，落实工作经费，切实履行政府资产管理和对低收入家庭公共服务的职责。

（十四）市、县住房保障部门要通过定期入户调查等方式，及时了解保障对象家庭成员变动情况及廉租住房使用情况。住房保障部门可以通过政府购买服务的方式，委托廉租住房物业服务企业承担廉租住房使用情况的检查等工作。

（十五）对骗取廉租住房保障、恶意欠租、无正当理由长期闲置，违规转租、出借、调换和转让廉租住房等行为，市、县住房保障部门要按照有关规定或合同约定责令限期退回；逾期未退回的，可以按照合同约定，采取调整租金等方式处理，直至收回廉租住房，并取消该家庭再次申请廉租住房保障的资格；对拒不执行处理决定的，市、县住房保障部门可向当地人民法院申请强制执行。

（十六）充分发挥社会监督作用，畅通投诉举报渠道。通过各种形式主动接受媒体和公众的监督。对社会各界举报投诉的骗取廉租住房保障及违规使用廉租住房的行为，要及时处理，并公布结果。

（十七）国家机关工作人员在廉租住房建设、管理过程中滥用职权、玩忽职守、徇私舞弊的，依法依纪追究责任；涉嫌犯罪的，移送司法机关处理。

（十八）本通知自印发之日起施行。

中华人民共和国住房和城乡建设部

中华人民共和国民政部

中华人民共和国财政部

二〇一〇年四月二十三日

浙江省城镇廉租住房保障办法

浙政令〔2010〕276 号

第一条 为了建立和完善城镇廉租住房保障制度，保障城镇居民低收入家庭的基本住房需求，根据国务院有关规定，结合本省实际，制定本办法。

第二条 本省城镇居民低收入家庭，其住房面积低于户籍所在地设区的市或者县(市)住房困难标准的，有权依照本办法获得廉租住房保障。

城镇居民低收入家庭的收入标准和住房困难标准由设区的市、县(市)人民政府按照城镇居民人均可支配收入和人均住房面积的一定比例确定，但不得低于省人民政府规定的最低标准。城镇居民低收入家庭的收入标准和住房困难标准实行动态管理，由设区的市、县(市)人民政府每年向社会公布一次。

第三条 城镇居民低收入家庭廉租住房保障，实行实物配租和租赁补贴相结合，以实物配租为主，其中，对低保家庭无房户、一级至二级残疾人、孤寡老人、军烈属和家庭主要劳动力丧失劳动能力的住房保障对象应当予以实物配租。具体保障形式及其适用范围和条件，由设区的市、县(市、区)人民政府根据本地实际规定，并向社会公布。

第四条 县级以上人民政府应当加强对本行政区域内廉租住房保障工作的领导，建立廉租住房保障工作责任制，完善工作制度和管理规范，落实保障资金和廉租住房建设任务，保障本办法的有效实施。

第五条 县级以上人民政府房产行政主管部门负责本行政区域

内廉租住房保障管理工作。

县级以上人民政府民政部门负责本行政区域内城镇居民低收入家庭的收入核定及其管理工作。

财政、价格、审计、国土资源、税务、公安等部门在各自职责范围内负责廉租住房保障管理的有关工作。

街道办事处或者镇人民政府负责城镇居民低收入家庭的收入审核以及廉租住房保障管理的相关工作。

第六条 设区的市、县(市、区)人民政府应当按照以下规定筹措廉租住房保障资金:

(一) 按照土地出让净收益的10%以上或者土地出让金总额的2%以上提取;

(二) 提取贷款风险准备金和管理费用后的住房公积金增值部分;

(三) 直管公房出售、出租以及拆迁补偿资金的结余部分;

(四) 财政预算安排的资金;

(五) 省人民政府规定的其他资金。

对廉租住房保障任务重、保障资金筹措困难的经济欠发达地区,省财政给予适当补助。

国家和省人民政府对廉租住房保障资金的筹措另有规定的,从其规定。

第七条 廉租住房保障资金应当用于廉租住房建设、廉租住房购置、住房租赁补贴以及租金减免,不得挪用、截留和私分。

廉租住房保障资金实行财政专户管理,分账核算,专款专用。

财政、审计等部门依法对廉租住房保障资金的使用情况进行监督。

国家和省人民政府对廉租住房保障资金的使用另有规定的,从其规定。

第八条 鼓励社会组织和个人对廉租住房保障事业进行捐赠。

第九条 设区的市、县(市、区)廉租住房建设项目用地应当符合土地利用总体规划,在土地供应计划中予以优先安排,并在申报年度用地指标时单独列出,以行政划拨方式保证供应。

对廉租住房的购置、廉租住房租金收入,应当按照规定给予税收优惠。

第十条 廉租住房保障面积由设区的市、县(市)人民政府按照每户家庭建筑面积不超过 50 平方米的标准确定,于每年 3 月底前向社会公布,并报上一级人民政府备案。

第十一条 申请廉租住房保障的家庭,其家庭成员拥有的下列住房,合并认定为其家庭住房面积:

(一) 私有住房(包括共有住房中属于其所有的部分);

(二) 拆迁安置房;

(三) 承租的公有住房中免缴租金或者应缴租金低于廉租住房租金标准部分。

本办法所称的家庭成员包括:配偶;实际共同居住的子女、父母;实际共同居住的其他有法定扶养、赡养、抚养关系的人员。

第十二条 申请廉租住房保障,由家庭户主向户籍所在地的街道办事处或者镇人民政府提出书面申请,并提交下列材料:

(一) 户口簿、家庭成员身份证明;

(二) 家庭收入状况证明;

(三) 现有住房状况证明;

(四) 县级以上人民政府规定的其他材料。

申请人提出申请时,可以根据自身条件,在申请书中明确其申请的廉租住房保障的具体形式。

第十三条 街道办事处或者镇人民政府应当自受理申请之日起 10 日内完成对申请人家庭住房和收入状况的初审,并将初审意见和申请材料分别报送县(市、区)房产行政主管部门和民政部门。

县(市、区)房产行政主管部门应当自收到街道办事处或者镇人民政府报送的初审意见和申请材料之日起10日内,完成对申请人家庭住房状况的审核或者审查,并将审核或者审查情况告知民政部门。

县(市、区)民政部门应当自收到街道办事处或者镇人民政府报送的初审意见和申请材料之日起20日内,完成对申请人家庭收入状况的审核,出具家庭收入核定证明,并提供给同级房产行政主管部门。

根据设区的市人民政府的规定,廉租住房申请人现有住房状况由设区的市房产行政主管部门负责审核的,区房产行政主管部门应当将申请人家庭住房状况审查情况以及家庭收入核定证明报设区的市房产行政主管部门。设区的市房产行政主管部门应当自收到区房产行政主管部门报送的相关材料之日起10日内完成审核。

第十四条 经审核,申请人家庭住房和收入状况符合规定条件的,设区的市、县(市、区)房产行政主管部门应当将有关情况在申请人现居住地和户籍所在地公示,公示期限为15日;经公示无异议或者异议不成立的,作为廉租住房保障对象予以登记,书面通知申请人,并向社会公开登记结果。

经审核,申请人家庭住房和收入状况不符合规定条件的,设区的市、县(市、区)房产行政主管部门应当书面通知申请人,并说明理由。

第十五条 任何单位和个人认为获得廉租住房保障的家庭(以下简称获保障家庭)不符合规定条件的,都有权向获保障家庭居住地设区的市、县(市、区)房产行政主管部门提出意见;设区的市、县(市、区)房产行政主管部门应当进行核查并作出处理。

第十六条 县级以上人民政府通过新建、改建、配建、调剂等多种方式增加廉租住房房源。

新建廉租住房可以在经济适用住房或者普通商品住房等项目中配建,也可以相对集中建设。新建廉租住房套型建筑面积应当控制在

50 平方米以内。

配套建设廉租住房的经济适用住房或者普通商品住房项目,应当在建设用地规划条件、国有土地划拨决定书或者国有土地使用权出让合同中,明确廉租住房总建筑面积、套数、布局、套型以及建成后移交或者回购等事项。

第十七条 用于配租的廉租住房,应当符合国家规定的建筑质量标准和安全标准,具备基本居住的设施和条件。

第十八条 给予廉租住房保障的住房面积,按照获保障家庭住房面积低于当地廉租住房保障面积标准的差额部分核定。获保障家庭现有住房面积低于当地廉租住房保障面积标准 70% 的,一般给予实物配租。

第十九条 对获得实物配租资格的家庭,由设区的市、县(市、区)房产行政主管部门安排廉租住房予以配租,并签订廉租住房租赁协议。廉租住房租赁协议应当明确房屋面积、租金标准、租金缴纳方式、原有住房的处理方式、违约责任等内容。

获得实物配租资格家庭已有公有住房的,其公有住房转为廉租住房,租金标准按照本办法第二十三条第二款规定执行。

因廉租住房房源不足,自作出给予实物配租批准之日起超过 1 个月未安排廉租住房的,该家庭可以暂时租赁住房,设区的市、县(市、区)房产行政主管部门应当按照本办法第二十一条的规定发给住房租赁补贴,在廉租住房房源取得后再给予实物配租。

对获得实物配租资格的家庭,其经济、住房特别困难或者属孤寡老人、残疾人、军烈属等特殊情况的,应当给予优先安排。

第二十条 对已获得实物配租家庭的原有住房,按照下列规定处理:

(一) 原有住房为公有住房的,其公有住房由廉租住房产权管理单位收回;

（二）原有住房为私有房屋的，其私有房屋可以由廉租住房产权管理单位承租，租金标准应当相当或者适当高于当地公有住房租金水平，具体由设区的市、县（市、区）人民政府规定。

第二十一条 对获得住房租赁补贴的家庭，由设区的市、县（市、区）房产行政主管部门自批准的当月起定期发给补贴。获得补贴的家庭应当将其住房租赁合同或者其他住房情况报设区的市、县（市、区）房产行政主管部门备案。

住房租赁补贴数额，按照给予廉租住房保障的住房面积乘以单位住房面积的租赁补贴标准确定。

单位住房面积的租赁补贴标准，由设区的市、县（市）人民政府根据当地经济发展水平、市场平均租金、保障对象的经济承受能力等因素确定。其中，对城镇最低生活保障家庭可以按照当地市场平均租金确定；对其他获保障家庭按照不低于当地市场平均租金的60%确定。

第二十二条 廉租住房产权管理单位负责廉租住房的日常维修和管理。

第二十三条 承租廉租住房的家庭（以下简称承租家庭）应当按时向廉租住房产权管理单位缴纳租金；确有困难的，经廉租住房产权管理单位同意，可以缓缴租金。

廉租住房租金标准，由设区的市、县（市、区）价格、财政主管部门会同房产行政主管部门，根据弥补维修费和管理费，并充分考虑承租家庭承受能力的原则确定，报本级人民政府批准后公布执行。

廉租住房面积超过承租家庭核定保障面积部分的租金，按照当地公有住房租金标准缴纳。按照规定提高公有住房租金标准的，其新增租金部分可以给予减免，具体办法由设区的市、县（市、区）人民政府规定。

第二十四条 承租家庭应当按规定使用廉租住房，不得转让、转租、出借。

承租家庭应当妥善使用廉租住房。未经廉租住房产权管理单位同意,不得擅自改变房屋结构。

第二十五条 承租家庭有下列行为之一的,设区的市、县(市、区)房产行政主管部门可以收回廉租住房:

(一) 未按时缴纳租金,经催缴后无正当理由拒不缴纳的;

(二) 无正当理由闲置廉租住房达6个月以上的;

(三) 将廉租住房转让、转租、出借或者用于违法活动的;

(四) 擅自改变房屋结构,影响房屋使用安全的;

(五) 违反廉租住房使用其他规定,情节严重的。

第二十六条 获保障家庭应当按年度向所在地街道办事处或者镇人民政府如实申报家庭人口、收入以及住房变化情况。

街道办事处或者镇人民政府应当对申报情况进行核实、张榜公布,并将申报情况以及核实结果分别报县(市、区)房产行政主管部门和民政部门。由设区的市房产行政主管部门负责提供廉租住房的,区房产行政主管部门应当将申报情况及核实结果报送设区的市房产行政主管部门。

设区的市、县(市、区)房产行政主管部门应当根据获保障家庭人口、收入、住房等变化情况,以及城镇居民低收入家庭的收入标准和住房困难标准变动情况,调整实物配租面积、租金或者住房租赁补贴额度等;对不再符合规定条件的,应当根据实际情况,提高租金标准、收回廉租住房或者停止发放住房租赁补贴。

县级以上人民政府房产行政主管部门和民政部门应当按户建立廉租住房档案和收入审核档案,并采取定期走访、抽查等方式,及时了解城镇居民低收入住房困难家庭的人口、收入以及住房变动等有关情况。

第二十七条 设区的市、县(市、区)房产行政主管部门作出降低廉租住房保障水平或者停止给予廉租住房保障决定前,应当充分听取获保障家庭的意见。

第二十八条 设区的市、县（市、区）房产行政主管部门依照本办法第二十五条、第二十六条的规定，决定收回廉租住房的，应当同时决定给予承租家庭必要的退房期限。退房期限不超过6个月。对确有正当理由无法按时退房的，经设区的市、县（市、区）房产行政主管部门批准，可以延长退房期限。

设区的市、县（市、区）房产行政主管部门可以视情决定相应提高退房期限内的住房租金标准，但最高不得超过当地公有住房租金标准。

第二十九条 县级以上人民政府以及有关行政机关有下列情形之一的，由上级行政机关责令改正；逾期未改正的，对负有直接责任的主管人员和其他直接责任人员，由有权机关按照管理权限给予处分：

（一）未建立并落实廉租住房保障工作责任制的；

（二）未按照规定足额筹集廉租住房保障资金的；

（三）未完成廉租住房建设任务的。

第三十条 从事廉租住房保障管理的机构有下列情形之一的，由上级行政机关责令改正；对负有直接责任的主管人员和其他直接责任人员，由有权机关按照管理权限给予处分；构成犯罪的，依法追究刑事责任：

（一）对符合条件的家庭未批准给予廉租住房保障，或者对不符合条件的家庭批准给予廉租住房保障的；

（二）挪用、截留或者私分廉租住房保障资金的；

（三）擅自改变住房面积保障标准、租赁补贴标准或者廉租住房保障形式的；

（四）未履行规定的公示、核查等职责的；

（五）有其他玩忽职守、徇私舞弊或者滥用职权行为的。

对因故意或者重大过失造成国家利益损失的工作人员，应当同时责令其赔偿损失。

第三十一条 对采取虚报、隐瞒、伪造等手段，骗取廉租住房保障，或者违反本办法第二十六条第一款规定，未如实申报家庭人口、收入及住房变化情况的，由设区的市、县（市、区）房产行政主管部门给予警告，收回廉租住房或者追缴其骗取的住房租赁补贴、减免的租金；对收回廉租住房的，责令其按当地公有住房租金标准补缴承租期间少缴的租金；对情节恶劣的，可处500元以上1000元以下的罚款。

第三十二条 对违反本办法第二十八条规定，拒不退房的，由设区的市、县（市、区）房产行政主管部门给予警告，依法收回廉租住房；对情节恶劣的，可处200元以上1000元以下的罚款。

第三十三条 承租家庭因违法或者不当使用造成廉租住房损坏而影响使用安全的，应当依法承担赔偿责任。

第三十四条 有关家庭认为房产行政主管部门等行政机关在廉租住房保障工作中的具体行政行为侵犯其合法权益的，可以依法申请行政复议或者提起行政诉讼。

第三十五条 本办法规定的住房面积均按照建筑面积计算。

第三十六条 本办法自公布之日起施行。2004年11月11日省人民政府公布的《浙江省城镇廉租住房保障办法》同时废止。

杭州市城镇廉租住房保障管理办法

为建立和完善我市多层次住房供应体系，保障我市低收入家庭基本住房需求，切实做好廉租住房保障管理工作，根据《国务院关于解决城市低收入家庭住房困难的若干意见》（国发〔2007〕24 号）、《廉租住房保障办法》（国家九部委第 162 号令）、《浙江省人民政府关于加快解决城市低收入家庭住房困难的实施意见》（浙政发〔2007〕57 号）等文件精神，结合我市实际，特制定本办法。

一、本办法所称的廉租住房保障是指由政府通过货币补贴、实物配租、公房租金减免等方式，为解决低收入家庭住房困难而建立的一项住房保障制度。

二、本办法适用于本市行政区域范围内城镇廉租住房的保障管理。

三、各区、县（市）政府负责本辖区廉租住房保障管理的组织协调工作。

市房产、建设行政主管部门负责制定全市廉租住房保障政策、编制廉租住房保障中长期计划及年度计划，并负责市区范围内廉租住房保障的管理和实施工作。

各级民政部门负责低收入家庭的认定发证工作，各金融机构根据央行相关规定提供廉租住房开发信贷支持。

各级发展与改革、财政、监察、国土资源、规划、物价、税务、审计、公安等部门协同实施本办法。

各级住房保障管理部门可指定专门机构具体实施廉租住房的经租管理工作。

四、积极发展住房租赁市场,鼓励房地产开发企业开发建设小户型住房,并依照本办法向社会出租。

五、受市政府委托,市房产、建设行政主管部门负责对各区、县(市)的廉租住房保障管理和建设工作进行指导督查。

六、申请廉租住房保障的家庭,必须同时符合下列条件:

(一)申请家庭至少有一人具有当地常住城镇居民户口(不包括学生户口)并居住5年以上;

(二)市区(不含萧山、余杭区,下同)范围内的申请家庭持有《杭州市困难家庭救助证》(以下简称《救助证》)或《杭州市低收入家庭证明》(以下简称《低收入证明》,具体由民政部门核发);萧山区、余杭区及各县(市)申请家庭持有民政等部门核发的相关证明;

(三)申请家庭人均现有住房建筑面积在15平方米(含)以下,或3人以上家庭现有住房建筑面积在45平方米(含)以下;

(四)申请家庭人均收入在城市低保标准两倍以下。

七、廉租住房配租工作根据申请家庭的困难程度有序推进,并优先安排特殊困难家庭。

八、市区范围内持有《救助证》的家庭可以申请实物配租,也可以申请货币补贴。

市区范围内持有《低收入证明》的家庭,且为下列情形之一的,可以申请实物配租,也可以申请货币补贴:

(一)孤寡老人、军烈属、一至二级残疾人申请家庭;

(二)夫妻双方有一方年龄在52周岁(含)以上的申请家庭。

持有《低收入证明》的其他申请家庭原则上采取货币补贴的方式。

萧山区、余杭区及各县(市)实物配租、货币补贴的具体条件,由当地政府自行确定。

九、申请家庭为下列情形之一的,原则上不参加实物配租,但可以采取货币补贴的方式：

（一）现住房建筑面积已经达到保障面积标准80%（含）以上的；

（二）未按规定与住房保障管理部门指定的专门机构协商一致，有偿转让其现住房所有权或承租的直管公房、单位自管公房使用权的。

申请家庭向住房保障管理部门指定的专门机构有偿转让其现住房所有权或承租的直管公房、单位自管公房使用权的具体办法，由各地住房保障管理部门另行制定。

十、符合廉租住房保障申请条件的申请家庭经所在街道（乡镇）在户籍所在地社区公示无异议后，向住房保障管理部门提出申请，并提交相关申请材料。

十一、各区房产行政主管部门对市区范围内申请家庭的申请材料进行初审，并报市住房保障管理部门审批。市住房保障管理部门对申请家庭初审情况进行审核后，对符合条件的予以公示。

萧山区、余杭区及各县（市）住房保障管理部门负责对本辖区内的申请家庭进行审核并组织公示。

十二、经公示无异议的，由住房保障管理部门发放廉租住房保障资格证。

十三、下列房产应纳入申请家庭现有房产建筑面积的核定范围：

（一）申请家庭成员拥有的房产（含已转让、转租、赠与等）；

（二）申请家庭成员承租的公房和单位自管房（含已转让、转租等）；

（三）申请家庭成员已享受的住房货币补贴面积；

（四）申请家庭成员房屋已拆迁的，按拆迁补偿安置的实际面积核计；

（五）申请家庭成员有农村批地建房的，按农村批地建房面积核计；

（六）申请家庭所有成员的住房面积应一并核计。

十四、本办法所称的货币补贴，是指符合廉租住房保障条件并已在租赁市场租房居住的申请家庭，由政府按照廉租住房保障面积标准发放租赁补贴。

十五、本办法所称的实物配租，是指政府向符合廉租住房保障条件的申请家庭提供住房，并按照政府定价和廉租住房租金计收标准收取租金。

十六、廉租住房保障面积按建筑面积不低于36平方米、不高于50平方米的标准控制。具体由各地政府根据当地平均住房水平、财政资金能力以及家庭人口等情况，实施动态管理，并于每年3月底前向社会公布。

申请家庭现有房产建筑面积应在配租标准内扣除。

十七、对市区范围内持有《救助证》的家庭实行货币补贴的，按当地廉租住房保障面积标准和市场平均租金给予补贴；对市区范围内持有《低收入证明》的家庭实行货币补贴的，由当地政府根据经济发展水平、市场平均租金、保障对象的经济承受能力等因素确定货币补贴标准，一般不低于市场平均租金的60%。

对市区范围内持有《救助证》的家庭实行实物配租的，在保障面积标准以内的部分按保障标准收取租金，超过保障面积标准的部分按当地公有住房的租金标准收取租金；对市区范围内持有《低收入证明》的家庭实行实物配租的，在保障面积标准以内的部分，其租金计收标准可按保障标准适当上浮，超过保障面积标准的部分按当地公有住房的租金标准收取租金。具体标准由各地政府确定。

萧山区、余杭区及各县（市）的具体对象，由当地政府自行确定。

十八、实物配租实行轮候制。住房保障管理部门根据房源情况组织配租，并进行公示。

十九、本办法所称的公房租金减免，是指产权单位对符合保障条件的承租公房家庭，给予租金减免。

市区范围内持有《救助证》或《低收入证明》的家庭，以及萧山区、余杭区及各县（市）政府确定的家庭承租公房的，可按照廉租住房租金标准缴纳租金。

二十、因家庭经济收入情况或房产情况发生变化，已不再符合廉租住房保障条件的家庭应当退出廉租住房。

民政部门和住房保障管理部门定期对配租家庭的经济收入情况、房产情况进行审核。对已不符合廉租住房保障条件的家庭，由住房保障管理部门在其配租期满后作出取消配租资格、停止发放租金补贴、停止公房租金减免等决定，并收回廉租住房。

二十一、廉租住房保障资金实行专项管理、分账核算、专款专用，专项用于廉租住房保障开支，包括收购、改建和新建廉租住房开支以及向符合廉租住房保障条件的家庭发放货币补贴开支。其资金来源包括：

（一）住房公积金增值收益扣除计提贷款风险准备金和管理费用后的全部余额；

（二）按土地出让金净收益的10%以上或土地出让金总额的2%以上提取的资金；

（三）市、区县（市）财政预算安排用于廉租住房保障的资金；

（四）直管公房出售、出租以及拆迁补偿资金的结余部分；

（五）社会捐赠的廉租住房保障资金；

（六）其他资金。

廉租住房租金收入应当实行收支两条线管理，专项用于廉租住房的维修、养护和管理。

二十二、廉租住房保障房源通过以下渠道筹集：

（一）政府出资收购、新建、改建、筹集的住房；

（二）通过企业运作的新建、配建住房；

（三）社会捐赠的住房；

（四）腾退的公有住房；

（五）通过其他渠道筹集的住房。

二十三、廉租住房保障房源筹集过程中，以及收取廉租住房租金过程中需缴纳的有关税费，应当给予减免。

二十四、廉租住房建设用地实行行政划拨。廉租住房建设免收城市基础设施配套等各种行政事业性收费和政府性基金。

二十五、新建廉租住房套型建筑面积控制在50平方米以内。

二十六、承租廉租住房家庭有下列行为之一的，住房保障管理部门有权收回廉租住房：

（一）无正当理由累计6个月以上未交纳廉租住房租金的；

（二）无正当理由连续6个月以上未在所承租的廉租住房居住的；

（三）将廉租住房转让、转租、出借或者用于违法活动的；

（四）擅自装修或者改变房屋结构，影响房屋使用安全的；

（五）违反廉租住房使用规定且情节严重的其他行为。

二十七、对采取虚报、隐瞒、伪造等不正当手段取得审核同意或者获得廉租住房保障的，由住房保障管理部门给予警告；对已经登记但尚未获得廉租住房保障的，取消其登记；对已经获得廉租住房保障的，责令其退还已领取的货币补贴，已减免的租金，或退出廉租住房并按市场价格补交以前租金。

二十八、承租家庭应当与住房保障管理部门指定的专门机构签订租赁合同，并自觉履行合同约定的内容，按时缴纳租金、物业费等有关费用，合理使用住房。如有违反合同约定的行为，应按合同约定承担违约责任。

二十九、对廉租住房保障建设和管理工作中的违法违纪行为，由司法、行政监察部门依法追究责任。

三十、本办法自发布之日起施行。我市其他原有文件规定与本办法不一致的，以本办法为准。

三十一、各地政府可根据本办法制定相应的实施细则。

关于加快发展公共租赁住房的指导意见

各省、自治区、直辖市人民政府，国务院各有关部门：

根据《国务院关于坚决遏制部分城市房价过快上涨的通知》（国发〔2010〕10 号）和《国务院办公厅关于促进房地产市场平稳健康发展的通知》（国办发〔2010〕4 号）精神，为加快发展公共租赁住房，经国务院同意，现提出以下意见：

一、加快发展公共租赁住房的重要意义

近年来，随着廉租住房、经济适用住房建设和棚户区改造力度的逐步加大，城市低收入家庭的住房条件得到较大改善。但是，由于有的地区住房保障政策覆盖范围比较小，部分大中城市商品住房价格较高、上涨过快、可供出租的小户型住房供应不足等原因，一些中等偏下收入住房困难家庭无力通过市场租赁或购买住房的问题比较突出。同时，随着城镇化快速推进，新职工的阶段性住房支付能力不足矛盾日益显现，外来务工人员居住条件也亟须改善。大力发展公共租赁住房，是完善住房供应体系，培育住房租赁市场，满足城市中等偏下收入家庭基本住房需求的重要举措，是引导城镇居民合理住房消费，调整房地产市场供应结构的必然要求。各地区、各部门要统一思想，提高认识，精心组织，加大投入，积极稳妥地推进公共租赁住房建设。

二、基本原则

（一）政府组织，社会参与。各地区在加大政府对公共租赁住房投入的同时，要切实采取土地、财税、金融等支持政策，充分调动各类

企业和其他机构投资和经营公共租赁住房的积极性。

（二）因地制宜，分别决策。各地区要根据当地经济发展水平和市场小户型租赁住房供需情况等因素，合理确定公共租赁住房的供应规模和供应对象。商品住房价格较高、小户型租赁住房供应紧张的城市，应加大公共租赁住房建设力度。

（三）统筹规划，分步实施。各地区要制订公共租赁住房发展规划和年度计划，并纳入2010—2012年保障性住房建设规划和“十二五”住房保障规划，分年度组织实施。

三、租赁管理

（一）公共租赁住房供应对象主要是城市中等偏下收入住房困难家庭。有条件的地区，可以将新就业职工和有稳定职业并在城市居住一定年限的外来务工人员纳入供应范围。公共租赁住房的供应范围和供应对象的收入线标准、住房困难条件，由市、县人民政府确定。已享受廉租住房实物配租和经济适用住房政策的家庭，不得承租公共租赁住房。

（二）公共租赁住房租金水平，由市、县人民政府统筹考虑住房市场租金水平和供应对象的支付能力等因素合理确定，并按年度实行动态调整。符合廉租住房保障条件的家庭承租公共租赁住房的，可以申请廉租住房租赁补贴。

（三）公共租赁住房出租人与承租人应当签订书面租赁合同。公共租赁住房租赁合同期限一般为3至5年，合同示范文本由省、自治区、直辖市住房城乡建设（住房保障）部门制订。承租人应当按照合同约定合理使用住房，及时缴纳租金和其他费用。租赁合同期满后承租人仍符合规定条件的，可以申请续租。

（四）公共租赁住房只能用于承租人自住，不得出借、转租或闲置，也不得用于从事其他经营活动。承租人违反规定使用公共租赁住房的，应当责令退出。承租人购买、受赠、继承或者租赁其他住房的，应当退出。对承租人拖欠租金和其他费用的，可以通报其所在单位，从其工资收入中直接划扣。

四、房源筹集

（一）公共租赁住房房源通过新建、改建、收购、在市场上长期租赁住房等方式多渠道筹集。新建公共租赁住房以配建为主，也可以相对集中建设。要科学规划，合理布局，尽可能安排在交通便利、公共设施较为齐全的区域，同步做好小区内外市政配套设施建设。

（二）在外来务工人员集中的开发区和工业园区，市、县人民政府应当按照集约用地的原则，统筹规划，引导各类投资主体建设公共租赁住房，面向用工单位或园区就业人员出租。

（三）新建公共租赁住房主要满足基本居住需求，应符合安全卫生标准和节能环保要求，确保工程质量安全。成套建设的公共租赁住房，单套建筑面积要严格控制在60平方米以下。以集体宿舍形式建设的公共租赁住房，应认真落实宿舍建筑设计规范的有关规定。

五、政策支持

（一）各地要把公共租赁住房建设用地纳入年度土地供应计划，予以重点保障。面向经济适用住房对象供应的公共租赁住房，建设用地实行划拨供应。其他方式投资的公共租赁住房，建设用地可以采用出让、租赁或作价入股等方式有偿使用，并将所建公共租赁住房的租金水平、套型结构、建设标准和设施条件等作为土地供应的前置条件，所建住房只能租赁，不得出售。

（二）市、县人民政府要通过直接投资、资本金注入、投资补助、贷款贴息等方式，加大对公共租赁住房建设和运营的投入。省、自治区人民政府要给予资金支持。中央以适当方式给予资金补助。

（三）对公共租赁住房的建设和运营给予税收优惠，具体办法由财政部、税务总局制订。公共租赁住房建设涉及的行政事业性收费和政府性基金，按照经济适用住房的相关政策执行。

（四）鼓励金融机构发放公共租赁住房中长期贷款，具体办法由人民银行、银监会制订。支持符合条件的企业通过发行中长期债券等方式筹集资金，专项用于公共租赁住房建设和运营。探索运用保险资金、信托资金和房地产信托投资基金拓展公共租赁住房融资渠道。政府投资建设的公共租赁住房，纳入住房公积金贷款支持保障性住房建设试点范围。

（五）公共租赁住房建设实行“谁投资、谁所有”，投资者权益可依法转让。

六、监督管理

（一）发展公共租赁住房实行省级人民政府负总责、市县人民政府抓落实的责任制。各级住房城乡建设（住房保障）部门负责公共租赁住房的行政管理工作，发展改革、监察、财政、国土资源、规划等有关部门按照各自职责负责相关工作。地方各级人民政府要加强组织领导，明确工作责任，健全住房保障管理机制和工作机构，落实人员和经费，确保公共租赁住房工作顺利实施。

（二）市、县人民政府要建立健全公共租赁住房申请、审核、公示、轮候、配租和租后管理制度。住房保障部门要按照规定的程序严格准入审批，加强对公共租赁住房运营的监督管理，做到配租过程公开透明、配租结果公平公正。对存在滥用职权、玩忽职守、徇私舞弊等违法违规行为的，要依法依纪严肃追究相关单位和人员的责任。

（三）政府投资建设公共租赁住房的租金收入，应按照政府非税收入管理的规定缴入同级国库，实行“收支两条线”管理。租金收入专项用于偿还公共租赁住房贷款，以及公共租赁住房的维护、管理和投资补助。

（四）各地可根据本意见，制订具体实施办法。各地已经出台的政策性租赁住房、租赁型经济适用住房、经济租赁住房、农民工公寓（集体宿舍）等政策，统一按本意见规定进行调整。

中华人民共和国住房和城乡建设部
中华人民共和国国家发展和改革委员会
中华人民共和国财政部
中华人民共和国国土资源部
中国人民银行
国家税务总局
中国银行业监督管理委员会

二〇一〇年六月八日

公共租赁住房管理办法

《公共租赁住房管理办法》已经第 84 次部常务会议审议通过,现予发布,自 2012 年 7 月 15 日起施行。

住房和城乡建设部部长　姜伟新

二〇一二年五月二十八日

公共租赁住房管理办法

第一章　总　　则

第一条　为了加强对公共租赁住房的管理，保障公平分配，规范运营与使用，健全退出机制，制定本办法。

第二条　公共租赁住房的分配、运营、使用、退出和管理，适用本办法。

第三条　本办法所称公共租赁住房，是指限定建设标准和租金水平，面向符合规定条件的城镇中等偏下收入住房困难家庭、新就业无房职工和在城镇稳定就业的外来务工人员出租的保障性住房。

公共租赁住房通过新建、改建、收购、长期租赁等多种方式筹集，可以由政府投资，也可以由政府提供政策支持、社会力量投资。

公共租赁住房可以是成套住房，也可以是宿舍型住房。

第四条　国务院住房和城乡建设主管部门负责全国公共租赁住房的指导和监督工作。

县级以上地方人民政府住房城乡建设（住房保障）主管部门负责本行政区域内的公共租赁住房管理工作。

第五条　直辖市和市、县级人民政府住房保障主管部门应当加强公共租赁住房管理信息系统建设，建立和完善公共租赁住房管理档案。

第六条　任何组织和个人对违反本办法的行为都有权进行举报、投诉。

住房城乡建设（住房保障）主管部门接到举报、投诉，应当依法及时核实、处理。

第二章　申请与审核

第七条　申请公共租赁住房，应当符合以下条件：

（一）在本地无住房或者住房面积低于规定标准；

（二）收入、财产低于规定标准；

（三）申请人为外来务工人员的，在本地稳定就业达到规定年限。

具体条件由直辖市和市、县级人民政府住房保障主管部门根据本地区实际情况确定，报本级人民政府批准后实施并向社会公布。

第八条　申请人应当根据市、县级人民政府住房保障主管部门的规定，提交申请材料，并对申请材料的真实性负责。申请人应当书面同意市、县级人民政府住房保障主管部门核实其申报信息。

申请人提交的申请材料齐全的，市、县级人民政府住房保障主管部门应当受理，并向申请人出具书面凭证；申请材料不齐全的，应当一次性书面告知申请人需要补正的材料。

对在开发区和园区集中建设面向用工单位或者园区就业人员配租的公共租赁住房，用人单位可以代表本单位职工申请。

第九条　市、县级人民政府住房保障主管部门应当会同有关部门，对申请人提交的申请材料进行审核。

经审核，对符合申请条件的申请人，应当予以公示，经公示无异议或者异议不成立的，登记为公共租赁住房轮候对象，并向社会公开；对不符合申请条件的申请人，应当书面通知并说明理由。

申请人对审核结果有异议，可以向市、县级人民政府住房保障主管部门申请复核。市、县级人民政府住房保障主管部门应当会同有关部门进行复核，并在15个工作日内将复核结果书面告知申请人。

第三章　轮候与配租

第十条　对登记为轮候对象的申请人，应当在轮候期内安排公共租赁住房。

直辖市和市、县级人民政府住房保障主管部门应当根据本地区经济发展水平和公共租赁住房需求，合理确定公共租赁住房轮候期，报本级人民政府批准后实施并向社会公布。轮候期一般不超过5年。

第十一条　公共租赁住房房源确定后，市、县级人民政府住房保障主管部门应当制定配租方案并向社会公布。

配租方案应当包括房源的位置、数量、户型、面积，租金标准，供应对象范围，意向登记时限等内容。

企事业单位投资的公共租赁住房的供应对象范围，可以规定为本单位职工。

第十二条　配租方案公布后，轮候对象可以按照配租方案，到市、县级人民政府住房保障主管部门进行意向登记。

市、县级人民政府住房保障主管部门应当会同有关部门，在15个工作日内对意向登记的轮候对象进行复审。对不符合条件的，应当书面通知并说明理由。

第十三条　对复审通过的轮候对象，市、县级人民政府住房保障主管部门可以采取综合评分、随机摇号等方式，确定配租对象与配租排序。

综合评分办法、摇号方式及评分、摇号的过程和结果应当向社会公开。

第十四条　配租对象与配租排序确定后应当予以公示。公示无异议或者异议不成立的，配租对象按照配租排序选择公共租赁住房。

配租结果应当向社会公开。

第十五条　复审通过的轮候对象中享受国家定期抚恤补助的优

抚对象、孤老病残人员等，可以优先安排公共租赁住房。优先对象的范围和优先安排的办法由直辖市和市、县级人民政府住房保障主管部门根据本地区实际情况确定，报本级人民政府批准后实施并向社会公布。

社会力量投资和用人单位代表本单位职工申请的公共租赁住房，只能向经审核登记为轮候对象的申请人配租。

第十六条 配租对象选择公共租赁住房后，公共租赁住房所有权人或者其委托的运营单位与配租对象应当签订书面租赁合同。

租赁合同签订前，所有权人或者其委托的运营单位应当将租赁合同中涉及承租人责任的条款内容和应当退回公共租赁住房的情形向承租人明确说明。

第十七条 公共租赁住房租赁合同一般应当包括以下内容：

（一）合同当事人的名称或姓名；

（二）房屋的位置、用途、面积、结构、室内设施和设备，以及使用要求；

（三）租赁期限、租金数额和支付方式；

（四）房屋维修责任；

（五）物业服务、水、电、燃气、供热等相关费用的缴纳责任；

（六）退回公共租赁住房的情形；

（七）违约责任及争议解决办法；

（八）其他应当约定的事项。

省、自治区、直辖市人民政府住房城乡建设（住房保障）主管部门应当制定公共租赁住房租赁合同示范文本。

合同签订后，公共租赁住房所有权人或者其委托的运营单位应当在30日内将合同报市、县级人民政府住房保障主管部门备案。

第十八条 公共租赁住房租赁期限一般不超过5年。

第十九条 市、县级人民政府住房保障主管部门应当会同有关部门，按照略低于同地段住房市场租金水平的原则，确定本地区的公共租赁住房租金标准，报本级人民政府批准后实施。

公共租赁住房租金标准应当向社会公布，并定期调整。

第二十条 公共租赁住房租赁合同约定的租金数额，应当根据市、县级人民政府批准的公共租赁住房租金标准确定。

第二十一条 承租人应当根据合同约定，按时支付租金。

承租人收入低于当地规定标准的，可以依照有关规定申请租赁补贴或者减免。

第二十二条 政府投资的公共租赁住房的租金收入按照政府非税收入管理的有关规定缴入同级国库，实行收支两条线管理，专项用于偿还公共租赁住房贷款本息及公共租赁住房的维护、管理等。

第二十三条 因就业、子女就学等原因需要调换公共租赁住房的，经公共租赁住房所有权人或者其委托的运营单位同意，承租人之间可以互换所承租的公共租赁住房。

第四章 使用与退出

第二十四条 公共租赁住房的所有权人及其委托的运营单位应当负责公共租赁住房及其配套设施的维修养护，确保公共租赁住房的正常使用。

政府投资的公共租赁住房维修养护费用主要通过公共租赁住房租金收入以及配套商业服务设施租金收入解决，不足部分由财政预算安排解决；社会力量投资建设的公共租赁住房维修养护费用由所有权人及其委托的运营单位承担。

第二十五条 公共租赁住房的所有权人及其委托的运营单位不得改变公共租赁住房的保障性住房性质、用途及其配套设施的规划用途。

第二十六条 承租人不得擅自装修所承租公共租赁住房。确需装修的,应当取得公共租赁住房的所有权人或其委托的运营单位同意。

第二十七条 承租人有下列行为之一的,应当退回公共租赁住房:

(一)转借、转租或者擅自调换所承租公共租赁住房的;

(二)改变所承租公共租赁住房用途的;

(三)破坏或者擅自装修所承租公共租赁住房,拒不恢复原状的;

(四)在公共租赁住房内从事违法活动的;

(五)无正当理由连续6个月以上闲置公共租赁住房的。

承租人拒不退回公共租赁住房的,市、县级人民政府住房保障主管部门应当责令其限期退回;逾期不退回的,市、县级人民政府住房保障主管部门可以依法申请人民法院强制执行。

第二十八条 市、县级人民政府住房保障主管部门应当加强对公共租赁住房使用的监督检查。

公共租赁住房的所有权人及其委托的运营单位应当对承租人使用公共租赁住房的情况进行巡查,发现有违反本办法规定行为的,应当及时依法处理或者向有关部门报告。

第二十九条 承租人累计6个月以上拖欠租金的,应当腾退所承租的公共租赁住房;拒不腾退的,公共租赁住房的所有权人或者其委托的运营单位可以向人民法院提起诉讼,要求承租人腾退公共租赁住房。

第三十条 租赁期届满需要续租的,承租人应当在租赁期满3个月前向市、县级人民政府住房保障主管部门提出申请。

市、县级人民政府住房保障主管部门应当会同有关部门对申请人是否符合条件进行审核。经审核符合条件的,准予续租,并签订续租合同。

未按规定提出续租申请的承租人,租赁期满应当腾退公共租赁住房;拒不腾退的,公共租赁住房的所有权人或者其委托的运营单位可以向人民法院提起诉讼,要求承租人腾退公共租赁住房。

第三十一条 承租人有下列情形之一的,应当腾退公共租赁住房:

(一) 提出续租申请但经审核不符合续租条件的;

(二) 租赁期内,通过购买、受赠、继承等方式获得其他住房并不再符合公共租赁住房配租条件的;

(三) 租赁期内,承租或者承购其他保障性住房的。

承租人有前款规定情形之一的,公共租赁住房的所有权人或者其委托的运营单位应当为其安排合理的搬迁期,搬迁期内租金按照合同约定的租金数额缴纳。

搬迁期满不腾退公共租赁住房,承租人确无其他住房的,应当按照市场价格缴纳租金;承租人有其他住房的,公共租赁住房的所有权人或者其委托的运营单位可以向人民法院提起诉讼,要求承租人腾退公共租赁住房。

第三十二条 房地产经纪机构及其经纪人员不得提供公共租赁住房出租、转租、出售等经纪业务。

第五章 法律责任

第三十三条 住房城乡建设(住房保障)主管部门及其工作人员在公共租赁住房管理工作中不履行本办法规定的职责,或者滥用职权、玩忽职守、徇私舞弊的,对直接负责的主管人员和其他直接责任人员依法给予处分;构成犯罪的,依法追究刑事责任。

第三十四条 公共租赁住房的所有权人及其委托的运营单位违反本办法,有下列行为之一的,由市、县级人民政府住房保障主管部门责令限期改正,并处以 3 万元以下罚款:

(一) 向不符合条件的对象出租公共租赁住房的;

（二）未履行公共租赁住房及其配套设施维修养护义务的；

（三）改变公共租赁住房的保障性住房性质、用途，以及配套设施的规划用途的。

公共租赁住房的所有权人为行政机关的，按照本办法第三十三条处理。

第三十五条 申请人隐瞒有关情况或者提供虚假材料申请公共租赁住房的，市、县级人民政府住房保障主管部门不予受理，给予警告，并记入公共租赁住房管理档案。

以欺骗等不正手段，登记为轮候对象或者承租公共租赁住房的，由市、县级人民政府住房保障主管部门处以1000元以下罚款，记入公共租赁住房管理档案；登记为轮候对象的，取消其登记；已承租公共租赁住房的，责令限期退回所承租公共租赁住房，并按市场价格补缴租金，逾期不退回的，可以依法申请人民法院强制执行，承租人自退回公共租赁住房之日起五年内不得再次申请公共租赁住房。

第三十六条 承租人有下列行为之一的，由市、县级人民政府住房保障主管部门责令按市场价格补缴从违法行为发生之日起的租金，记入公共租赁住房管理档案，处以1000元以下罚款；有违法所得的，处以违法所得3倍以下但不超过3万元的罚款：

（一）转借、转租或者擅自调换所承租公共租赁住房的；

（二）改变所承租公共租赁住房用途的；

（三）破坏或者擅自装修所承租公共租赁住房，拒不恢复原状的；

（四）在公共租赁住房内从事违法活动的；

（五）无正当理由连续6个月以上闲置公共租赁住房的。

有前款所列行为，承租人自退回公共租赁住房之日起五年内不得再次申请公共租赁住房；造成损失的，依法承担赔偿责任。

第三十七条 违反本办法第三十二条的，依照《房地产经纪管理办法》第三十七条，由县级以上地方人民政府住房城乡建设（房地产）

主管部门责令限期改正,记入房地产经纪信用档案;对房地产经纪人员,处以 1 万元以下罚款;对房地产经纪机构,取消网上签约资格,处以 3 万元以下罚款。

第六章 附　　则

第三十八条　省、自治区、直辖市住房城乡建设(住房保障)主管部门可以根据本办法制定实施细则。

第三十九条　本办法自 2012 年 7 月 15 日起施行。

关于印发《杭州市区公共租赁住房租赁管理实施细则(试行)》的通知

各有关单位:

根据住房和城乡建设部等部门《关于加快发展公共租赁住房的指导意见》(建保[2010]87 号)、《浙江省人民政府办公厅转发省建设厅等部门关于加快发展公共租赁住房实施意见的通知》(浙政办发[2010]92 号)、《杭州市人民政府办公厅关于印发杭州市公共租赁住房建设租赁管理暂行办法的通知》(杭政办[2011]20 号)精神,为进一步做好杭州市区公共租赁住房租赁管理工作,特制定《杭州市区公共租赁住房租赁管理实施细则(试行)》,经市政府法律审查通过,现予以印发,请遵照执行。

二〇一一年十月三十一日

杭州市区公共租赁住房租赁管理实施细则(试行)

为进一步做好杭州市区公共租赁住房租赁管理工作,根据《杭州市人民政府办公厅关于印发杭州市公共租赁住房建设租赁管理暂行办法的通知》(杭政办〔2011〕20号)的规定,特制定本细则。

一、本细则适用于杭州市区范围内政府投资公共租赁住房的租赁管理。其他各类社会主体投资公共租赁住房的建设和管理办法另行制定。

二、市住保房管部门统筹市区公共租赁住房的租赁管理工作,具体负责编制公共租赁住房保障需求年度计划;负责市区公共租赁住房房源调配、方案审核、受理公告发布、结果确认及监督管理工作。市公共租赁住房管理机构(以下简称市级经租管理机构)负责市本级公共租赁住房的资格审核、配租、后续管理等相关工作。

各区人民政府(含管委会,下同)负责辖区内公共租赁住房居住区的综合服务与管理,并按属地管理原则确定区级公共租赁住房管理机构(以下简称区级经租管理机构)负责市级公共租赁住房的初审和辖区公共租赁住房的审核、配租、后续管理等相关工作。

三、公共租赁住房根据城市中等偏下收入住房困难家庭、新就业大学毕业生、创业人员等群体,实行分类分期准入。

四、公共租赁住房按照统筹管理、分类分期配租的原则进行调配。

五、政府住保房管部门应根据市政府下发的公共租赁住房年度计划及时接收建设单位建成的公共租赁住房房源，并办理确权手续。

六、市政府投资的公共租赁住房产权人为市政府或市政府授权的机构，产权联系人为市级经租管理机构。各区人民政府投资的公共租赁住房产权人为区人民政府或区人民政府授权的机构，产权联系人为区级经租管理机构。

七、公共租赁住房确权后需向市住保房管部门进行备案，方可进行配租。

八、市区公共租赁住房纳入统一信息平台进行管理，公共租赁住房经租管理机构应建立各项管理制度，并将相关管理情况定期报市住保房管部门备案。

九、(一) 城市中等偏下收入住房困难家庭申请公共租赁住房须同时符合下列条件：

1. 申请人具有市区常住城镇居民户籍5年(含)以上；

2. 申请家庭人均可支配收入低于规定的标准，该标准由市住保房管部门在每 期公共租赁住房受理公告中明确；

3. 申请家庭在市区无房；

4. 申请人及家庭成员符合政府规定的其他条件。

(二) 新就业大学毕业生申请公共租赁住房须同时符合下列条件：

1. 申请人具有市区常住城镇居民户籍，或持有《浙江省居住证》(或《浙江省临时居住证》)；

2. 申请人具有本科及以上学历；

3. 申请人毕业未满7年；

4. 申请人在市区用人单位工作，并签订一年(含)以上劳动合同，且连续缴纳住房公积金或社会保险金一年(含)以上，或持有市区营业执照和一年(含)以上完税证明；

5. 申请人及家庭成员在市区无房，申请人(配偶)直系亲属在市区的住房资助能力低于规定的标准，该标准由市住保房管部门在每期公共租赁住房受理公告中明确；

6. 申请家庭人均可支配收入低于规定的收入标准，该标准由市住保房管部门在每期公共租赁住房受理公告中明确；

7. 申请人及家庭成员符合政府规定的其他条件。

（三）创业人员申请公共租赁住房须同时符合下列条件：

1. 申请人具有市区常住城镇居民户籍，或持有《浙江省居住证》（或《浙江省临时居住证》）；

2. 申请人具有中级（含）以上职称，或高级（含）以上职业资格证书；

3. 申请人在市区用人单位工作，并签订一年（含）以上劳动合同，且连续缴纳住房公积金或社会保险金一年（含）以上，或持有市区营业执照和一年（含）以上完税证明；

4. 申请人及家庭成员在市区无房，申请人（配偶）直系亲属在市区的住房资助能力低于规定的标准，该标准由市住保房管部门在每期公共租赁住房受理公告中明确；

5. 申请家庭人均可支配收入低于规定的收入标准，该标准由市住保房管部门在每期公共租赁住房受理公告中明确；

6. 申请人及家庭成员符合政府规定的其他条件。

十、前款所称用人单位是指位于市区范围内的国家机关、事业单位、外地驻杭机构，以及登记注册地在杭州市区的社会团体、企业、民办非企业组织。非法人分支机构申请的，需提交法人组织的授权书。

十一、申请家庭全体成员（含申请人的未成年子女）以及未作为申请家庭成员的申请人父母、子女及申请人配偶的父母在杭州市区范围内的下列房产应纳入房产建筑面积核定范围：

（一）上述人员拥有的房产；

（二）上述人员承租的公房；

（三）上述人员房屋已拆迁的，按拆迁补偿安置的实际面积核计；2009年2月10日以后按照《杭州市城市住宅房屋拆迁货币补偿的实施意见(试行)》(杭政办函〔2009〕50号)进行货币补偿的，按该文件相关规定执行。

（四）上述人员有农村批地建房的，按农村批地建房面积核计。

以上房产因买卖、赠与、离婚析产等原因已转让5年以上的，不纳入房产核定范围。

十二、公共租赁住房按照以下程序进行房源调配、受理方案备案及公告发布：

（一）编制方案。市、区经租管理机构编制配租方案，确定配租房源、受理对象、受理日期及程序、分配办法等。

（二）方案备案。市住保房管部门对市、区级公共租赁住房配租方案进行备案确认。

（三）发布公告。市住保房管部门在《杭州日报》和杭州市房产信息网上发布市本级或各区公共租赁住房受理公告，公告中应明确受理对象、受理时间、受理审核流程、房源基本情况及租金标准等内容。

十三、市区公共租赁住房按照保障对象群体实行分类申请、统一受理，具体程序如下：

（一）申请。符合准入条件的申请家庭将申请表及相关材料交至用人单位，申请家庭不得同时申请市本级房源和区级房源，自提交申请材料到确认选房资格 期间，不得申请其他保障性住房。

（二）收件。用人单位受理申请材料并对申请材料的规范性和完整性进行审核。

（三）公示。用人单位将申请材料规范、完整的申请家庭的房产、收入等情况在本单位公示7天，并接受举报。

（四）区级审核。区级经租管理机构对申请市本级公共租赁住房的家庭进行初审；对申请区级公共租赁住房的家庭进行审核，确认准租资格。

（五）市级审核。市级经租管理机构对申请市本级公共租赁住房的家庭进行复审，确认准租资格，并在杭州市房产信息网公示 7 天。

无用人单位的申请人直接向户籍所在地区级经租管理机构提出申请。

十四、市本级、各区房源配租方案需报市住保房管部门审核发布后方可实施，同时配租结果需报市住保房管部门备案。

十五、公共租赁住房房源优先向城市中等偏下收入住房困难家庭配租。外来务工人员集中的开发区和工业园区建设的公共租赁住房优先向区内符合条件的职工配租，多余房源应交由当地政府统一调配，权属不变。

十六、公共租赁住房通过公开方式产生选房顺序号，根据房源数量确定选房人员数量。列入选房范围的人员未参加当期选房或选房后放弃承租的，其保障资格终止。未列入选房范围的人员进入轮候，轮候期一年，轮候期内根据房源情况按选房顺序依次配租；轮候期满，根据届时制定的申请条件对轮候人员的资格再次进行审核后，符合条件的，根据房源情况按选房顺序依次配租，不符合条件的，其公共租赁住房申请资格终止。

十七、公共租赁住房租金实行政府定价，具体定价方法由市价格主管部门会同市住保房管、财政等部门另行制定相关政策。对持有有效期内《杭州市城市低收入家庭认定证明（住房保障专用）》的家庭，根据不同土地等级进行相应租金减免。

十八、公共租赁住房租赁合同应明确下列内容：

（一）合同各方主体相关情况；

（二）房屋的坐落、面积、装修、设施情况；

（三）租赁期限、用途；

（四）租金及支付方式；

（五）租赁期间相关费用；

（六）房屋押金；

（七）房屋使用及修缮；

（八）合同变更、解除、终止情形；

（九）房屋腾退及验收；

（十）用人单位相关职责；

（十一）违约责任及争议解决办法；

（十二）其他约定。

十九、经租管理机构应按照合同约定为承租人提供稳定的租赁保障，确保公共租赁住房各项生活基本设施的正常供给，不得无故中止租赁关系和服务内容。

二十、承租人应按照合同约定，合理使用公共租赁住房，只能将房屋用于自住，不得转租、闲置、出借或从事其他经营活动，不得改变房屋结构和装修现状；应按时缴纳租金及水、电、气等费用。

二十一、租赁期内，承租人因购买、赠与、继承等途径取得各类房产，应主动向公共租赁住房经租管理机构申报，并退出公共租赁住房保障。

二十二、公共租赁住房承租家庭如符合居住地子女就学、社会救助、医疗保险条件的，可持公共租赁住房保障资格证明及租赁合同办理相关手续。

二十三、用人单位、乡镇（街道）、社区应当协助经租管理机构做好租金及水、电、气等费用的催缴、租赁管理等工作。单位出现倒闭、破产、歇业及注销、吊销等情形，或承租人辞职、调离单位，户籍、生活地发生变动的，应主动配合经租管理机构办理退房或合同变更手续。

二十四、租赁期届满前三个月内，承租人如需继续租赁的，应由用人单位统一向经租管理机构提出续租申请，经审核，符合条件的，可续签租赁合同，不符合条件的，经租管理机构依照有关规定和合同约定收回住房。

二十五、公共租赁住房申请、受理、审核、配租程序中的各类文本、表单格式由市住保房管部门监制。

二十六、本细则自2012年1月1日起试行,原有文件与本细则不一致的,以本细则为准。

二十七、本细则由市住保房管部门负责解释。

关于印发《杭州市区公共租赁住房租金管理暂行办法》的通知

各公共租赁住房经租管理机构，各区物价局、建设局（房管局）、财政局：

《杭州市区公共租赁住房租金管理暂行办法》已经市政府法律审查，现印发给你们，请遵照执行。

附件：杭州市区公共租赁住房租金管理暂行办法

杭州市物价局

杭州市住房保障和房产管理局

杭州市财政局

二○一二年二月二十三日

杭州市区公共租赁住房租金管理暂行办法

为进一步做好公共租赁住房租金管理工作，根据《杭州市人民政府办公厅关于印发杭州市公共租赁住房建设租赁管理暂行办法的通知》（杭政办〔2011〕20号）规定，制定本办法。

第一条 本办法所称公共租赁住房是指市区范围内（不包括萧山、余杭）由政府主导投资、建设、管理，或由政府提供政策支持、其他各类主体投资建设、纳入政府统一管理，限定建设标准和租金水平，租赁给符合条件的城市中等偏下收入住房困难家庭、新就业大学毕业生和创业人员的保障性住房。

第二条 公共租赁住房租金实行政府定价，由市价格主管部门会同市住保房管部门、财政部门制定。

第三条 公共租赁住房租金在综合考虑房屋建设、维修和管理成本的基础上，结合承租人承受能力，按低于同地段市场租金水平制定。

第四条 公共租赁住房根据土地等级不同实行差别化租金。

第五条 公共租赁住房租金实行动态管理，每两年调整一次，并向社会公布。

第六条 公共租赁住房根据不同的土地等级，对低收入住房困难家庭根据其申报的年度收入情况给予一定的租金减免。

对持有有效期内《杭州市城市低收入家庭认定证明（住房保障专用）》的家庭，租赁1—2级土地等级公共租赁住房的减免租金30%，租赁3—4级的减免40%，租赁5—8级的减免50%。

第七条 公共租赁住房租赁合同期限内租金标准提高时,承租人仍按原合同确定的租金标准缴纳至租赁期满;租赁合同期限内租金标准降低时,次月起承租人按降低后的租金标准缴纳。

承租人自取消其公共租赁住房资格之日起,允许过渡期限不超过三个月,期间仍按原标准缴纳租金。对超过期限的,按标准租金的三倍缴纳租金。

第八条 公共租赁住房的水、电、气价格按照居民标准收取。

第九条 公共租赁住房租赁合同应当明确服务内容、房屋的租金标准、支付方式及租赁期限。

第十条 经租管理机构应按合同约定为承租人提供稳定的租赁保障,确保公共租赁住房各项生活基本设施的正常供给,不得无故中止租赁关系和服务内容。

第十一条 承租人应按合同约定,合理使用公共租赁住房,按时缴纳租金及水、电、气等费用。

第十二条 政府价格主管部门要加强对公共租赁住房租金的监督检查。经租管理机构违反价格法律、法规和本办法规定的价格行为,由政府价格主管部门依法予以处罚。

第十三条 本办法自2012年4月1日起施行。